PENSION UND RENTE

IM ÖFFENTLICHEN DIENST

Den sorgenfreien Ruhestand richtig planen

Werner Siepe

Stiftung Warentest

INHALTSVERZEICHNIS

OLIZEI
POLIZEI

SORGENFREI IN DEN RUHESTAND

Auch Staatsdiener müssen finanziell für ihr Alter vorsorgen. Angestellte im öffentlichen Dienst beziehen zwar neben der gesetzlichen Rente noch eine Zusatzrente, doch diese bröckelt immer mehr. Selbst die um ihre Pension beneideten Beamten müssen finanzielle Einschnitte hinnehmen. Eine rechtzeitige und geschickte Altersvorsorge tut daher auch für Beschäftigte im öffentlichen Dienst not.

RENTEN FÜR ANGESTELLTE UND PENSIONEN FÜR BEAMTE

Wann kann ich in den Ruhestand gehen? Wie hoch wird meine Rente oder Pension sein? Was kann ich zur Schließung der Versorgungslücke noch tun? Diese drei Fragen stellen sich auch 6,5 Millionen Beschäftigte im öffentlichen Dienst, die später einmal in Rente oder Pension gehen werden.

Nach landläufiger Meinung geht es den Staatsdienern finanziell besonders gut im Alter. Sie sind unkündbar und erhalten später eine sichere Pension, die mindestens doppelt so hoch ausfällt wie die gesetzliche Rente. Doch diese weitverbreitete Meinung ist viel zu pauschal und daher bestenfalls halbwahr, da sie nur auf bestimmte Beamte zutrifft. Umgangssprachlich werden aber alle Beschäftigten im öffentlichen Dienst als Staatsdiener bezeichnet. Eine Unterscheidung zwischen Angestellten und Beamten findet oft gar nicht statt, obwohl es dreimal so viel Angestellte im öffentlichen Dienst gibt wie Beamte.

Kündigungsschutz und Unkündbarkeit

Fakt ist: Es gibt für Beschäftigte im öffentlichen Dienst keine grundsätzliche Unkündbarkeit im juristischen Sinn. Angestellte im öffentlichen Dienst genießen nur in den alten Bundesländern nach einer Beschäftigungsdauer von mindestens 15 Jahren bei demselben öffentlichen Arbeitgeber und nach vollendetem 40. Lebensjahr einen persönlichen Kündigungsschutz. Das heißt, ihnen kann bei Erfüllung dieser Bedingungen nur aus wichtigem Grund gekündigt werden. Betriebsbedingte Gründe für eine Kündigung scheiden also aus.

Beamte auf Lebenszeit sind zwar grundsätzlich nicht kündbar. Sie können aber entlassen werden, wenn sie in einem gerichtlichen Disziplinarverfahren wegen eines schweren Dienstvergehens verurteilt wurden. Sie müssten allerdings schon die berühmten goldenen Löffel gestohlen und eine Freiheitsstrafe von mindestens einem Jahr bekommen haben, um entlassen zu werden.

Richtig ist demnach: Beamte auf Lebenszeit und mindestens 40-jährige Angestellte im öffentlichen Dienst, die bereits 15 Jahre lang bei demselben Arbeitgeber im Tarifgebiet West beschäftigt sind, müssen zumindest keine Arbeitslosigkeit befürchten. Diese beiden Gruppen sind praktisch unkündbar, sofern sie sich nichts zuschulden kommen lassen.

Streikverbot für Beamte

Beamte haben im Gegensatz zu Angestellten im öffentlichen Dienst und Arbeitnehmern in der Privatwirtschaft jedoch kein Streikrecht, wie das Bundesverwaltungsgericht am 27. Februar 2014 nochmals bestätigt hat (Az. BVerwG 2 C 1.13). Das beamtenrechtliche Streikverbot leitet sich laut Bundesverwaltungsgericht aus den hergebrachten Grundsätzen des Berufsbeamtentums nach Artikel 33 Absatz 5 des Grundgesetzes ab und ist daher weiterhin gültig.

Im Streitfall war eine beamtete Lehrerin in Nordrhein-Westfalen drei Tage dem Unterricht ferngeblieben, da sie an Warnstreiks teilgenommen hatte. Sie erhielt eine Disziplinarverfügung und eine Geldbuße von 1 500 Euro wegen unerlaubten Fernbleibens vom Dienst. Das oberste Verwaltungsgericht hielt die Disziplinarverfügung für rechtens und setzte lediglich den Betrag der Geldbuße auf 300 Euro herab.

Sinkendes Renten- und Pensionsniveau

Die Altersversorgung im öffentlichen Dienst ist auch nicht mehr das, was sie einmal war. Angestellte im öffentlichen Dienst erhalten neben der gesetzlichen Rente zwar eine Zusatzrente. Deren Niveau sinkt aber seit der Reform der Zusatzversorgung im öffentlichen Dienst im Jahr 2001 immer mehr. Eine weitere Senkung ist bereits fest eingeplant. Zudem wird von der Zusatzrente im öffentlichen Dienst seit 2004 der volle Beitrag zur gesetzlichen Kranken- und Pflegeversicherung von fast 18 Prozent abgezogen.

Das Niveau der Beamtenpensionen ist von 2003 bis 2012 um insgesamt gut 4 Prozent gesunken. Dadurch wurde die Senkung des Rentenniveaus wirkungsgerecht auf die Beamtenversorgung übertragen. Weitere Einschnitte in der Zukunft werden diskutiert und sind vorhersehbar, wenn das Rentenniveau wie geplant weiter sinken sollte.

Angestellter oder Beamter? Die Unterschiede

Die Altersversorgungssysteme der Angestellten im öffentlichen Dienst und der Beamten sind grundverschieden. Wegen dieser Systemunterschiede fallen auch die Antworten auf die drei Kernfragen – Ruhestandsbeginn, Höhe der Rente oder Pension und Höhe der Versorgungslücke – sehr unterschiedlich aus.

Gleiche Arbeit und gleicher Lohn

Trotz dieser Unterschiede gibt es selbstverständlich eine Reihe von Gemeinsamkeiten. Angestellte im öffentlichen Dienst und Beamte arbeiten oft am gleichen Arbeitsplatz und erledigen meist auch die gleiche Arbeit. Beispiel: Verwaltungsangestellte und -beamte sind in derselben Stadtverwaltung tätig, oder angestellte und verbeamtete Lehrer unterrichten an derselben Schule. Bei gleicher Position und gleichem Alter liegen zumindest auch die Bruttogehälter für Angestellte und Beamte auf ungefähr gleicher Höhe.

Ungleiche Nettogehälter

Unterschiedlich hoch fallen jedoch bereits die Nettogehälter aus, da Beamte nicht sozialversicherungspflichtig sind und insbesondere keinen Arbeitnehmeranteil zur Renten- und Arbeitslosenversicherung zahlen müssen. Fast alle Beamten sind privat krankenversichert und zahlen Beiträge zur privaten Kranken- und Pflegeversicherung für den Teil, der nicht durch die staatliche Beihilfe in Höhe von mindestens 50 Prozent der beihilfefähigen Krankheitskosten abgedeckt ist.

Das Nettogehalt eines Beamten liegt aber auch nach Abzug des Beitrags zur privaten Kranken- und Pflegeversicherung über dem Nettogehalt eines Angestellten mit gleich hohem Bruttogehalt.

Ungleiche Gesamtrenten und Pensionen

Die finanziellen Unterschiede setzen sich im Ruhestand fort. Beispielsweise bleibt bereits die Bruttogesamtrente der Angestellten, also die Summe aus gesetzlicher Rente und Zusatzrente vor Sozialabgaben und Steuern, stets hinter der Bruttopension der Beamten zurück. In aller Regel liegt ebenfalls die Nettogesamtrente nach Abzug der Steuern und der Beiträge zur gesetzlichen Kranken- und Pflegeversicherung mehr oder minder deutlich unter der Nettopension.

Unterschiedliche Alterssicherungssysteme

Die unterschiedliche Höhe von Gesamtrenten und Pensionen ergibt sich aus den völlig verschiedenen Alterssicherungssystemen für ehemalige Angestellte und Beamte. Die Angestellten im öffentlichen Dienst erhalten neben der gesetzlichen Rente noch eine Zusatzrente, also insgesamt zwei Renten. Zwar bekommen die Beamten im Ruhestand keine Rente, sondern ausschließlich eine Pension. Diese liegt aber sowohl brutto als auch netto fast immer über der Gesamtrente für ehemalige Angestellte mit gleichen Grundgehältern und ebenso langen Zeiten im öffentlichen Dienst.

GESETZLICHE RENTE UND ZUSATZRENTE FÜR ANGESTELLTE

Rund 4,6 Millionen Menschen arbeiten als Angestellte im öffentlichen Dienst. Ihre Zahl ist in den letzten 20 Jahren um 30 Prozent gesunken. Rund die Hälfte der tarifbeschäftigten Arbeitnehmer ist beim jeweiligen Bundesland angestellt und knapp jeder Dritte bei der Gemeinde. Jeder dritte Angestellte im öffentlichen Dienst übt eine Teilzeitbeschäftigung aus.

Als Angestellter beziehungsweise tarifbeschäftigter Arbeitnehmer (zum Beispiel Verwaltungsangestellter oder angestellter Lehrer) haben Sie einen Arbeitsvertrag mit Ihrem öffentlichen Arbeitgeber (Bund, Land oder Kommune) abgeschlossen und sind in der gesetzlichen Rentenversicherung pflichtversichert. Daher erhalten Sie wie jeder andere Arbeitnehmer in der Privatwirtschaft später eine gesetzliche Rente.

Hinzu kommt für Sie noch eine Zusatzrente im öffentlichen Dienst, da Sie zusätzlich in einer Zusatzversorgungskasse des öffentlichen Dienstes pflichtversichert sind. Eine fast identische Zusatzversorgung gibt es für Angestellte im kirchlichen Dienst.

Zwei getrennte Systeme

Ein Angestellter im öffentlichen Dienst, der in den Ruhestand geht, erhält seine Gesamtrente also aus zwei getrennten Systemen – der gesetzlichen Rentenversicherung und der Zusatzversorgung des öffentlichen Dienstes.

Für die gesetzliche Rente ist die Deutsche Rentenversicherung zuständig und für die Zusatzrente die Versorgungsanstalt des Bundes und der Länder (VBL) oder eine andere Zusatzversorgungskasse.

Auf die gesetzliche Rente hat jeder Arbeitnehmer Anspruch, sofern er eine sozialversicherungspflichtige Beschäftigung ausgeübt und die Wartezeit von fünf Jahren erfüllt hat. Diese gesetzliche Rente stellt somit die Grundversorgung dar.

Alles, was im öffentlichen Dienst über diese Grundversorgung hinausgeht, wird

Zusatzversorgung im öffentlichen Dienst genannt. Diese Zusatzversorgung ist eine Pflichtversicherung und wird überwiegend vom öffentlichen Arbeitgeber finanziert. Schon dadurch unterscheidet sie sich von der betrieblichen Altersversorgung in der Privatwirtschaft.

Gesetzliche Rente plus Zusatzrente

Das Ziel der Zusatzversorgung für Angestellte im öffentlichen Dienst ist einfach zu umreißen: Die Arbeitnehmer und Tarifbeschäftigten in Bund, Ländern und Gemeinden inklusive Zweckverbänden sollen im Ruhestand neben der gesetzlichen Rente eine Zusatzrente erhalten. Die Zusatzversorgung oder Zusatzrente ergänzt somit die Grundversorgung und damit die gesetzliche Rente.

HÖHE VON GESETZLICHER RENTE UND ZUSATZRENTE

Die Höhe der gesetzlichen Rente und Zusatzrente im öffentlichen Dienst ist in erster Linie abhängig von den Einkommen und den entsprechend gezahlten Beiträgen. Gleich hohe Beiträge führen zu gleich hohen Renten. Je höher die Einkommen und damit die darauf zu zahlenden Pflichtversicherungsbeiträge und je länger die Pflichtversicherungszeiten, desto höher die Rente. Bei der Zusatzversorgung im öffentlichen Dienst gilt dieses Äquivalenzprinzip allerdings erst ab Einführung der sogenannten Punkterente im Jahr 2002.

In früheren Zeiten sollte die Summe von gesetzlicher Rente und Zusatzrente, also die Gesamtrente, so hoch liegen wie die Pension von vergleichbaren Beamten. Spätestens seit der am 1. Januar 2002 in Kraft getretenen Reform der Zusatzversorgung im öffentlichen Dienst wird dieses Ziel nicht mehr verfolgt. Ab 2002 ist die Berechnung der Zusatzrente völlig abgekoppelt von der Ermittlung der gesetzlichen Rente. Zusatzrente und gesetzliche Rente sind also voneinander unabhängig. Eine Anrechnung der gesetzlichen Rente bei der Ermittlung der Gesamtrente wie früher findet nicht mehr statt. Davon, dass Arbeitnehmer mit Beamten im Ruhestand finanziell völlig gleichgestellt werden sollen, ist heute keine Rede mehr.

Faustformeln zur Rentenhöhe

Für die Höhe der gesetzlichen Rente gibt es eine ganz grobe Faustformel: Rund ein Prozent des Bruttoendgehalts vor Rentenbeginn mal Anzahl der Beitragsjahre. Wer also beispielsweise bis zur Rente auf 40 Beitragsjahre kommt, könnte nach dieser sehr stark vereinfachten Formel zurzeit mit einer gesetzlichen Rente in Höhe von rund 40 Prozent seines letzten Bruttogehalts rechnen – vorausgesetzt, er hat im Vergleich zum Durchschnittsverdiener immer etwa gleich viel verdient.

Die Zusatzrente im öffentlichen Dienst, die bis Ende 2001 noch rund die Hälfte der gesetzlichen Rente ausmachte, wird nach 40 Pflichtversicherungsjahren grob geschätzt im Durchschnitt nur bei einem Drittel der gesetzlichen Rente und somit bei durchschnittlich 13 Prozent des Bruttoendgehalts liegen. Je nach Geburtsjahrgang und Eintrittsalter

SCHRITTWEISE ERHÖHUNG DER REGELALTERSGRENZE

Wann Sie „regulär" in Rente gehen können, hängt von Ihrem Geburtsjahr ab. Denn mit Einführung der „Rente mit 67" wurde die Regelaltersgrenze schrittweise erhöht.

Geburtsjahrgang	Anhebung um ... Monate	auf das Alter
1947	1	65 Jahre + 1 Monat
1948	2	65 Jahre + 2 Monate
1949	3	65 Jahre + 3 Monate
1950	4	65 Jahre + 4 Monate
1951	5	65 Jahre + 5 Monate
1952	6	65 Jahre + 6 Monate
1953	7	65 Jahre + 7 Monate
1954	8	65 Jahre + 8 Monate
1955	9	65 Jahre + 9 Monate
1956	10	65 Jahre + 10 Monate
1957	11	65 Jahre + 11 Monate
1958	12	66 Jahre
1959	14	66 Jahre + 2 Monate
1960	16	66 Jahre + 4 Monate
1961	18	66 Jahre + 6 Monate
1962	20	66 Jahre + 8 Monate
1963	22	66 Jahre + 10 Monate
ab 1964	24	67 Jahre

in den öffentlichen Dienst schwankt sie zwischen 10 und 16 Prozent.

Beispielsweise kommen die älteren Jahrgänge 1947 bis 1956 meist nur auf eine Zusatzrente von 10 Prozent ihres letzten Gehalts nach 40 Jahren, wenn sie schon früh in den öffentlichen Dienst eingetreten sind und am Stichtag 31. Dezember 2001 nicht verheiratet waren. Der Familienstand spielt bei Angestellten, die nach diesem Stichtag in den öffentlichen Dienst gekommen sind, keine Rolle mehr.

Alles in allem macht die Bruttogesamtrente nach 40 Versicherungsjahren gemäß diesen Schätzungen in beiden Alterssicherungssystemen zusammen (gesetzliche Rentenversicherung plus Zusatzversorgung im öffentlichen Dienst) im Schnitt zwischen 50 und 56 Prozent des letzten Bruttogehalts aus.

Prognosen zu Ihrer Rente und Zusatzrente
Wie hoch wird Ihre gesetzliche Rente vor Sozialabgaben und Steuern ausfallen, wenn Sie nach Erreichen der Regelaltersgrenze (zum Beispiel 66 Jahre für Jahrgang 1958 oder 67 Jahre ab Jahrgang 1964) in Rente gehen (siehe Tabelle links)?

Einen guten Ausblick auf Ihre künftige Rente bietet Ihnen die Renteninformation, die Ihnen die Deutsche Rentenversicherung (DRV) nach erfüllter fünfjähriger Wartezeit und Vollendung des 27. Lebensjahres einmal jährlich zuschickt (siehe Seite 51). Bei der Hochrechnung wird unterstellt, dass Sie bis zum Erreichen der regulären Altersgrenze für die Rente (also der Regelaltersgrenze) Beiträge auf Grundlage der durchschnittlichen Verdienste in den letzten fünf Kalenderjahren zahlen. Zusätzlich wird die künftige Regelaltersrente noch in zwei Varianten für künftige Rentensteigerungen von jeweils 1 beziehungsweise 2 Prozent pro Jahr angegeben.

Die aktuelle Höhe Ihrer Zusatzrente erfahren Sie durch den jährlichen Versicherungsnachweis Ihrer Zusatzversorgungskasse. Dort werden die bisher erreichten Versorgungspunkte mit dem festen Messbetrag von 4 Euro multipliziert und ergeben dann die aktuelle Anwartschaft auf eine Zusatzrente.

Die meisten Zusatzversorgungskassen bieten im Internet auch eine Hochrechnung ihrer Zusatzrente an, zum Beispiel die VBL über www.vbl.de/betriebsrenten rechner. Auf Basis der Eingaben (erreichte Versorgungspunkte laut Versicherungsnachweis, Geburtstag, geplanter Rentenbeginn, Jahresbruttogehalt im Vorjahr, angenommene Gehaltssteigerung pro Jahr) wird eine individuelle Hochrechnung bis zum Renteneintrittsalter erstellt.

Die künftige VBL-Zusatzrente können Sie auf diese recht einfache Weise ermitteln. Sie sollten bei der Hochrechnung ähnlich wie bei der Renteninformation der Deutschen Rentenversicherung beispielsweise drei Gehaltsvarianten durchspielen (0 Prozent, 1 Prozent und 2 Prozent Gehaltssteigerung pro Jahr), um so eine Berechnung der Zusatzrente ohne und mit Anpassung zu erhalten. Auch Pflichtversicherte in anderen Zusatzversorgungskassen können den VBL-Rechner nutzen.

Mit der Renteninformation der Deutschen Rentenversicherung und den Informationen der Zusatzversorgungskasse (Versicherungsnachweis und Betriebsrentenrechner) können Sie so eine Einschätzung Ihrer künftigen Gesamtrente vornehmen.

Welche Faktoren die Höhe der gesetzlichen Rente im Einzelnen bestimmen und wie sich die gesetzliche Rente genau berechnet, erfahren Sie im Kapitel „Rentenplanung für Angestellte" ab Seite 23. Näheres zur Zusatzrente finden Sie in den Abschnitten zur „Zusatzrente im öffentlichen Dienst" ab Seite 55.

Brutto- und Nettogesamtrente

Bei der geschätzten künftigen gesetzlichen Rente und Zusatzrente ist allerdings zu beachten, dass es sich immer nur um Bruttobeträge handelt und etwaige Rentenabschläge, die Sie hinnehmen müssten, wenn Sie vorzeitig in Rente gehen, nicht berücksichtigt sind.

Um jedoch die künftige Nettogesamtrente (als Summe von gesetzlicher Nettorente und Nettozusatzrente) zu ermitteln, müssen zusätzlich noch die Beiträge zur gesetzlichen Kranken- und Pflegeversicherung sowie Steuern abgezogen werden.

Außerdem hängt der Wert der künftigen Nettogesamtrente von der Inflationsrate ab. Bei einem Rentenbeginn in zehn Jahren und einer Inflationsrate von 1,5 Prozent wären beispielsweise 1 625 Euro in heutiger Kaufkraft nur rund 1 400 Euro wert.

Früher in Rente mit Rentenabschlag

Die stufenweise Heraufsetzung der Regelaltersgrenze von 65 auf 67 Jahre für alle Jahrgänge ab 1947 trifft die Angestellten im öffentlichen Dienst gleich doppelt – bei der gesetzlichen Rente und der Zusatzrente.

GESETZLICHE RENTE: SO VIEL BLEIBT STEUERFREI

Je später Arbeitnehmer gesetzliche Rente beziehen, desto weniger ist steuerfrei. Im Jahr 2015 erhalten sie für 1 000 Euro Rente noch einen Freibetrag von 300 Euro (30 Prozent). Im Jahr 2020 beträgt er nur noch 200 Euro (20 Prozent).

Altersbezüge	Beginn der Rente (Jahr)	Freibetrag (Prozent)	Freibetrag je 1 000 Euro Rente (Euro)[1]
Renten aus der gesetzlichen Rentenversicherung wie Altersrenten, Witwen- und Waisenrenten. Außerdem vergleichbare **Renten aus Rürup-Verträgen.**	**2014**	32	320
	2015	30	300
	2016	28	280
	2017	26	260
	2018	24	240
	2019	22	220
	2020	20	200

1) Der lebenslange Freibetrag wird von der Rente im ersten Kalenderjahr nach Rentenbeginn berechnet.

Die Bedingungen für eine Frührente sind in beiden Rentensystemen grundsätzlich gleich. Wenn Sie beispielsweise als langjährig Versicherter eine Versicherungszeit von 35 Jahren bis zum vollendeten 63. Lebensjahr nachweisen, können Sie bereits mit 63 Jahren in Rente gehen. Allerdings müssen Sie dann einen Rentenabschlag in Kauf nehmen.

Der Rentenabschlag macht bei der gesetzlichen Rente je nach Geburtsjahr zwischen 9 Prozent (zum Beispiel beim Jahrgang 1952) und 14,4 Prozent (ab Jahrgang 1964) aus. Bei der Zusatzrente ist der maximale Abschlag nicht ganz so hoch, denn er ist auf 10,8 Prozent begrenzt.

Bei der 35-jährigen Mindestversicherungszeit (auch Wartezeit genannt) werden alle rentenrechtlichen Zeiten berücksichtigt. Dies sind außer Pflichtbeitragszeiten auch Zeiten mit freiwilligen Beiträgen, Anrechnungszeiten wegen schulischer Ausbildung bis zu acht Jahre und Berücksichtigungszeiten wegen Kindererziehung bis zu zehn Jahre pro Kind.

Ein vorzeitiger Ruhestand hat zumindest bei der gesetzlichen Rente auch Steuervorteile. Wenn Sie beispielsweise zum Geburtsjahrgang 1952 gehören und im Jahr 2015 mit 63 Jahren in den Ruhestand gehen, liegt der steuerpflichtige Anteil der Rente bei 70 Prozent. Bei einem Rentenbeginn im Jahr 2018 mit 65 Jahren und 7 Monaten für einen im 2. Halbjahr 1952 geborenen Angestellten steigt der steuerpflichtige Anteil auf 76 Prozent. Umgekehrt sinkt der steuerfreie Anteil um 6 Prozentpunkte. Bei einer monatlichen Rente von 1 000 Euro macht das 60 Euro aus.

Bei einer monatlichen gesetzlichen Rente von 1 500 Euro nach Rentenabschlag sind 6 Prozent oder 90 Euro pro Monat weniger zu versteuern, wenn die erste Rente bereits im Jahr 2015 statt in 2018 bezogen wird. Ein Alleinstehender, der 2015 neu in Rente geht, spart durch seinen vorzeitigen Rentenbeginn mit 63 Jahren immerhin monatlich 21 Euro an Steuern. Allerdings kann diese Steuerersparnis den Rentenabschlag bei weitem nicht wettmachen. Unter www.test.de/rentenrechner können Sie leicht abschätzen, wie viel Steuern Sie zahlen, wenn Sie früher in Rente gehen.

Neue abschlagsfreie Rente ab 63 Jahren

Die neue abschlagsfreie Rente ab 63 Jahren, die im Juli 2014 eingeführt wurde, kommt für besonders langjährig Versicherte mit 45 Versicherungsjahren infrage. Dazu zählen Pflichtbeitragszeiten einschließlich Arbeitslosigkeit mit Arbeitslosengeld I, Zeiten mit freiwilligen Beiträgen, sofern 18 Jahre Pflichtbeiträge vorliegen, und Berücksichtigungszeiten wegen Kindererziehung von maximal zehn Jahren pro Kind. Dies trifft erstmals für Angestellte zu, die in der Zeit von Juni 1951 bis Dezember 1952 geboren wurden und bis zu ihrem 63. Geburtstag mindestens 45 Versicherungsjahre nachweisen können.

Der fehlende Rentenabschlag ist der Hauptvorteil bei dieser neuen Rente, die vor allem denen nützt, die als sehr junge Menschen in den öffentlichen Dienst

eingetreten sind. Hinzu kommt noch die zusätzliche Steuerersparnis.

Das Zugangsalter für diese abschlagsfreie Rente wird für jüngere Jahrgänge stufenweise erhöht, beispielsweise auf 64 Jahre für den Jahrgang 1958 und auf 65 Jahre für alle Jahrgänge ab 1964.

Weitere Möglichkeiten für Frührenten ohne oder mit Abschlag werden im Kapitel „Früher in den Ruhestand?“ ab Seite 131 ausführlich dargestellt.

Sozialabgaben und Steuern bei Rentnern

Entscheidend ist für Sie, was netto nach Abzug von Sozialabgaben und Steuern von der Rente übrig bleibt. Wenn Sie gesetzlich kranken- und pflegeversichert sind, müssen Sie dafür relativ hohe Beiträge zahlen. Da Rentner zusätzlich zum Beitrag von 7,3 Prozent zur gesetzlichen Krankenversicherung plus eventuellem Zusatzbeitrag den vollen Beitrag zur gesetzlichen Pflegeversicherung zahlen müssen, zieht die Deutsche Rentenversicherung aktuell insgesamt bis zu 10,5 Prozent von der gesetzlichen Rente ab.

Bei der Zusatzrente sind es sogar bis zu 17,8 Prozent. Wie alle anderen Betriebsrenten auch, wird sie mit dem vollen Beitrag zur gesetzlichen Krankenversicherung belastet. Somit zieht die VBL oder eine andere Zusatzversorgungskasse sogar rund ein Sechstel von der Bruttozusatzrente ab.

Bei der Rentenbesteuerung sieht es wiederum anders aus. Beispielsweise bei einem Rentenbeginn im Jahr 2015 sind 70 Prozent der gesetzlichen Rente steuerpflichtig beziehungsweise 30 Prozent steuerfrei. Hingegen ist bei der Zusatzrente eines 65-Jährigen nur ein geringer Ertragsanteil von 18 Prozent zu versteuern.

Erst bei einem Rentenbeginn ab dem Jahr 2040 wird die gesetzliche Rente voll besteuert. Auch die Zusatzrente wächst bis zu diesem Zeitpunkt stufenweise in die volle Besteuerung hinein. Weitere Details über die Sozialabgaben und Steuern im Rentenalter finden Sie in den Abschnitten „Sozialabgaben im Ruhestand“ und „Steuern im Ruhestand“ ab Seite 169.

Rentenlücken bei Angestellten im öffentlichen Dienst

Angestellte im öffentlichen Dienst müssen trotz Zusatzrente mit einer Rentenlücke im Alter rechnen. Unter Rentenlücke ist der

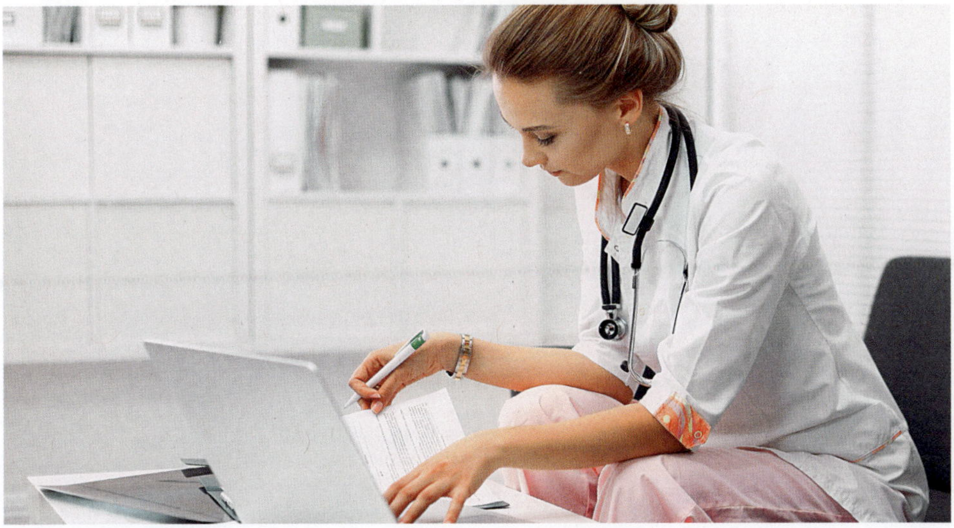

Versorgungs- oder Finanzbedarf im Alter minus der Nettogesamtrente (also gesetzliche Nettorente plus Nettozusatzrente) zu verstehen.

Meist reichen 80 Prozent des Nettoendgehalts als Versorgungsbedarf aus, um den Lebensstandard im Alter zu halten. Die Kinder sind aus dem Haus, der Kredit für die eigenen vier Wände ist abbezahlt, und auch viele andere Kosten fallen weg. Ihren persönlichen Finanzbedarf im Ruhestand können Sie auch unter www.test.de/finanzbedarf errechnen.

TIPP: RENTENLÜCKENRECHNER

Da die Nettogesamtrente bei Angestellten im öffentlichen Dienst unter 80 Prozent des letzten Nettogehalts liegt, entsteht mit ziemlicher Sicherheit eine Versorgungs- beziehungsweise Rentenlücke. Überschlägige Berechnungen dazu können Sie mit dem Rentenlückenrechner von Finanztest durchführen (siehe www.test.de/rentenluecke).

Eine freiwillige betriebliche Vorsorge ist häufig sinnvoll, um diese verbleibende Rentenlücke zu schließen. Wie Sie dabei vorgehen, erfahren Sie im Abschnitt „Zusätzlich vorsorgen: mit einer freiwilligen Betriebsrente“ ab Seite 69.

Vorab schon einmal ein Hinweis: Bei der Entgeltumwandlung können Sie monatlich bis zu 238 Euro Ihres Bruttogehalts steuer- und sozialabgabenfrei für die freiwillige Versicherung (zum Beispiel VBLextra) verwenden.

PENSIONEN FÜR BEAMTE

Die knapp 2 Millionen Beamten (zum Beispiel Polizeibeamte, Justizvollzugsbeamte, Verwaltungsbeamte oder beamtete Lehrer) erhalten im Ruhestand eine Pension. Diese Beamtenpension wird offiziell „Ruhegehalt" genannt, und die ehemaligen Beamten gelten als „Ruhestandsbeamte" oder „Ruhegehaltsempfänger".

Die Beamtenversorgung bietet im Gegensatz zur gesetzlichen Rentenversicherung eine Gesamtversorgung, in der Grund- und Zusatzversorgung vereint sind. Anders als bei den Angestellten im öffentlichen Dienst gibt es keine getrennten Systeme, sondern nur ein System der Beamtenversorgung. In der Beamtenpension ist eine betriebliche Altersversorgung quasi bereits enthalten. Sie erfüllt also eine doppelte Funktion.

Auch ihre Berechnung erfolgt völlig anders als die der gesetzlichen Rente oder Zusatzrente. Die Höhe der Pension hängt von den Faktoren Geld (Höhe des letzten Gehalts) und Zeit (Anzahl der Dienstjahre) ab. Vereinfacht gesagt erwirbt der Beamte pro Dienstjahr eine Pensionsanwartschaft von rund 1,8 Prozent seines Bruttoendgehalts. Nach 20 Dienstjahren wären es beispielsweise 36 Prozent, nach 30 Jahren rund 54 Prozent. Nach 40 Dienstjahren erreicht der Beamte eine Bruttopension von 71,75 Prozent seines letzten Bruttogehalts. Dies ist gleichzeitig auch die momentane Höchstgrenze.

Versorgungsauskunft

Als Beamter können Sie in den meisten Fällen bei der zuständigen Stelle eine Versorgungsauskunft beantragen. Bundesbeamte haben darauf einen Rechtsanspruch, sofern sie einen schriftlichen Antrag stellen und ein berechtigtes Interesse nachweisen.

Einige Bundesländer wie beispielsweise Baden-Württemberg senden eine solche Versorgungsauskunft über das jeweilige Landesamt für Besoldung und Versorgung (LBV) allen Beamten auf Lebenszeit, die nach fünfjähriger Beamtendienstzeit einen Versorgungsanspruch erworben haben, ab 2016 unaufgefordert alle fünf Jahre zu. Insofern ähnelt dieses Verfahren der Rentenauskunft der Deutschen Rentenversicherung, die Arbeitnehmern ab vollendetem 55. Lebensjahr alle drei Jahre zugesandt wird.

In Nordrhein-Westfalen können Sie schriftliche Pensions- oder Versorgungsauskünfte wegen Personalmangels zurzeit noch nicht erhalten. Allerdings hat jeder die Möglichkeit, eine unverbindliche Versorgungsauskunft via Internet (www.beamtenversorgung.nrw.de) nach eigenen Angaben vom Computerprogramm des Landesamtes für Besoldung und Versorgung (LBV) in Nordrhein-Westfalen berechnen zu lassen. Vorteil: Zugang dazu haben auch Beamte aus anderen Bundesländern. Sie benötigen weder einen Benutzernamen noch ein Kennwort. Ihre Angaben werden auch nicht bei der LBV gespeichert.

Meist beschränkt sich die Versorgungsauskunft für Beamte allerdings auf die Berechnung des erreichbaren Pensions- oder Ruhegehaltssatzes zum geplanten Pensionsbeginn. Die Höhe Ihrer künftigen Pension kann nach Eingabe Ihres aktuellen Bruttogehalts zumindest geschätzt werden. Dabei bleiben Gehaltssteigerungen und eventuelle Änderungen im Versorgungsrecht (zum Beispiel Kürzung des künftigen Pensionsniveaus) unberücksichtigt.

Früher in Pension mit und ohne Abschlag
Ähnlich wie Angestellte können auch Beamte früher in Pension gehen. Nach Erreichen der allgemeinen Antragsaltersgrenze von 63 Jahren ist eine Frühpensionierung möglich. Der Pensionsabschlag (offiziell „Versorgungsabschlag" genannt) macht wie bei Rentnern bis zu 14,4 Prozent für alle Jahrgänge ab 1964 aus. Das gilt für Bundesbeamte und Landes- und Kommunalbeamte in den meisten Bundesländern. Dort wurde die Regelaltersgrenze wie bei den Rentnern stufenweise auf 67 Jahre angehoben (siehe Tabelle Seite 10).

In Berlin und Rheinland-Pfalz liegt die Regelaltersgrenze für Landes- und Kommunalbeamte zurzeit noch bei 65 Jahren. Dort könnten Sie also noch ohne Pensionsabschlag mit 65 Jahren in Pension gehen.

Ohne Abschlag ist eine Pensionierung mit 65 Jahren in den meisten übrigen Bundesländern nur möglich, wenn Sie bis zum vollendeten 65. Lebensjahr insgesamt 45 Dienstjahre (einschließlich eventueller Beitragsjahre in der gesetzlichen Rentenversicherung) nachweisen können.

Ob es künftig eine abschlagsfreie Pension ab 63 Jahren nach 45 Dienstjahren für Beamte geben wird, steht noch nicht fest. Alle Möglichkeiten zur Frühpensionierung ohne und mit Abschlag finden Sie im Kapitel „Früher in in den Ruhestand?" ab Seite 131.

Versicherungen und Steuern bei Pensionären
Fast alle Beamten und späteren Pensionäre sind privat krankenversichert. Als Pensionär erhalten Sie eine staatliche Beihilfe in Höhe von 70 Prozent der beihilfefähigen Krankheitskosten. Die restlichen 30 Prozent werden durch die private Krankenkasse abgedeckt. Da der Beihilfesatz ab Pensionseintritt von 50 auf 70 Prozent steigt, verringert sich der Beitrag zur privaten Krankenversicherung. Hinzu kommt allerdings noch der Beitrag zur privaten Pflegepflichtversicherung.

Alleinstehende Pensionäre müssen in Abhängigkeit vom Eintrittsalter, Gesundheitszustand und Umfang der vereinbarten Leistungen mit einem monatlichen Beitrag von rund 200 Euro für die private Kranken- und Pflegepflichtversicherung rechnen. Sind Sie verheiratet und haben Sie auch Ihren Ehegatten mit 30 Prozent der Kosten in der privaten Krankenkasse versichert, verdoppelt sich in der Regel der Beitrag, sofern Eintrittsalter, Gesundheitszustand und Leistungsumfang lediglich gering von den eigenen Daten abweichen. Vom Geschlecht abhängige Tarife in der privaten Kranken- und Pflegeversicherung gibt es für Neueinsteiger seit Einfüh-

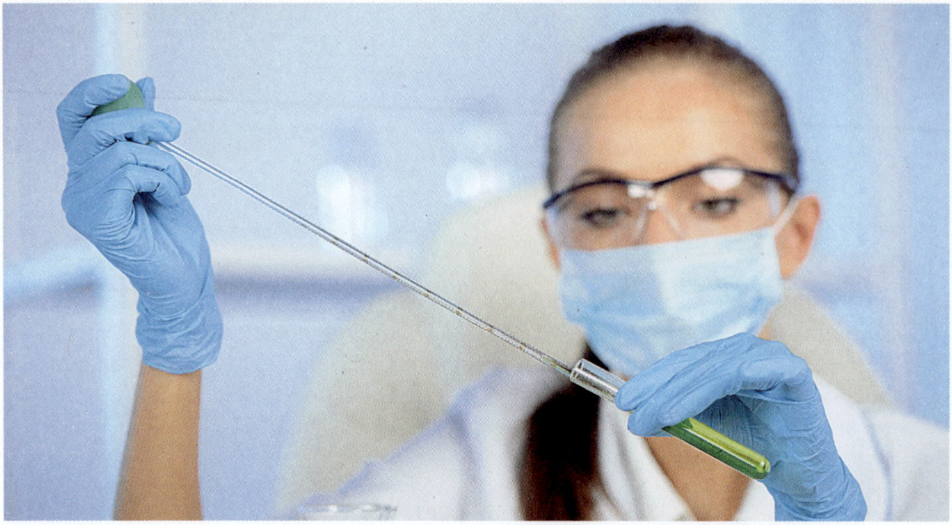

rung des Unisex-Tarifs ab 2013 nicht mehr.

Im Gegensatz zur gesetzlichen Rente wird die Pension voll besteuert. Im Steuerrecht werden Beamtenpensionen oder Ruhegehälter als „Versorgungsbezüge" bezeichnet und sind grundsätzlich wie Einkünfte aus nicht selbstständiger Arbeit steuerpflichtig.

Weitere Details über Versicherungen und Steuern erfahren Sie den Abschnitten „Sozialabgaben im Ruhestand" und „Steuern im Ruhestand" ab Seite 169.

Pensionslücke für Beamte

Ähnlich wie die Rentenlücke für Angestellte kann auch die Pensionslücke für Beamte berechnet werden. Zu diesem Zweck zieht man die Nettopension, also die Pension nach Abzug von Kranken- und Pflegeversicherung und Steuern, vom pauschalen Versorgungsbedarf in Höhe von 80 Prozent des letzten Nettogehalts ab. Wenn Sie als Pensionär einen höheren Finanzbedarf haben, setzen Sie diesen Wert entsprechend herauf.

Nach Kürzung des Pensionsniveaus von ehemals 75 Prozent auf höchstens 71,75 Prozent des letzten Bruttogehalts wird auch die Nettopension unter dem Versorgungsbedarf von 80 Prozent liegen und somit eine Pensionslücke entstehen. Diese Versorgungslücke wird umso größer ausfallen, je weniger Dienstjahre Sie bis zur Pensionierung erreicht haben.

Möglicherweise waren Sie nicht Ihr ganzes Berufsleben Beamter, sondern haben fünf oder mehr Jahre als Angestellter gearbeitet und erhalten daher zusätzlich zur Pension noch eine gesetzliche Rente.

Sofern Pension, gesetzliche Rente und Zusatzrente aus der Pflichtversicherung zusammentreffen, darf die Summe aber nicht über 71,75 Prozent des Bruttoendgehalts hinausgehen. Mit dieser Begrenzung soll eine „Überversorgung" der Beamten im Ruhestand vermieden werden.

Liegt die Summe über diesem Höchstsatz von 71,75 Prozent, wird die Pension (nicht die Rente) so weit gekürzt, bis die Summe wieder auf diesen Höchstsatz sinkt. Das gilt allerdings nur, wenn Sie die Ansprüche aus der gesetzlichen Rente aufgrund von Pflichtbeiträgen, beispielsweise über eine Angestelltentätigkeit, erworben haben (siehe Abschnitt „Zeiten

als Angestellter: Anrechnung von Renten aus Pflichtbeiträgen" ab Seite 115). Anders ist dies bei freiwilligen Beiträgen.

Freiwillige Beiträge für eine gesetzliche Rente
Um die Pensionslücke zumindest teilweise zu schließen, sind insbesondere pensionsnahen Beamten freiwillige Beiträge zur gesetzlichen Rente zu empfehlen. Nach einer Gesetzesänderung im August 2010 können sich auch „Nur-Beamte" freiwillig in der gesetzlichen Rentenversicherung versichern, die nie rentenversicherungspflichtig waren und daher bisher auch nie Pflichtbeiträge gezahlt haben.

Die zusätzliche gesetzliche Rente aufgrund von freiwilligen Beiträgen ist gleich aus zwei Gründen lohnend:

- Erstens wird diese gesetzliche Rente anders als bei Pflichtbeiträgen nicht auf die Beamtenpension angerechnet. Sie kommt also auf jeden Fall hinzu, auch wenn Pension und gesetzliche Rente durch die freiwilligen Beiträge die Grenze von 71,75 Prozent des letzten Bruttogehalts übersteigen.
- Zweitens erhöht sich die gesetzliche Rente bei privat krankenversicherten Pensionären noch um den Zuschuss zur privaten Krankenversicherung in Höhe von 7,3 Prozent der Bruttorente. Beispiel: Eine gesetzliche Rente von 200 Euro brutto steigt nach Berücksichtigung dieses Zuschusses auf 214,60 Euro. Auch steuerlich hat diese Variante Vorteile (siehe Seite 165).

Für pensionsnahe Beamte, die beispielsweise nur noch zehn Jahre bis zum geplanten Pensionsbeginn vor sich haben, wird die zusätzliche gesetzliche Rente bei gleichem Beitrag fast immer höher ausfallen als eine staatlich geförderte Privatrente. Details über die weitgehend unbekannte Möglichkeit von freiwilligen Beiträgen zur gesetzlichen Rente für Beamte finden Sie im Abschnitt „Zusätzlich vorsorgen: Renten aus freiwilligen Beiträgen" ab Seite 119.

ZUSÄTZLICHE PRIVATE RENTEN FÜR ANGESTELLTE UND BEAMTE

Bereits die für Angestellte und Beamte staatlich beziehungsweise tariflich geregelten Alterssicherungssysteme (gesetzliche Rentenversicherung, Zusatzversorgung im öffentlichen Dienst, Beamtenversorgung) sind nicht immer einfach auseinanderzuhalten. Gemeinsam ist diesen drei Systemen aber, dass sie zwei von drei Säulen der Altersversorgung für den öffentlichen Dienst komplett abdecken. Diese stellen das Fundament der Altersversorgung im öffentlichen Dienst dar.

Alterssicherungssysteme

Das zeigt auch die Grafik auf der rechten Seite, die dem Fünften Versorgungsbericht der Bundesregierung aus dem Jahr 2013 zu entnehmen ist. Wie Sie dort sehen, bestehen die Unterschiede bei der Altersversorgung von Angestellten im öffentlichen Dienst und Beamten also nur in der 1. Säule (Regelsicherung) und der 2. Säule (Zusatzsicherung).

Angestellte im öffentlichen Dienst können im Gegensatz zu Beamten noch freiwillige Beiträge für eine Betriebsrente (zum Beispiel per Entgeltumwandlung) leisten. Andererseits steht es Beamten im Gegensatz zu den in der gesetzlichen Rentenversicherung pflichtversicherten Angestellten offen, freiwillige Beiträge für eine zusätzliche gesetzliche Rente zu zahlen.

DIE BESTEN OPTIONEN FÜR ANGESTELLTE UND BEAMTE

Als Angestellter im öffentlichen Dienst oder als pensionsnaher Beamter sollten Sie darüber nachdenken, zunächst eine dieser beiden Optionen für eine zusätzliche Altersvorsorge zu nutzen, bevor Sie eine private Altersvorsorge ins Auge fassen. Für Angestellte sind freiwillige Beiträge zu einer Betriebsrente immer noch eine gute Wahl. Für Beamte sind freiwillige Beiträge zur gesetzlichen Rente lukrativ.

Dritte Säule der Altersvorsorge

Bei der privaten oder eigenverantwortlichen Altersvorsorge in der dritten Säule gibt es keine Unterschiede zwischen den beiden Beschäftigtengruppen. Sowohl Angestellte im öffentlichen Dienst als auch Beamte können zum Beispiel drei Wege der privaten Altersvorsorge nutzen:

- Riester-Rente
- Rürup-Rente
- Private Rentenversicherung.

Auch die steuerliche Behandlung dieser drei Vorsorgemöglichkeiten ist völlig unabhängig davon, ob Sie Angestellter und Rentner oder Beamter und Pensionär sind. Wie Sie Sozialabgaben bei Privatrenten vermeiden können, erfahren Sie in den Abschnitten „Sozialabgaben im Ruhestand" und „Steuern im Ruhestand" ab Seite 169.

ALTERSSICHERUNGSSYSTEME IM VERGLEICH

Sicherungsfunktion	**Angestellte und Arbeiter**		**Beamtinnen und Beamte, Richterinnen und Richter sowie Berufssoldatinnen und Berufssoldaten**
	Privatwirtschaft	**Öffentlicher Dienst**	
Regelsicherung **(1. Säule)**	Renten aus der gesetzlichen Rentenversicherung		Beamtenversorgung
Zusatzsicherung **(2. Säule)**	Betriebsrente	Zusatzversorgung (VBL/kommunale Zusatzversorgungskassen)	
Private Altersvorsorge **(3. Säule)**	Eigenverantwortliche Altersvorsorge		

Quelle: Fünfter Versorgungsbericht der Bundesregierung

RENTENPLANUNG FÜR ANGESTELLTE

Jeder pflichtversicherte Angestellte im öffentlichen Dienst erhält im Ruhestand außer der gesetzlichen Rente noch eine Zusatzrente. Wenn er sich dann freiwillig noch für eine Entgeltumwandlung entscheidet, kommt damit eine weitere Betriebsrente hinzu. Eine solche „Dreifach-Rente" – gesetzliche Rente, Zusatzrente und freiwillige Betriebsrente – wird in vielen Fällen den Lebensstandard im Alter so weit wie möglich sichern.

GESETZLICHE RENTE ALS GRUNDVERSORGUNG

Die gesetzliche Rente ist der Grundstock für die Altersversorgung der Angestellten im öffentlichen Dienst. Zwar ist die gesetzliche Rente nicht alles, aber ohne gesetzliche Rente ist alles nichts für Angestellte.

Entgegen der landläufigen Meinung besitzen auch pflichtversicherte Angestellte noch einige Handlungsspielräume bei der gesetzlichen Rente. Sie können in bestimmten Fällen freiwillige Beiträge zahlen und damit die für Frührenten erforderliche Wartezeit erfüllen. Die Wahl des richtigen Rentenbeginns beeinflusst außerdem die tatsächliche Höhe der gesetzlichen Rente.

Das System der gesetzlichen Rentenversicherung baut im Kern auf drei Prinzipien auf:

- Leistungsprinzip: Die gesetzliche Rente hat eine Lohnersatzfunktion und bietet laut Grundgesetz eine Eigentumsschutzgarantie.
- Äquivalenzprinzip: Die gesetzliche Rente ist beitrags- und lohnbezogen und umso höher oder niedriger, je höher oder niedriger die gezahlten Beiträge und die diesen Beiträgen zugrunde liegenden Entgelte sind.
- Solidarprinzip: Die gesetzliche Rente führt bei Zeiten von Kindererziehung, Arbeitslosigkeit und Pflege zu einem sozialpolitischen Ausgleich. Sie bietet außerdem Leistungen zur Rehabilitation, Leistungen bei Erwerbsminderung und für die Hinterbliebenen, wenn der Versicherte stirbt.

WELCHE ZEITEN FÜR DIE GESETZLICHE RENTE ZÄHLEN

Ausgangspunkt für die Berechnung der gesetzlichen Rente sind die rentenrechtlichen Zeiten. Der Faktor Zeit bestimmt maßgeblich die Höhe Ihrer Rentenansprüche. Je mehr rentenrechtliche Zeiten Sie bis zum Rentenbeginn ansammeln, desto besser. Um überhaupt einen Anspruch auf eine bestimmte Art der gesetzlichen Rente (zum Beispiel Regelaltersrente, vorgezogene Altersrente oder Erwerbsminderungsrente) zu erhalten, müssen Sie zunächst die Wartezeit für die jeweilige Rentenart erfüllen.

WAS DIE WARTEZEITEN BEDEUTEN

Unter einer Wartezeit in der gesetzlichen Rentenversicherung ist eine Mindestanzahl von rentenrechtlichen Zeiten zu verstehen. Diese Wartezeiten müssen erfüllt sein, damit überhaupt Rentenansprüche entstehen. Typischerweise unterscheidet man zwischen der allgemeinen Wartezeit von fünf Jahren als Voraussetzung für einen Anspruch auf Regelaltersrente oder Erwerbsminderungsrente und den speziellen Wartezeiten von 15, 35 und 45 Jahren für vorgezogene Altersrenten.

Die 15-jährige Wartezeit für die Altersrente von Frauen oder wegen Arbeitslosigkeit und nach Altersteilzeit kommt aber nur noch für vor 1952 geborene Versicherte infrage und läuft daher spätestens im Jahr 2017 aus.

Allgemeine Wartezeit von fünf Jahren

Die allgemeine Wartezeit von fünf Jahren ist Voraussetzung für den Anspruch auf Alters-, Erwerbsminderungs- und Hinterbliebenenrente, mit denen eine Absicherung der Risiken Langlebigkeit, Invalidität und Tod erfolgen soll. Grundsätzlich gilt

WARTEZEITEN BEI DER GESETZLICHEN RENTE

Je mehr Wartenzeiten Sie vorweisen können, desto mehr Rentenarten stehen Ihnen offen.

Mindestwartezeit	5 Jahre	35 Jahre	45 Jahre
Rentenarten	Regelaltersrente, Erwerbsminderungsrente, Hinterbliebenenrente	Rente ab 63 für langjährig Versicherte oder Schwerbehinderte	abschlagsfreie Rente ab 63 für besonders langjährig Versicherte
Anrechenbare Zeiten	Beitragszeiten	alle rentenrechtlichen Zeiten	insbesondere Pflichtbeitragszeiten einschließlich Arbeitslosengeld I

RENTENRECHTLICHE ZEITEN

Beitragszeiten	Beitragsfreie Zeiten	Berücksichtigungszeiten
Zeiten mit Pflichtbeiträgen und freiwilligen Beiträgen	Anrechnungs-, Zurechnungs- und Ersatzzeiten	Zeiten der Kindererziehung bis zum 10. Lebensjahr oder Pflegezeiten in der Zeit vom 1.1.1992 bis 31.3.1995

die allgemeine Wartezeit von fünf Jahren daher für folgende Rentenarten:

- Regelaltersrente (also Rente nach Erreichen der Regelaltersgrenze von 65 Jahren für Jahrgänge bis 1946, stufenweise Erhöhung der Regelaltersgrenze bis auf 67 Jahre für die Jahrgänge 1947 bis 1964, siehe Seite 10),
- Rente wegen Erwerbsminderung,
- Rente wegen Todes (Hinterbliebenenrente, wenn der Verstorbene bis zu seinem Tod eine Rente bezogen hat oder mindestens fünf Jahre versichert war).

Auf die allgemeine Wartezeit von fünf Jahren werden alle Kalendermonate mit Beitragszeiten (also auch Zeiten mit freiwilligen Beiträgen) angerechnet.

Um eine Erwerbsminderungsrente beziehen zu können, müssen neben der fünfjährigen Wartezeit grundsätzlich mindestens drei Jahre Pflichtbeiträge in den letzten fünf Jahren vor Eintritt der Erwerbsminderung gezahlt worden sein (sogenannte „3 in 5-Regel").

Die Hinterbliebenenrente für Witwen, Witwer, Halbwaisen oder Vollwaisen ist eine Rente wegen Todes. Sie setzt somit den Tod des Ehegatten, eingetragenen Lebenspartners oder eines Elternteils voraus, der vor seinem Tod bereits Rentner war oder als Versicherter die fünfjährige Wartezeit erfüllt hatte.

Die Wartezeit von fünf Jahren gilt vorzeitig als erfüllt, also auch bei weniger als fünf Jahren mit Beitragszeiten, wenn die verminderte Erwerbsfähigkeit oder der Tod durch besondere Schicksalsfälle wie einen Arbeitsunfall oder eine Berufskrankheit eingetreten ist.

Spezielle Wartezeit von 35 Jahren

Außer der allgemeinen Wartezeit von fünf Jahren gibt es noch spezielle Wartezeiten von 35 und 45 Jahren. Wer die spezielle Wartezeit von 35 Jahren vorweist, kann vor Erreichen der Regelaltersgrenze in Rente gehen. Dafür muss er allerdings mindestens 63 Jahre alt sein und Rentenabschläge in Kauf nehmen. Die Wartezeit von 35 Jahren gilt auch für schwerbehinderte Menschen.

Auf die Wartezeit von 35 Jahren werden – anders als bei der allgemeinen Wartezeit von fünf Jahren und der speziellen Wartezeit von 45 Jahren – sämtliche rentenrechtlichen Zeiten angerechnet, also außer den Beitragszeiten auch beitragsfreie Zeiten (zum Beispiel Anrechnungszeiten wegen schulischer Ausbildung) und Berücksichtigungszeiten wegen Kindererziehung.

Wenn Sie beispielsweise erst mit 30 Jahren in den öffentlichen Dienst eingetreten sind und bis zum geplanten Rentenbeginn mit 63 Jahren nur 33 Pflichtbeitragsjahre erreichen werden, können Sie die bis zur geforderten Wartezeit von 35 Jahren entstehende Lücke von zwei Jahren dennoch durch bestimmte andere Zeiten schließen (siehe die Checkliste rechts).

Spezielle Wartezeit von 45 Jahren

Nur für besonders langjährig Versicherte ab Jahrgang 1951 ist es möglich, die seit 1. Juli 2014 eingeführte abschlagsfreie Rente ab 63 Jahren zu beziehen. Hierfür müssen Sie eine Wartezeit von 45 Jahren vorweisen können.

Bei dieser Wartezeit zählen Pflichtbeitragszeiten (einschließlich Zeiten der Arbeitslosigkeit mit Arbeitslosengeld I), Zeiten mit freiwilligen Beiträgen (sofern 18 Jahre Pflichtbeiträge vorliegen) sowie Berücksichtigungszeiten wegen Kindererziehung bis zu zehn Jahren pro Kind mit. Beitragsfreie Zeiten wie etwa Anrechnungszeiten für eine schulische Ausbildung oder für Arbeitslosigkeit mit Arbeitslosengeld II werden hingegen nicht berücksichtigt.

Die strengen Zugangsvoraussetzungen für diese abschlagsfreie Rente ab 63 Jahren werden Angestellte im öffentlichen Dienst in aller Regel nur erfüllen, wenn sie unmittelbar nach Abschluss der Schulzeit

CHECKLISTE: WANN ZUSÄTZLICHE ZEITEN ZÄHLEN

Die folgenden Zeiten zählen mit, wenn Sie nach 35 Jahren Wartezeit vorzeitig in Rente gehen möchten:

✔ Zeiten mit freiwilligen Beiträgen (Sie können zum Beispiel während beruflicher Auszeiten freiwillig Beiträge zahlen oder für Ausbildungszeiten nach dem vollendeten 16. Lebensjahr, die nicht als Anrechnungszeiten berücksichtigt werden können, Beiträge nachzahlen – Letzteres geht aber nur, wenn Sie noch keine 45 Jahre alt sind)

✔ Anrechnungszeiten für Schul- und Hochschulausbildung nach dem vollendeten 16. Lebensjahr bis zu einer Höchstgrenze von acht Jahren

✔ Ersatzzeiten (zum Beispiel Zeiten einer politischen Haft in der ehemaligen DDR)

✔ Berücksichtigungszeiten für die Kindererziehung bis zu zehn Jahren pro Kind (also über die Pflichtbeitragszeit von maximal drei Jahren für die Kindererziehung hinaus – mehr dazu siehe Seite 35)

✔ Berücksichtigungszeit für die nicht erwerbsmäßige häusliche Pflege eines Pflegebedürftigen im Umfang von mindestens zehn Wochenstunden in der Zeit vom 1. Januar 1992 bis 31. März 1995

eine berufliche Ausbildung begonnen und kein Hochschulstudium aufgenommen haben.

Tatsächlich mit 63 Jahren ohne Abschläge in Rente gehen können ohnehin nur die Jahrgänge 1951 und 1952, denn das Zugangsalter für diese Rentenart wird für alle später Geborenen stufenweise angehoben. Alle Jahrgänge ab 1964 können dann erst mit 65 Jahren ohne Abschläge ihre Rente antreten (siehe Tabelle Seite 135).

PFLICHTBEITRAGSZEITEN SAMMELN

Die mit Abstand wichtigsten rentenrechtlichen Zeiten sind die, in denen Pflichtbeiträge auf Ihr Rentenkonto fließen. Das sind vor allem Zeiten, in denen Sie angestellt beschäftigt sind oder beispielsweise Arbeitslosengeld I oder Pflegegeld für die häusliche Pflege von Angehörigen beziehen.

In bestimmten Fällen werden Beschäftigungszeiten auch aufgewertet (zum Beispiel Zeiten der Berufsausbildung, Zeiten mit geringem Arbeitsentgelt vor 1992 oder Zeiten während der Kindererziehung vom dritten bis zum zehnten Lebensjahr seit dem 1. Januar 1992). Sie führen dann zu höheren Rentenansprüchen.

Auch der Lebenslauf von Angestellten im öffentlichen Dienst wird zuweilen Zeiten aufweisen, in denen sie nicht in ihrem Job tätig waren oder dort nur wenig verdienten. Umso wichtiger ist es in solchen Fällen, diese Zeiten lückenlos zu erfassen.

Wehr- und Zivildienst sowie Freiwilligendienst
Zu den Pflichtbeitragszeiten zählen auch Zeiten des Wehr- und Zivildienstes. Sie werden seit dem Jahr 2000 so angerechnet, als hätten Sie in dieser Zeit 60 Pro-

Praxisfrage: Sabbatjahr

Ich plane ein Sabbatjahr. Was bedeutet das für meine Rente?

Wenn das Sabbatjahr innerhalb eines Zeitraums von drei Jahren liegt, fließen in dieser Zeit Pflichtbeiträge für zwei Drittel Ihres Bruttogehalts sowohl in die gesetzliche Rentenversicherung als auch in die Zusatzversorgung. Sie müssen keine Sorgen haben, dass Ihnen durch ein Sabbatjahr am Ende Wartezeiten für einen vorzeitigen Rentenbeginn fehlen: Die drei Jahre zählen komplett zu allen Wartezeiten.

zent des Durchschnittseinkommens aller Versicherten verdient, vor dem Jahr 2000 waren es noch 80 Prozent.

Bei dem ab 2011 eingeführten Bundesfreiwilligendienst zahlen die Arbeitgeber den vollen Rentenbeitrag auf das Taschengeld. Zuschüsse für Verpflegung und Unterkunft zählen hier mit.

Arbeitslosigkeit und Krankheit: Zeiten des Bezugs von Lohnersatzleistungen

Für alle, die Lohnersatzleistungen beziehen (zum Beispiel Kranken-, Verletzten-, Übergangs- oder Arbeitslosengeld I), zahlen die Leistungsträger seit 1. Januar 1995 Pflichtbeiträge von 80 Prozent des Bruttoarbeitsentgelts, das der Lohnersatzleistung zugrunde lag, also des bisherigen Einkommens.

Wer in der Zeit vom 1. Januar 2005 bis 31. Dezember 2010 mehr als ein Jahr arbeitslos war (zwei Jahre bei mindestens 58-Jährigen) und somit als Langzeitarbeitsloser galt, erhielt Arbeitslosengeld II. Die Arbeitsagenturen zahlten Pflichtbeiträge auf geringe fiktive Entgelte, die anfangs 400 Euro und ab dem Jahr 2007 nur noch 205 Euro ausmachten. Ab 2011 gelten Zeiten mit Arbeitslosengeld II (auch Hartz IV genannt) nicht mehr als Pflichtbeitragszeiten, sondern nur noch als beitragsfreie Zeiten, die aber zumindest auf die meisten Wartezeiten (zum Beispiel 35 Jahre für langjährig Versicherte) angerechnet werden können.

Völlig anders sieht es bei Zeiten mit Arbeitslosengeld I aus: Sie gelten immer als Pflichtbeitragszeiten. Die Agentur für Arbeit überweist Pflichtbeiträge auf der

Basis von 80 Prozent des zuletzt verdienten Bruttogehalts.

Möglicherweise waren Sie vor Eintritt in den öffentlichen Dienst oder später für einige Monate oder Jahre arbeitslos. Zeiten der Arbeitslosigkeit wurden früher in der gesetzlichen Rentenversicherung sehr unterschiedlich geregelt. Beispiel: Von Juli 1978 bis Dezember 1982 wurden Pflichtbeiträge bei Arbeitslosigkeit gezahlt, von Anfang 1983 bis Ende 1991 zählten Zeiten einer Arbeitslosigkeit nur als Anrechnungszeiten (wie ab 2011 das Arbeitslosengeld II). Von Anfang 1992 bis Ende 2010 wurden dann wiederum Pflichtbeiträge für Arbeitslosengeld I und II gezahlt.

Zeiten der Pflege

Wer Pflegebedürftige nicht erwerbsmäßig und mindestens 14 Stunden pro Woche in ihrer häuslichen Umgebung pflegt, ist seit dem 1. April 1995 versicherungspflichtig. Diese Zeiten der nichterwerbsmäßigen häuslichen Pflege von Angehörigen verschaffen den Pflegenden einen zusätzlichen Rentenanspruch.

Die Höhe dieses Anspruchs hängt vom zeitlichen Aufwand und der Pflegestufe ab. Für 28 Stunden Pflege in der Woche und Pflegestufe III gibt es pro Jahr ein Rentenplus von monatlich rund 21 Euro im Westen.

JE SCHWERER DIE PFLEGE, DESTO HÖHER DIE RENTE

Wie hoch das Rentenplus für einen Pflegenden ist, hängt von der Pflegestufe und dem zeitlichen Aufwand ab. Es gibt höchstens rund 21 Euro Rente im Monat mehr.

Pflegetätigkeit für ein Jahr in der …	Pflegeaufwand pro Woche	Monatlicher Rentenbeitrag der Pflegekasse (Euro)		Monatliche Rentenerhöhung (Euro)	
		West	Ost	West	Ost
Pflegestufe I	14 Std.	139,36	118,19	7,14	6,58
Pflegestufe II	21 Std.	278,71	236,38	14,29	13,16
	14 Std.	185,81	157,58	9,52	8,77
Pflegestufe III	28 Std.	418,07	354,56	21,43	19,74
	21 Std.	313,55	265,92	16,07	14,80
	14 Std.	209,03	177,28	10,71	9,87

Quelle: Deutsche Rentenversicherung

TIPP: PFLEGESTUFE BEANTRAGEN
Diese Pflegezeiten werden Ihnen für die Rente nur gutgeschrieben, wenn der Pflegebedürftige in eine der drei Pflegestufen eingestuft wurde. Achten Sie daher darauf, dass der Pflegebedürftige möglichst schnell einen Antrag auf die Einstufung bei seiner Pflegekasse stellt. Ob er gesetzlich oder privat versichert ist, spielt dabei keine Rolle.

Zeiten für nach 1991 geborene Kinder

Mütter, deren Kinder nach 1991 geboren wurden, erhalten drei Jahre Kindererziehungszeiten gutgeschrieben. Sie werden wie Pflichtbeiträge gewertet. Dabei zählt die dreijährige Kindererziehungszeit so, als ob die Mutter durchschnittlich verdient hätte. Für drei Jahre Kindererziehung werden also drei Entgeltpunkte gutgeschrieben. Im Westen erhöht das die Monatsrente zurzeit um rund 86 Euro pro Kind, im Osten um rund 79 Euro.

Das gilt unabhängig davon, ob die Mutter während dieser drei Jahre Teilzeit, Vollzeit oder gar nicht arbeitet. Die Punkte für die Kindererziehung kommen zu Rentenpunkten aus dem Job hinzu. Verdient die Mutter während der Kindererziehungszeiten jedoch sehr gut, werden die Punkte für die Kindererziehung gekürzt. Denn mehr als rund 2 Rentenpunkte pro Jahr kann man nicht sammeln. Die Kindererziehungspunkte entfallen sogar ganz, wenn die Mutter durch ihren Verdienst bereits die maximalen 2 Rentenpunkte erreicht. Im Jahr 2014 ist das beispielsweise bei einem Einkommen von mehr als 71 400 Euro (alte Bundesländer) beziehungsweise 60 000 Euro (neue Bundesländer) der Fall. Dies ist die sogenannte Beitragsbemessungsgrenze.

Neben den Kindererziehungszeiten gibt es noch Berücksichtigungszeiten als zusätzlichen Bonus für die Zeit zwischen dem dritten und dem zehnten Geburtstag. Davon profitieren Mütter aber nur, wenn das Kind nach 1991 geboren ist und viele weitere Bedingungen erfüllt sind.

Beschäftigungszeiten werden maximal bis zum Durchschnittsverdienst (34 857 Euro) hochgewertet und dafür Beitragszeiten gutgeschrieben. Die Mütter müssen allerdings eine weitere Voraussetzung erfüllen: Sie müssen bei Rentenbeginn mindestens 25 Versicherungsjahre vorweisen.

Liegt der Verdienst einer berufstätigen Mutter in dieser Zeit unter dem Durchschnittsverdienst, werden ihre Rentenversicherungsbeiträge um die Hälfte höher bewertet. So werden beispielsweise einer Angestellten, die im Jahr 20 000 Euro brutto verdient, Rentenbeiträge für ein Gehalt von 30 000 Euro gutgeschrieben.

Verdient die Mutter in all den Jahren bis zum zehnten Geburtstag ihres Kindes so viel, dann bringt ihr die Höherbewertung in den alten Bundesländern in diesem Beispiel eine zusätzliche Rente von gut 57 Euro im Monat. Zusammen mit den 84 Euro aus der Erziehungszeit macht das in diesem Beispiel ein Rentenplus von 141 Euro im Monat.

Maximal ist in den alten Bundesländern eine Rentenplus von 149 Euro möglich, in den neuen Bundesländern von 136 Euro.

Frauen, die mindestens zwei Kinder unter zehn Jahren gleichzeitig erziehen,

Praxisfrage: Kindererziehungszeiten

Ich werde nach der Geburt meiner Tochter sofort wieder arbeiten und verdiene sehr gut. Heißt das, ich muss auf die Kindererziehungszeiten verzichten?

Wenn Sie befürchten, nicht in den Genuss der (vollen) Kindererziehungszeiten zu kommen, sollten Sie überlegen, sie auf den Vater zu übertragen, falls Sie beide das Kind erziehen und er in der entsprechenden Zeit weniger verdient. Dann sind sie zumindest für die Familie nicht verloren. Sie können sich monatsweise entscheiden, wer die Zeiten gutgeschrieben bekommen soll, müssen dies aber im Vorfeld beim Rentenversicherer beantragen.

bekommen die Rentengutschrift auch dann, wenn sie nicht erwerbstätig sind.

Zeiten für vor 1992 geborene Kinder: Mütterrente

Bei vor 1992 geborenen Kindern beträgt die Kindererziehungszeit zwei Jahre. Diese Regelung wurde am 1. Juli 2014 unter dem Etikett „Mütterrente" eingeführt. Vorher bekamen diese Mütter nur ein Jahr pro Kind gutgeschrieben. Mütter, die bereits in Rente sind und vor 1992 geborene Kinder erzogen haben, erhalten beispielsweise in den alten Bundesländern pro Kind einen Rentenzuschlag in Höhe von monatlich 28,61 Euro rückwirkend ab 1. Juli 2014. Den noch berufstätigen Müttern mit vor 1992 geborenen Kindern wird die Deutsche Rentenversicherung für die Kindererziehungszeit jeweils ein Jahr mehr pro Kind anrechnen.

Mütter (beziehungsweise Väter), bei denen Kindererziehungszeiten für vor 1992 geborene Kinder bereits im Versicherungsverlauf berücksichtigt wurden, müssen vorerst nichts unternehmen.

Rentnerinnen sollten bei der nächsten Rentenanpassungsmitteilung überprüfen, ob die höhere Mütterrente tatsächlich berücksichtigt wurde. Mütter mit vor 1992 geborenen Kindern, die noch nicht in Rente sind, sollten die Renteninformation oder -auskunft daraufhin überprüfen. Bei ihnen muss die zusätzliche Kindererziehungs- und Beitragszeit von einem Jahr pro Kind auch formal in Versicherungsverläufen, Rentenauskünften sowie in späteren Rentenbescheiden berücksichtigt werden. Künftige Rentnerinnen kommen somit ebenfalls in den Genuss von mehr Beitragsjahren, die ihnen helfen können, die fünfjährige Wartezeit für die Regelaltersrente oder die 35-jährige Wartezeit für langjährig Versicherte zu erfüllen.

Dies wird dann auch für vor 1955 geborene Mütter gelten, die nach Erreichen der Regelaltersgrenze bisher die allgemeine fünfjährige Wartezeit noch nicht erfüllt haben und auf Antrag für so viele Monate freiwillige Beiträge nachzahlen können, wie zur Erfüllung der fünfjährigen Wartezeit noch erforderlich sind (zum Beispiel nur zwölf Monate bei Müttern mit zwei vor 1992 geborenen Kindern und bisher vier Pflichtbeitragsjahren).

Allerdings werden Mütter, die noch nicht in Rente sind, nicht in jedem Fall einen zusätzlichen Entgeltpunkt pro Kind und Jahr gutgeschrieben bekommen. Vor allem besserverdienende Mütter, die bereits ein Jahr nach der Geburt ihres Kindes wieder in ihren Vollzeitjob zurückgekehrt sind, müssen sich mit weniger als einem Entgeltpunkt begnügen.

Der Grund: Wie wir bereits gesehen haben, kann jeder Pflichtversicherte für ein bestimmtes Jahr nicht mehr als eine maximale Zahl von Rentenpunkten erhalten. Sie hängt von der jeweiligen Beitragsbemessungsgrenze ab. Zieht man die bei hohem Verdienst erreichten Punkte davon ab, bleibt weniger als ein Rentenpunkt für das zusätzliche Jahr der Kindererziehung übrig. Dies kommt besonders häufig bei Müttern in der ehemaligen DDR vor, die frühzeitig nach der Geburt ihres Kindes wieder erwerbstätig wurden. Sie profitieren nur wenig von der Mütterrente, sofern sie am 1. Juli 2014 noch nicht in Rente waren. Spitzenverdienerinnen, deren Gehalt seinerzeit über der Beitragsbemessungsgrenze in der gesetzlichen Renten-

INFO **Was die Mütterrente bringt**

Seit Juli 2014 erhalten Mütter für die Erziehung eines vor 1992 geborenen Kindes grundsätzlich einen zusätzlichen Entgeltpunkt im Wert von aktuell 28,61 Euro (alte Bundesländer) beziehungsweise 26,39 Euro (neue Bundesländer) Monatsrente angerechnet. Diese Neuregelung ist immer für Mütter wirksam, die bereits in Rente sind. Sie gilt analog, wenn ausnahmsweise nicht die Mütter, sondern die Väter für vor 1992 geborene Kinder Erziehungszeiten anerkannt bekamen. Auch Väter mit Witwerrente, deren verstorbene Ehefrau vor 1992 geborene Kinder erzogen hatte, profitieren anteilig davon.

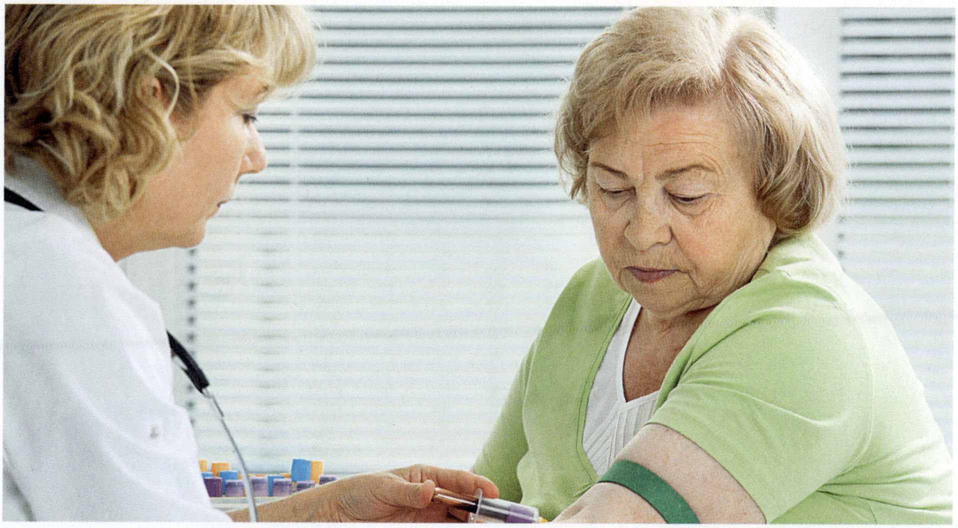

versicherung lag, gehen sogar vollkommen leer aus.

Anders sieht dies wiederum bei gering verdienenden Müttern aus, die neben der Erziehung ihrer vor 1992 geborenen Kinder noch erwerbstätig waren. Die Höherbewertung für die Zeiten vom dritten bis zum zehnten Geburtstag des Kindes wie bei ab 1992 geborenen Kinder gibt es zwar nicht. Allerdings werden Zeiten mit geringen Arbeitsentgelten vor 1992 um die Hälfte höher bewertet, maximal wieder bis zur Höhe des Durchschnittsverdienstes.

Zeiten mit geringem Verdienst: Entgeltgeminderte Zeiten

Beitragszeiten mit geringem Entgelt (unter 75 Prozent des Durchschnittsentgelts) können nicht nur bei Kindererziehung vorliegen. Auch andere, vorwiegend teilzeitbeschäftigte Angestellte könnten unter 75 Prozent des Durchschnittsentgelts verdient haben. War dies vor 1992 der Fall, werden solche Entgeltpunkte auf das 1,5-Fache angehoben, maximal aber auf 0,75 Entgeltpunkte pro Jahr. Es wird bei Zeiten mit geringem Arbeitsentgelt vor 1992 quasi so getan, als ob der Geringverdiener 50 Prozent mehr verdient hätte, maximal aber 75 Prozent des Durchschnittsentgelts aller sozialversicherungspflichtigen Arbeitnehmer.

Dieses Berechnungsverfahren wird in Rentenauskünften oder späteren Rentenbescheiden „Mindestentgeltpunkte bei geringem Arbeitsentgelt" oder in der Öffentlichkeit auch als „Rente nach Mindesteinkommen" bezeichnet.

Ausbildungszeiten: Beitragsgeminderte Zeiten

Auch Zeiten einer beruflichen Ausbildung, während der wegen der niedrigen Vergütungen nur geringe Pflichtbeiträge gezahlt wurden, zählen selbstverständlich als Pflichtbeitragszeiten. Dies trifft beispielsweise für die dreijährige Lehr- oder Ausbildungszeit zu.

Diese Zeiten gelten unabhängig vom Alter und ohne zeitliche Höchstgrenze als beitragsgeminderte Zeiten und werden bei einem Rentenbeginn ab 2009 im Rahmen einer komplizierten Gesamtleistungsbewertung höher bewertet. Bei einem Rentenbeginn bis Ende 2008 galten immer die ersten drei Jahre der Berufsausbildung bis zum vollendeten 25. Lebensjahr als beitragsgemindert und wurden mit 75 Prozent des Durchschnittsverdienstes aller Versicherten bewertet.

Zeiten mit Minijob

Zu den Pflichtbeiträgen zählen auch die Beiträge von geringfügig Beschäftigten (Minijobber), die sich beim Minijob für die Versicherungspflicht und gegen die Versicherungsfreiheit entscheiden. Vielleicht hat Ihr Partner nach einer längeren Auszeit gerade einen Minijob aufgenommen. Dann ist der folgende Tipp für ihn sicherlich sehr wertvoll:

Pflichtversicherte Minijobber müssen einen eigenen Aufstockungsbeitrag von zurzeit nur 3,9 Prozent ihres Gehalts zahlen, da der Arbeitgeber immerhin 15 Prozent übernimmt. Mit diesem zusätzlichen Beitrag erwerben sie dann vollwertige Pflichtbeiträge. Verdient er beispielsweise die maximal möglichen 450 Euro im Monat, kostet ihn das nur 17,55 Euro pro Monat.

Dafür profitiert er von einer ganzen Reihe von Vorteilen:

- höherer Rentenanspruch (zum Beispiel 4,60 Euro monatlich Rente statt 3,65 Euro bei einem versicherungsfreien Minijob),
- Ansprüche auf Erwerbsminderungsrente und auf Leistungen zur Rehabilitation, falls die entsprechenden Voraussetzungen erfüllt sind,
- volle Anrechnung auf alle Wartezeiten (drei Minijob-Jahre mit Aufstockungsbeiträgen sind drei Jahre bei der Wartezeit im Gegensatz zu einem Jahr Wartezeit bei drei versicherungsfreien Minijob-Jahren),
- Anspruch auf staatliche Förderung der Riester-Rente. In den Riester-Vertrag müssen sie nur rund 5 Euro Eigenbeitrag im Monat, 60 Euro im Jahr, einzahlen und haben dann eine Anspruch auf eine jährliche Grundzulage von 154 Euro sowie gegebenenfalls auf Kinderzulagen.

Wer nach Anfang 2012 einen Minijob begonnen hat, ist automatisch pflichtversichert, wenn er nicht ausdrücklich auf die Versicherungspflicht verzichtet hat.

WANN FREIWILLIGE BEITRÄGE MÖGLICH SIND

Während die Pflichtbeiträge zur Hälfte von Arbeitgebern und Arbeitnehmern aufgebracht werden (also aktuell jeweils 9,45 Prozent des Entgelts als Arbeitgeber- oder Arbeitnehmeranteil), werden freiwillige Beiträge ausschließlich aus dem Einkommen der freiwillig Versicherten gezahlt. Der monatliche Beitrag liegt zurzeit zwischen 85,05 Euro (Mindestbeitrag) und 1 124,55 Euro (Höchstbeitrag).

Freiwillige Beiträge in die Rentenkasse zu zahlen kann gerade in einer Niedrigzinsphase sinnvoll sein. Zudem können sie helfen, Wartezeiten zu erfüllen.

Pflichtversicherte Angestellte können freiwillige Beiträge zur gesetzlichen Rente jedoch nur in folgenden Ausnahmefällen zahlen:

- Nachzahlung für Ausbildungszeiten nach Vollendung des 16. Lebensjahres, aber nur solange sie das 45. Lebensjahr noch nicht vollendet haben,
- Ausgleichsbetrag, um Rentenabschläge bei vorzeitiger Altersrente oder eine Rentenkürzung durch den Versorgungsausgleich nach einer Scheidung auszugleichen,
- Einmalbetrag in Höhe der Abfindung für eine unverfallbare Rentenanwartschaft aus einer betrieblichen Altersvorsorge.

WANN ZEITEN OHNE BEITRÄGE ZÄHLEN

Auch Zeiten, in denen weder Pflichtbeiträge noch freiwillige Beiträge gezahlt werden, können für die Rente zählen. Zu diesen sogenannten beitragsfreien Zeiten gehören:

- Anrechnungszeiten (zum Beispiel Arbeitslosigkeit mit Arbeitslosengeld II ab 2011, Arbeitsunfähigkeit und Krankheit ohne Lohnfortzahlung, Schwangerschaft, Schul- und Studienzeiten zwischen dem 17. und 25. Lebensjahr),
- Zurechnungszeiten (zum Beispiel bis zum vollendeten 62. Lebensjahr bei einer Erwerbsminderungsrente, wenn diese ab 1. Juli 2014 bezogen wird),
- Ersatzzeiten (zum Beispiel militärischer Dienst im Krieg, Flucht und Vertreibung, politische Haft in der ehemaligen DDR).

Berücksichtigungszeiten

Auch Berücksichtigungszeiten zählen dazu. Es gibt sie erst seit der Rentenreform 1992. Diese Zeiten sind nicht unmittelbar rentensteigernd, sondern werden nur bei der Ermittlung der speziellen Wartezeiten von 35 oder 45 Jahren sowie im Rahmen der Gesamtleistungsbewertung berücksichtigt. Es gibt zwei Arten von Berücksichtigungszeiten:

- Berücksichtigungszeit wegen Kindererziehung (Zeit der Erziehung eines Kindes bis zu dessen vollendetem zehnten Lebensjahr),
- Berücksichtigungszeit wegen Pflege (nichterwerbsmäßige häusliche Pflege zwischen dem 1. Januar 1992 und dem 31. März 1995 im Umfang von mindestens zehn Wochenstunden).

Die zehnjährige Berücksichtigungszeit wegen Kindererziehung überschneidet sich mit der Beitragszeit für Kindererziehung (drei Jahre für ab 1992 geborene Kinder, zwei Jahre für vor 1992 geborene Kinder). Es gibt somit außer der Pflichtbeitragszeit für Kindererziehung (zum Beispiel die ersten drei Jahre nach der Geburt) noch eine zusätzliche Berücksichtigungszeit (zum

Beispiel sieben weitere Jahre vom vierten bis zum zehnten Lebensjahr).

Die Kindererziehung über einen Zeitraum von bis zu zehn Jahren wird auch dann als Berücksichtigungszeit anerkannt, wenn das Kind vor 1992 geboren ist. Bei der Geburt von zwei und mehr Kindern überschneiden sich in aller Regel die Kindererziehungszeiten, und zwar sowohl die Pflichtbeitragszeiten für Kindererziehung (maximal drei Jahre pro Kind) als auch die Berücksichtigungszeiten (zehn Jahre pro Kind).

Bei mehreren Kindern beginnen die Berücksichtigungszeiten wegen Kindererziehung mit der Geburt des ersten Kindes und enden mit dem vollendeten zehnten Lebensjahr nach der Geburt des letzten Kindes.

Die maximal drei Jahre und drei Monate dauernde Berücksichtigungszeit wegen nichterwerbsmäßiger Pflege beschränkt sich auf den Zeitraum vom 1. Januar 1992 bis zum 31. März 1995. Um als Berücksichtigungszeit zu zählen, musste die Pflege wöchentlich mindestens zehn Stunden beanspruchen. Nichterwerbsmäßige häusliche Pflege, die seit dem 1. April 1995 geleistet wurde, zählt stets als Pflichtbeitragszeit, sofern die Voraussetzungen dafür erfüllt sind (siehe Seite 29).

WIE AUS VERDIENSTEN PUNKTE UND RENTENANSPRÜCHE WERDEN

Das zweite Kriterium, das beim oft mühsamen Ermitteln der Rentenansprüche neben dem Faktor Zeit eine wichtige Rolle spielt, ist das Geld – genauer gesagt: die Höhe der gezahlten Beiträge. Denn vor allem davon hängt die Höhe der Rentenansprüche ab.

Zunächst einmal werden die Beiträge in Entgeltpunkte umgerechnet. Diese Umrechnung ist eigentlich ganz einfach. Man teilt das jeweilige Jahresbruttogehalt durch das Durchschnittsentgelt aller Versicherten und erhält auf diese Weise die persönlichen Entgeltpunkte für das betreffende Jahr.

Der konkrete monatliche Rentenanspruch errechnet sich dann in einem zweiten Schritt, indem man die persönlichen Entgeltpunkte mit dem aktuellen Rentenwert multipliziert, der für jedes Jahr neu bekannt gegeben wird.

Im Durchschnitt ein Entgeltpunkt

Ein Entgeltpunkt entspricht genau dem jährlichen Durchschnittsverdienst. Dieser wird für jedes Jahr von der Deutschen Rentenversicherung errechnet. Im Jahr 2014 lag er in den alten Bundesländern bei vorläufig 34857 Euro. Ein Hamburger, der beispielsweise im Jahr 2014 ein Jahresbruttogehalt von 34 857 Euro erhalten hat und damit genauso viel wie der Durchschnittsverdienst im Westen, bekommt für das Jahr 2014 einen Entgeltpunkt gutgeschrieben.

In den neuen Bundesländern lag der vorläufige Durchschnittsverdienst für das Jahr 2014 nur bei 29 359 Euro. Ein Dresdener bekäme also einen Entgeltpunkt gutgeschrieben, wenn sein Jahresbruttogehalt bei 29 359 Euro gelegen hätte. Hätte er aber wie der Hamburger 34 857 Euro im Jahr 2014 verdient, würden ihm 1,1873 Entgeltpunkte gutgeschrieben. Schließlich läge sein Jahresgehalt in diesem Fall 18,73 Prozent über dem Durchschnittsverdienst von 29 359 Euro.

Je höher der Verdienst, desto mehr Punkte
Der einfache Rentengrundsatz lautet: Je höher (niedriger) Ihr Verdienst liegt, desto höher (niedriger) fallen Ihre persönlichen Entgeltpunkte und monatlichen Rentenansprüche aus. Dies wird bereits beim Vergleich der Entgeltpunkte und Rentenansprüche für das Jahr 2014 deutlich.

So berechnen sich Entgeltpunkte und Rentenansprüche

Beispiel West:
36 000 Euro Bruttojahresverdienst für das Jahr 2014

Entgeltpunkte	
Bruttojahresverdienst	36 000 €
: Durchschnittsverdienst West	34 857 €
= Entgeltpunkte:	**1,0328**

Rentenanspruch	
Aktueller Rentenwert West	28,61 €
x Entgeltpunkte	1,0328
= Rentenanspruch	**29,55 €**

Beispiel Ost:
36 000 Euro Bruttojahresverdienst für das Jahr 2014

Entgeltpunkte	
Bruttojahresverdienst	36 000 €
: Durchschnittsverdienst Ost	29 359 €
= Entgeltpunkte	**1,2262**

Rentenanspruch	
Aktueller Rentenwert Ost	26,39 €
x Entgeltpunkte	1,2262
= Rentenanspruch	**32,36 €**

Es überrascht erst einmal, dass der monatliche Rentenanspruch im Osten bei gleichem Jahresbruttogehalt höher ausfällt. Der Grund liegt in den im Vergleich zum Westen um rund 15 Prozent geringeren Durchschnittsverdiensten.

Wann eine Angleichung der Durchschnittsverdienste und aktuellen Rentenwerte erfolgt, ist auch nach 25 Jahren seit der Wiedervereinigung ungewiss. Zahlen- und Rentenvergleiche zwischen West und Ost sind teilweise recht verwirrend und verleiten zu Fehlschlüssen. Nur aus Vereinfachungsgründen gehen wir im Folgenden daher ausschließlich von den Durchschnittsverdiensten und aktuellen Rentenwerten für die alten Bundesländer aus.

Je mehr Punkte, desto mehr Rente

Unabhängig von West und Ost gilt es für Sie als künftigen Rentner, so viele Entgeltpunkte wie möglich bis zum geplanten Rentenbeginn zu sammeln.

Die Höhe Ihrer aktuell erreichten Punkte können Sie der Renteninformation entnehmen, die Ihnen jährlich zugesandt wird. Eine exakte Berechnung der Entgeltpunkte für die zurückliegende Versicherungsdauer erfolgt allerdings nur in der Rentenauskunft, die Ihnen ab Ihrem 55. Lebensjahr alle drei Jahre zugesandt wird. Die gesamten persönlichen Entgeltpunkte stehen schließlich erst fest, wenn Sie Ihren Rentenbescheid in Händen halten.

Was der aktuelle Rentenwert aussagt

Ihre Entgeltpunkte werden, wie wir gesehen haben, mit dem aktuellen Rentenwert multipliziert. Dieser beträgt beispielsweise 28,61 Euro im Westen für die Zeit vom 1. Juli 2014 bis zum 30. Juni 2015. Das heißt: Bei einem geschätzten Durchschnittsverdienst von 34 857 Euro zahlen Sie zusammen mit Ihrem Arbeitgeber einen Gesamtbeitrag von 6 588 Euro und haben dafür einen monatlichen Rentenanspruch von 28,61 Euro.

Auf den ersten Blick sieht das sehr niedrig aus. Wenn Sie jedoch den monatlichen Rentenanspruch von 28,61 Euro auf ein Jahr umrechnen, kommen Sie auf eine Jahresrente von 343,32 Euro. Dies macht immerhin 5,21 Prozent des Gesamtbeitrags aus oder 10,42 Prozent des von Ihnen allein getragenen Arbeitnehmeranteils zur gesetzlichen Rentenversicherung.

Der jährliche Rentensatz von 5,21 Prozent des Gesamtbeitrags kann angesichts der Niedrigzinsphase durchaus mit erzielbaren Rentensätzen bei der privaten Altersvorsorge (Privatrente aus der privaten Rentenversicherung, Riester-Rente oder Rürup-Rente) konkurrieren.

Hinzu kommt, dass es sich nach Einführung der Rentengarantie im Jahr 2008 um eine garantierte gesetzliche Rente handelt. Bei künftigen Rentensteigerungen von 1 bis 2 Prozent wird die tatsächlich erzielbare Rente über der garantierten liegen, da sich ja auch der aktuelle Rentenwert um 1 oder 2 Prozent erhöht.

Wenn beispielsweise ein im Jahr 1949 geborener Angestellter nach Erreichen der Regelaltersgrenze von 65 Jahren und 3 Monaten mit einer gesetzlichen Rente in Höhe von anfangs 1 500 Euro in Rente geht und eine Rentenlaufzeit von 20 Jahren einkalkuliert, wird die monatliche Rente im 20. Jahr zwischen 1 830 und 2 229 Euro liegen. Die Rentensumme über die gesamte Laufzeit würde dann immerhin zwischen rund 398 000 und 442 000 Euro ausmachen.

WIE DIE GESETZLICHE RENTE BERECHNET WIRD

Die Rentenberechnung muss für Sie kein Brief mit sieben Siegeln sein. Die Formel lautet:

	Entgeltpunkte
x	Zugangsfaktor
x	Rentenartfaktor
x	aktueller Rentenwert
=	monatliche gesetzliche Rente

Das sieht komplizierter aus, als es ist: Wie sich die Entgeltpunkte berechnen und der aktuelle Rentenwert festgelegt wird, wissen Sie bereits aus den vorhergehenden Abschnitten.

Der Zugangsfaktor hängt davon ab, ob Sie mit Erreichen der „regulären" Altersgrenze in Rente gehen. Dann beträgt er 1,0. Gehen Sie früher, sinkt er. Arbeiten Sie länger, steigt er.

Der Rentenartfaktor wiederum hängt, wie der Name schon sagt, davon ab, welche Art Rente Sie beziehen. Bei einer Altersrente liegt auch er bei 1,0. Bei anderen Renten, wie beispielsweise Witwenrenten, liegt er niedriger.

Berechnung von abschlagsfreien Altersrenten

Das heißt, für die Berechnung einer Regelaltersrente oder einer vorgezogenen abschlagsfreien Altersrente spielen der Zugangsfaktor und der Rentenartfaktor keine Rolle, da sie in diesem Fall beide 1,0 betragen.

Hat ein Angestellter beispielsweise 51,73 Entgeltpunkte gesammelt, lautet die Rechnung folgendermaßen:

	Entgeltpunkte	51,73
x	Zugangsfaktor	1,0
x	Rentenartfaktor	1,0
x	aktueller Rentenwert	28,61 €
=	monatliche gesetzliche Rente	1 480 €

Wenn er gesetzlich krankenversichert ist, bekommt er allerdings nicht die gesamten 1 480 Euro überwiesen. Die Rentenversicherung zieht gleich noch seinen Beitrag zur Kranken- und Pflegeversicherung ab (bei Versicherten mit Kind 10,25 Prozent von 1 480 Euro = 151,70 Euro). Auf sein Konto fließt dann nur der deutlich niedrigere Zahlbetrag von 1 328 Euro.

Berechnung von Renten mit Ab- und Zuschlag

Nur bei abschlagsfreien Renten beträgt der Zugangsfaktor 1,0, kann also für die Berechnung vernachlässigt werden. Anders ist dies bei vorgezogenen Altersrenten mit Rentenabschlag oder wenn Versicherte über den eigentlichen Renteneintrittstermin hinaus arbeiten.

Bei vorgezogenen Altersrenten mit Abschlag verringert sich der Zugangsfaktor für jeden Monat, den die Rente vorzeitig in Anspruch genommen wurde, um 0,003. Der Rentenabschlag beträgt somit 0,3 Prozent pro Monat. Dadurch fällt der Zugangsfaktor unter 1,0. Wenn ein 1951 geborener Angestellter beispielsweise im

Jahr 2014 mit 63 Jahren nach Erfüllung der Wartezeit von 35 Jahren in Rente geht, muss er mit einem Rentenabschlag von 8,7 Prozent rechnen. Der Zugangsfaktor verringert sich um 0,087 (= 0,003 x 29 Monate) auf nunmehr 0,913.

Daher werden seine Entgeltpunkte mit dem Faktor 0,913 multipliziert, um die persönlichen Entgeltpunkte zu ermitteln. Zum gleichen Ergebnis kommt man, wenn man von der Rente, die der Versicherte bekommen hätte, wenn er „pünktlich" in Rente gegangen wäre, den Rentenabschlag von 8,7 Prozent abzieht.

So berechnet sich die Altersrente mit Abschlag

1. Berechnungsmethode laut Deutscher Rentenversicherung:

Summe der Entgeltpunkte	51,73
x Zugangsfaktor	0,913
= persönliche Entgeltpunkte	**47,23**

persönliche Entgeltpunkte	47,23
x aktueller Rentenwert	28,61 €
= monatliche gesetzliche Rente	**1 351,25 €**

2. Berechnungsmethode über den Rentenabschlag:

abschlagsfreie Rente	1 480,00 €
– Rentenabschlag (8,7 %)	128,76 €
= gesetzl. Rente nach Abschlag	**1 351,24 €**

Wer die gesetzliche Rente erst ein oder zwei Jahre nach Erreichen der Regelaltersgrenze bezieht, wird mit einem Rentenzuschlag belohnt. In diesem Fall erhöht sich der Zugangsfaktor um 0,005 für jeden über die Regelaltersgrenze hinausgehenden Monat. Das heißt, der Zuschlag macht 0,5 Prozent pro Monat aus.

Wenn also beispielsweise der im Jahr 1951 geborene langjährig Versicherte erst mit 67 Jahren in Rente gehen würde, wäre das 19 Monate nach Erreichen der für ihn geltenden Regelaltersgrenze von 65 Jahren und 5 Monaten. Der Zugangsfaktor würde sich dadurch um 0,095 (= 0,005 x 19 Monate) auf 1,095 erhöhen. Oder anders gesagt: Der Rentenzuschlag würde 9,5 Prozent betragen.

Wie sich der Rentenartfaktor auswirkt

Schließlich kommt noch der Rentenartfaktor ins Spiel. Wie bereits erläutert, hängt er von der Art der Rente ab. Bei der Altersrente und der vollen Erwerbsminderungsrente beträgt der Rentenartfaktor 1,0. Bei den in der Tabelle rechts genannten Rentenarten fällt dieser Faktor jedoch mehr oder minder deutlich unter diese 1,0. Entsprechend niedrig fallen die Renten aus.

Rentenberechnung nach Abgaben und Steuern

Eine vollständige Berechnung der gesetzlichen Rente berücksichtigt nicht nur den von 1,0 abweichenden Zugangsfaktor (bei Rentenabschlägen oder -zuschlägen) und den unter 1,0 sinkenden Rentenartfaktor (bei halber Erwerbsminderungsrente sowie Hinterbliebenenrenten), sondern auch die

RENTENARTEN MIT GERINGEREM FAKTOR

Rentenart	Rentenartfaktor
Teilweise Erwerbsminderungsrente (siehe Seite 42)	0,5
Alte Witwen- bzw. Witwerrente (siehe Seite 44)	0,6
Neue Witwen- bzw. Witwerrente (siehe Seite 44)	0,55
Kleine Witwen- bzw. Witwerrente (siehe Seite 44)	0,25
Vollwaisenrente (siehe Seite 45)	0,2
Halbwaisenrente (siehe Seite 45)	0,1

Abgaben für die Kranken- und Pflegeversicherung sowie die eventuell abzuziehenden Steuern. Das Ergebnis ist die Nettorente. Sie zeigt, was dem Rentner unter dem Strich von der gesetzlichen Rente übrig bleibt.

Von den Entgeltpunkten bis zur Nettorente

So berechnet sich die Bruttorente

So sähe die Rechnung für einen 1951 geborenen Versicherten aus, der 60,85 Rentenpunkte erreicht hat und 2014 nach rund 38 Pflichtbeitragsjahren mit einem Abschlag von 8,7 Prozent in Rente geht.

Entgeltpunkte	60,85
x Zugangsfaktor	0,913
x Rentenartfaktor	1,0
x aktueller Rentenwert West	28,61 €
= monatliche Bruttorente	**1 589,46 €**

So berechnet sich die Nettorente

Ist er kinderlos und gesetzlich krankenversichert, gehen Beiträge zur gesetzlichen Kranken- und Pflegeversicherung in Höhe von 10,5 Prozent sowie Steuern ab.

Bruttorente	1 589,46 €
– Sozialabgaben	166,89 €
= monatlicher Zahlbetrag	**1 422,57 €**
– Steuern	33,83 €*
= monatliche Nettorente	**1 388,74 €**

*) Einkommensteuer inklusive Solidaritätszuschlag ab 1.1.2015 bei einem alleinstehenden Rentner, der keine weiteren Alterseinkünfte hat.

RENTEN BEI VERMINDERTER ERWERBSFÄHIGKEIT

Wer aufgrund von gesundheitlichen Problemen nicht mehr arbeiten kann, soll nicht gänzlich mit leeren Händen dastehen und kann eine Rente wegen verminderter Erwerbsfähigkeit beantragen, und zwar unabhängig von seinem Alter. Voll erwerbsgemindert ist, wer weniger als drei Stunden täglich erwerbstätig sein kann. Wer noch zwischen drei und sechs Stunden pro Tag arbeiten kann, ist teilweise erwerbsgemindert. Ob eine volle oder teilweise Erwerbsminderung vorliegt, entscheidet die Deutsche Rentenversicherung auf Grundlage eines Gutachtens, das ein Vertrauensarzt anfertigt.

Auf das Geburtsjahr kommt es an

Dies ist die Regelung für alle, die am 2. Januar 1961 oder später geboren sind. Wer vor dem 2. Januar 1961 geboren ist, genießt Besitzstandsschutz und profitiert noch von der vorteilhafteren Regelung, die bis Ende 2000 für alle Versicherten wirksam war: Er kann eine Rente wegen teilweiser Erwerbsminderung bei Berufsunfähigkeit beantragen. Diese modifizierte Berufsunfähigkeitsrente basiert auf dem damaligen Begriff der Berufsunfähigkeit. Danach gelten Versicherte als berufsunfähig, wenn sie ihren erlernten Beruf wegen Krankheit oder Behinderung nur noch weniger als sechs Stunden täglich ausüben können.

Diese Berufsunfähigkeitsrente nach altem Recht macht noch zwei Drittel der Vollrente aus. Die neue Erwerbsminderungsrente wegen teilweiser Erwerbsminderung für nach dem 1. Januar 1961 Geborene beträgt indes nur die Hälfte der vollen Erwerbsminderungsrente.

Die Voraussetzungen

Unabhängig davon, wann Sie geboren sind, müssen Sie zwei Voraussetzungen erfüllen, um überhaupt ein Anrecht auf eine Erwerbsminderungsrente zu haben:

- Wartezeit von fünf Jahren,
- mindestens drei Jahre Pflichtbeiträge in den letzten fünf Jahren vor Eintritt der Erwerbsminderung („3 in 5"-Regel).

Der Bezug einer Erwerbsminderungsrente setzt also voraus, dass die allgemeine Wartezeit von fünf Jahren erfüllt wurde und außerdem in den letzten fünf Jahren vor Eintritt der Erwerbsminderung über mindestens drei Jahre Pflichtbeiträge für eine versicherte Tätigkeit gezahlt wurden.

Erwerbsminderungsrenten gibt es nur auf Antrag des Versicherten. Die Altersgrenze für eine abschlagsfreie Erwerbsminderungsrente betrug bis Ende 2011 noch 63 Jahre. Seither steigt sie an. 2015 kann man beispielsweise erst mit 63 Jahren und 9 Monaten abschlagsfrei Erwerbsminderungsrente beziehen, 2016 mit 63 Jahren und 10 Monaten, im Jahr 2024 oder später erst mit 65 Jahren).

Wer vor der jeweiligen Altersgrenze Erwerbsminderungsrente beantragt, muss Rentenabschläge von 0,3 Prozent für jeden Monat, höchstens aber 10,8 Prozent

in Kauf nehmen. Tatsächlich werden fast alle Erwerbsminderungsrenten bereits vor Vollendung des 60. Lebensjahres in Anspruch genommen. Der Rentenabschlag beträgt auch dann in jedem Fall genau 10,8 Prozent.

Wer früher Rente beantragen muss, hatte nicht so viel Zeit zum Punktesammeln und hat dementsprechend weniger Entgeltpunkte auf seinem Rentenkonto. Um die Renteneinbußen, die dadurch entstehen würden, abzumildern, gibt es die sogenannte Zurechnungszeit: Es wird bei der Rentenberechnung so getan, als hätte der Versicherte bis zum 62. Lebensjahr gearbeitet. Das heißt: Wer beispielsweise schon mit 55 Jahren wegen Erwerbsminderung in Rente geht, bekommt sieben Jahre zusätzlich auf die Rente angerechnet. Es wird so gerechnet, als ob er sieben Jahre länger Rentenbeiträge bezahlt hätte, und zwar so viel wie im Durchschnitt seiner bis dahin vorliegenden Beitragsjahre. Für vor dem 1. Juli 2014 beantragte Erwerbsminderungsrenten war die Zurechnungszeit noch geringer. Sie ging nur bis zum 60. Lebensjahr.

GEGEN BERUFSUNFÄHIGKEIT ABSICHERN

Auch mit einer etwas großzügigeren Zurechnungszeit bis zum 62. Lebensjahr fällt selbst die volle Erwerbsminderungsrente nicht allzu üppig aus und wird nicht reichen, um den Lebensstandard zu halten. Deshalb ist der Abschluss einer privaten Berufsunfähigkeitsversicherung wichtig. Ganz besonders gilt dies für alle, die nach dem 1. Januar 1961 geboren sind und daher unter die ungünstigeren neuen Regelungen fallen.

HINTERBLIEBENENRENTEN

Auch Hinterbliebene sichert die gesetzliche Rente in einem gewissen Umfang ab. Stirbt der Versicherte, können der überlebende Ehegatte (beziehungsweise der eingetragene Lebenspartner) oder die Kinder des Versicherten Renten wegen Todes erhalten.

Diese Hinterbliebenenrenten sind:

- Witwen- beziehungsweise Witwerrente
- Halbwaisen- oder Vollwaisenrente.

Auch dafür muss der Verstorbene die allgemeine Wartezeit von fünf Jahren erfüllt haben, damit überhaupt ein Rentenanspruch besteht.

Witwen- oder Witwerrente

Damit die Witwe oder der Witwer wenigstens in der Zeit kurz nach dem Tod des Ehepartners keine finanziellen Sorgen hat, gibt es einen Rentenvorschuss, auch Sterbevierteljahr genannt. Für die drei auf den Sterbemonat folgenden Monate zahlt die Rentenversicherung 100 Prozent der Rente aus, die der Verstorbene bekommen hätte.

Die eigentliche Witwen- oder Witwenrente fließt erst nach diesen drei Monaten. Wie hoch sie ausfällt, hängt von verschiedenen Faktoren ab:

Die „große Witwen- oder Witwerrente" erhalten Ehepartner beziehungsweise eingetragene Lebenspartner, die beim Tod des Versicherten

- das 45. Lebensjahr vollendet hatten (wobei diese Altersgrenze bis 2029 schrittweise auf 47 Jahre hochgesetzt wird) oder
- ein minderjähriges eigenes Kind oder ein Kind des Verstorbenen erziehen oder
- erwerbsgemindert sind.

Die Höhe der großen Witwen- oder Witwerrente hängt wiederum vom Datum der Eheschließung und dem Lebensalter der Ehegatten ab. Sie wird nach altem Recht berechnet, wenn die Ehe vor 2002 geschlossen und mindestens ein Ehepartner vor dem 2. Januar 1962 geboren wurde. Dann beträgt sie 60 Prozent der Rente des Verstorbenen. Für alle anderen wurde sie gekürzt: Nach neuem Recht beträgt sie nur 55 Prozent.

Wer keine der Voraussetzungen für die große Witwen- oder Witwerrente erfüllt, also zu jung ist und weder ein Kind erzieht noch erwerbsgemindert ist, hat nur Anspruch auf die „kleine Witwen- oder Witwerrente" in Höhe von 25 Prozent der Altersrente des Verstorbenen. Diese wird auch nicht mehr automatisch unbegrenzt gezahlt: Wer unter das neue Recht fällt, erhält sie nur noch maximal 24 Monate.

Witwen oder Witwer bekommen nach Vollendung des 45. beziehungsweise des 47. Lebensjahres die Witwen- oder Witwerrente grundsätzlich bis zu ihrem Tod, sofern sie mindestens ein Jahr mit ihrem verstorbenen Ehegatten verheiratet waren und nicht wieder heiraten.

17 TAGE EHE REICHEN NICHT
Erst nach einem Jahr Ehe besteht ein Anspruch auf die Witwenrente. Hat die Ehe hingegen nur 17 Tage gedauert, darf die Rentenversicherung einen Antrag auf Witwenrente ablehnen (Landessozialgericht Düsseldorf, Az. L8 R 134/09). Anders kann dies jedoch sein, wenn der Partner durch einen Unfall ums Leben gekommen ist.

Halb- oder Vollwaisenrente

Auch Kinder, deren Eltern gestorben sind, sollen nicht gänzlich mittellos dastehen. Anspruch auf eine Waisenrente haben nicht nur leibliche Kinder, sondern auch Adoptivkinder sowie Stief- und Pflegekinder im Haushalt des Verstorbenen. Auch Enkel und Geschwister, die in den Haushalt des Verstorbenen aufgenommen waren oder von ihm überwiegend unterhalten wurden, können berücksichtigt werden. Bei der Waisenrente sind zu unterscheiden:

- Halbwaisenrente (10 Prozent der Altersrente des Verstorbenen, falls das Kind nach dem Tod von Mutter oder Vater nur noch einen unterhaltspflichtigen Elternteil hat),
- Vollwaisenrente (20 Prozent der Altersrente des Verstorbenen, falls das Kind keinen unterhaltspflichtigen Elternteil mehr hat).

Die Waisenrente wird grundsätzlich bis zum vollendeten 18. Lebensjahr gezahlt. Bei einer Schul- oder Berufsausbildung oder einer Behinderung des Waisen kann die Zahlung bis zum vollendeten 27. Lebensjahr erfolgen. Die Dauer eines Wehr- oder Zivildienstes wird zum 27. Lebensjahr noch hinzugerechnet.

Anrechnung von eigenem Einkommen

Auf Hinterbliebenenrenten wird selbst erworbenes Einkommen, das über einen bestimmten Freibetrag hinausgeht, zu 40 Prozent angerechnet. Diese Anrechnung von eigenem Einkommen ist allerdings recht kompliziert.

Bei geringen eigenen Einkommen wird die Hinterbliebenenrente nicht gekürzt. Liegt das eigene Einkommen jedoch relativ hoch, kann sie völlig wegfallen. Recht häufig wird die Witwenrente nur um einen kleinen Teil gekürzt, da das eigene Einkommen der Witwe (zum Beispiel eine selbst aufgebaute gesetzliche Rente oder Arbeitslohn) nur geringfügig über dem Witwen-Freibetrag von 755,30 Euro (West) beziehungsweise 696,70 Euro (Ost) liegt.

Die Rechnung erfolgt in diesen vier Schritten:

1. Schritt: Das zu berücksichtigende Bruttoeinkommen wird ermittelt (bei Witwenrenten nach altem Recht bleiben Zins- oder Mieteinkünfte und Betriebsrenten dabei außen vor, nach neuem Recht werden fast alle Einkunftsarten berücksichtigt).

2. Schritt: Das Nettoeinkommen wird berechnet, indem ein bestimmter Prozentsatz vom Bruttoeinkommen abgezogen wird. Wie viel, hängt davon ab, woher die Einkünfte stammen: Von Arbeitseinkommen aus einer angestellten Tätigkeit gehen 40 Prozent ab, von eigenen Pensionen 23,7 Prozent und von Beamtengehäl-

tern 27,5 Prozent, von Einkünften aus selbstständiger Tätigkeit 39,8 Prozent.
3. Schritt: Der Freibetrag wird abgezogen, Aktuell beträgt er 755,30 Euro (West) und 696,70 Euro (Ost).
4. Schritt: 40 Prozent des Betrags, der übrig geblieben ist (Nettoeinkommen minus Freibetrag), rechnet der Rentenversicherer auf die Hinterbliebenenrente an. Sind beispielsweise 500 Euro übrig geblieben, wird die Witwenrente um 200 Euro gekürzt.

Auf eine Waisenrente wird eigenes Einkommen nur angerechnet, wenn die Waise das 18. Lebensjahr bereits vollendet hat. Die Waisenrente wird also bei eigenen Einkommen von Halb- oder Vollwaisen unter 18 Jahren nicht gekürzt.

ERZIEHUNGSRENTE FÜR GESCHIEDENE

Wenig bekannt ist, dass Geschiedene eine Erziehungsrente beantragen können, wenn sie ein Kind erziehen und ihr geschiedener Ehepartner stirbt. Anders als die Witwenrente wird sie nicht aus den Ansprüchen des Verstorbenen berechnet, sondern ergibt sich aus den eigenen Versorgungsansprüchen. Sie fällt so hoch aus, wie die eigene Rente wegen voller Erwerbsminderung ausfallen würde.

VERSORGUNGSAUSGLEICH UND RENTENSPLITTING

Auch eine Eheschließung oder eine Scheidung können Einfluss auf die Rentenhöhe haben. Für Verheiratete gibt es unter bestimmten Voraussetzungen die Möglichkeit, die während der Ehe erworbenen Ansprüche untereinander aufzuteilen: das Rentensplitting. Bei einer Scheidung wiederum werden Versorgungsansprüche durch den Versorgungsausgleich unter den Expartnern aufgeteilt.

Versorgungsausgleich bei einer Scheidung

Zwar können Ehepaare in einem notariell beurkundeten Ehevertrag den Versorgungsausgleich ausschließen, aber das tun die wenigsten. Existiert kein entsprechender Vertrag, findet nach einer Scheidung bei Ehen, die länger als drei Jahre gedauert haben, automatisch ein Versorgungsausgleich statt, bei kürzeren Ehen nur auf Antrag.

Beispiel: Hat der Exehemann während der Ehe 20 Entgeltpunkte und die Exehefrau nur 4 Entgeltpunkte erworben, erhält jeder nach dem Versorgungsausgleich jeweils 12 Entgeltpunkte. In diesem Fall muss also der Mann seiner Exfrau 8 Entgeltpunkte abgeben. Seine Exfrau erhält diese zusätzlichen 8 Entgeltpunkte und damit später eine höhere gesetzliche Ren-

te, während die gesetzliche Rente bei ihrem Exmann entsprechend gekürzt wird.

Der Partner, der Entgeltpunkte abgeben muss, kann die Kürzung seiner (späteren) Rente auch abwenden, indem er einen einmaligen Ausgleichsbetrag an die Deutsche Rentenversicherung zahlt. Das kann sich gerade angesichts des anhaltend niedrigen Zinsniveaus lohnen. Einen Ausgleichsbetrag können Sie gleich nach der Scheidung zahlen, spätestens aber bevor Ihre Altersrente bewilligt wird.

WENN DER EXPARTNER STIRBT
Was viele nicht wissen: Stirbt der Expartner, bevor er die Rente drei Jahre bezogen hat, kann man sich abgegebene Rentenpunkte wieder gutschreiben lassen. Auch wer einen Ausgleichsbetrag gezahlt hat, bekommt diesen zurückerstattet. Das passiert allerdings nicht automatisch. In beiden Fällen ist dafür ein Antrag bei der Deutschen Rentenversicherung nötig.

Bei Scheidungen, bei denen der Scheidungsantrag nach dem 31. August 2009 eingereicht wurde, werden anders als bei Scheidungen vor diesem Stichtag die Versorgungsansprüche separat in den unterschiedlichen Versorgungssystemen berechnet. Das heißt, wenn zum Beispiel der Exehemann Beamter war und die Exehefrau Angestellte im öffentlichen Dienst, vollzieht sich die Teilung der Pensions- und Rentenansprüche nur innerhalb der Beamtenversorgung des Exehemannes und der gesetzlichen Rentenversicherung der Exehefrau. Vor der Reform war eine komplizierte Umrechnung von Pensionsanwartschaften in Entgeltpunkte für die gesetzliche Rente (sogenanntes Quasisplitting) nötig.

Freiwillig Punkte abgeben: Rentensplitting
Im Gegensatz zum Versorgungsausgleich ist das Rentensplitting immer freiwillig. Ehepaare können es nur beantragen, wenn

- die Ehe nach 2001 geschlossen wurde
- oder wenn beide Ehepartner Jahrgang 1962 oder jünger sind.

Im Kern stellt das Rentensplitting eine Kopie des Versorgungsausgleichs in Anlehnung an den Eid „Bis dass der Tod uns scheidet" dar, den kirchlich angetraute Eheleute schwören.

Der finanziell stärkere Ehegatte überträgt dabei einen Teil seiner Entgeltpunkte auf den finanziell schwächeren Ehegatten. Der finanziell Schwächere kann so eigene Rentenansprüche erhöhen oder sogar erstmalig erwerben. Er erhält damit zusätzliche Entgeltpunkte und Wartezeitmonate.

Diesem Vorteil steht jedoch ein schwerwiegender Nachteil gegenüber: Bei einem Rentensplitting müssen die Ehegatten auf Ansprüche aus der Witwen- oder Witwerrente komplett verzichten.

Die Wahl zwischen Rentensplitting und Hinterbliebenenrente ist nicht einfach zu treffen. Es hängt ganz von den persönlichen Verhältnissen ab, ob das eine oder das andere finanziell besser ist. Eine eingehende Beratung ist nahezu unerlässlich, da das Rentensplitting nur in speziellen Härtefällen wieder rückgängig gemacht oder abgeändert werden kann.

RENTENUNTERLAGEN UND RENTENANTRAG

Jeder pflichtversicherte Angestellte im öffentlichen Dienst wird im Laufe seines Berufslebens sicherlich eine Unterlagenmappe anlegen, in der er alle von der Deutschen Rentenversicherung erhaltenen Papiere meist ohne weitere Prüfung sammelt.

Es handelt sich dabei um folgende Rentenunterlagen:

- Versicherungsverlauf (erstmalig mit 27 Jahren zusammen mit der ersten Renteninformation übersandt, danach ab dem 43. Lebensjahr regelmäßig alle sechs Jahre bis zum 61. Lebensjahr),
- Renteninformation (erstmalig mit 27 Jahren, falls bis dahin bereits fünf Beitragsjahre auf dem Versicherungskonto sind, danach jährlich bis zum 55. Lebensjahr),
- Rentenauskunft (erstmalig mit 55 Jahren, danach alle drei Jahre bis zum 64. Lebensjahr),
- Rentenbescheid (nach Einreichen des Rentenantrages).

Versicherungsverlauf

Der Versicherungsverlauf listet alle in Ihrem Versicherungskonto gespeicherten Daten wie Beitragszeiten mit gezahlten Beiträgen und Entgelten und andere rentenrechtliche Zeiten auf.

Spätestens den Versicherungsverlauf, der Ihnen ab vollendetem 43. Lebensjahr zugesandt wird, sollten Sie genau auf Vollständigkeit und Richtigkeit prüfen. Nicht selten fehlen Zeiten, in denen Sie keine Beiträge gezahlt haben (zum Beispiel Zeiten der Kindererziehung oder Pflege eines Angehörigen, Schul- und

Hochschulzeiten, Lehrzeiten im elterlichen Betrieb ohne Entgelt, Zeiten einer versicherungsfreien geringfügigen Beschäftigung). Auch diese Zeiten können rentensteigernd wirken und spielen zumindest bei der Ermittlung der 35- oder 45-jährigen Wartezeit für Frührenten von langjährig oder besonders langjährigen Versicherten eine große Rolle.

Sie sollten daher an der Klärung Ihres Versicherungskontos mitwirken. Hat die Deutsche Rentenversicherung das Versicherungskonto geklärt oder haben Sie nicht innerhalb von sechs Monaten nach Versendung des Versicherungsverlaufs dessen Inhalt widersprochen, stellt die Deutsche Rentenversicherung alle länger als sechs Jahre zurückliegenden Daten im Versicherungsverlauf durch Bescheid verbindlich fest.

Renteninformation

Ihre künftige gesetzliche Rente lässt sich relativ gut anhand der Renteninformation abschätzen. Die jährlich ab dem 27. Lebensjahr übersandte Renteninformation der Deutschen Rentenversicherung besteht nur aus zwei Seiten. Ein Muster haben wir auszugsweise auf Seite 51 abgebildet. Dort finden Sie unter anderem folgende Daten:

❶ Versicherungszeiten: Sie können entnehmen, in welchen Zeiten Sie Entgeltpunkte gesammelt haben.
❷ Rentenbeginn: Sie erfahren, wann Sie – unter Berücksichtigung der Regeln zur „Rente mit 67" – erstmals die Regelaltersrente beziehen können.
❸ Ihre Ansprüche im Fall von Erwerbsminderung: Sie erfahren, wie hoch Ihre Rente ausfallen würde, wenn Sie ab jetzt voll erwerbsgemindert wären – also wenn Sie nicht mehr in der Lage wären, für mindestens drei Stunden am Tag irgendeine Art von Arbeit zu verrichten.
❹ Rentenanwartschaft: Sie sehen, welche Rentenansprüche Sie bisher erworben haben. Diese sind Ihnen sicher, auch wenn Sie ab jetzt keinen einzigen Euro mehr in die Rentenkasse einzahlen.
❺ Rentenhochrechnung ohne Anpassung: Im nächsten Schritt erfahren Sie, wie hoch Ihre Rente ausfallen wird, wenn Sie bis zur Altersgrenze weiter Beiträge in der Höhe einzahlen, wie Sie dies durchschnittlich in den vergangenen fünf Jahren getan haben.
❻ Rentenhochrechnung mit Anpassung: Jedes Jahr wird neu entschieden, ob die Rente angehoben wird und um wie viel Prozent sie steigt. Sie sollen erfahren, wie hoch Ihre Rente ausfallen wird, wenn es solche Anpassungen gibt. Deshalb erstellt die Rentenversicherung eine Prognose: Wie hoch wäre Ihre Rente, wenn in Zukunft bis zu Ihrem Renteneintrittsalter die Leistungen jedes Jahr um 1 Prozent steigen und Sie weiterhin so viele Entgeltpunkte sammeln wie in den vergangenen fünf Jahren? Und als zweiter Prognosewert: Wie hoch wäre Ihre persönliche Rente, wenn die jährlichen Rentensteigerungen bei 2 Prozent liegen?
❼ Beiträge: Sie können sehen, wie viel Beiträge Sie und Ihr Arbeitgeber bereits eingezahlt haben. Auch Zahlungen von öffentlichen Kassen während längerer

Krankheit oder Arbeitslosigkeit werden mitgezählt.

8 Entgeltpunkte: Die Renteninformation weist auch aus, wie viele Punkte Sie bislang auf Ihrem Rentenkonto haben.

Basisinformation mit einigen Unwägbarkeiten

Aus der Renteninformation wissen Sie, was Ihnen nach heutigem Stand an Rente sicher ist und wie hoch Ihre Rente voraussichtlich sein wird, wenn Sie bis zum Rentenbeginn so weiterverdienen wie in den vergangenen Jahren.

Dazu erfahren Sie noch, wie viel Rente Sie im Monat bekommen können, wenn es Rentensteigerungen gibt. Nach diesen Prognosen könnten Sie auf 2 000 oder gar 3 000 Euro Rente kommen? Beachten Sie, dass es sich bei diesen Werten tatsächlich nur um Prognosen handelt. In der Vergangenheit fielen die Rentensteigerungen zum Teil niedriger als 1 Prozent aus, in manchen Jahren entfielen sie sogar ganz.

Eine weitere Unsicherheit kommt dazu, auf die die Rentenversicherung auch hinweist, deren Folgen aber heute noch nicht abzusehen sind: Wie viel ist ein Rentenanspruch von 1 500 Euro noch wert, wenn Sie zum Beispiel erst in 20 oder 30 Jahren den Ruhestand erreichen? Der Preisanstieg – die Inflation – sorgt dafür, dass Sie sich für 1 500 Euro dann deutlich weniger kaufen können als heute. Steigen die Preise jedes Jahr um 2 Prozent, benötigen Sie für Güter, die heute 1 500 Euro kosten, schon in zehn Jahren knapp 1 830 Euro.

Mit anderen Worten: So ganz genau kann keiner sagen, was Sie sich einmal für Ihre Rente leisten können. Am einfachsten ist es deshalb, wenn Sie Prognosen zu Rentensteigerungen und Inflation außen vor lassen und überlegen: Wie käme ich heute mit einer Rente aus, wie ich sie voraussichtlich bei Rentenbeginn ohne prognostizierte Rentensteigerungen hätte?

Wichtig: Alle in der Renteninformation aufgeführten Ansprüche sind Bruttorenten, also vor Abzug von Beiträgen der Rentner zur gesetzlichen Kranken- und Pflegeversicherung und von eventuellen Steuern.

Rentenauskunft

Die Rentenauskunft, die Sie nach vollendetem 55. Lebensjahr erstmalig zugesandt bekommen und danach alle drei Jahre, enthält sehr viel mehr Angaben als die Renteninformation. Sie finden darin praktisch alles, was so oder ähnlich später auch im Rentenbescheid stehen wird. Daher ist die Prüfung der Rentenauskunft für Sie besonders wichtig. Sie können die Rentenauskunft im Übrigen jederzeit vor Ihrem 55. Geburtstag schriftlich (per Brief oder online) bei der Deutschen Rentenversicherung beantragen.

Die Rentenauskunft enthält:

- Versicherungsverlauf mit allen gespeicherten rentenrechtlichen Zeiten,
- Höhe der bisher gezahlten Beiträge und der zugrunde liegenden persönlichen Entgelte,
- Errechnung der bisher erreichten persönlichen Entgeltpunkte (getrennt nach Beitragszeiten, beitragsfreien und beitragsgeminderten Zeiten),

DIE RENTENINFORMATION AUF EINEN BLICK

Versicherungsnummer:
65 270160 Z 009

Deutsche Rentenversicherung
Bund

Abteilung Versicherung und Rente

Deutsche Rentenversicherung Bund · 10704 Berlin

Ruhrstraße 2, 10709 Berlin
Postanschrift: 10704 Berlin
Telefon 030 865-0
Telefax 030 865-27240
Servicetelefon 0800 100048070
www.deutsche-rentenversicherung-bund.de
drv@drv-bund.de

Datum 15.01.2014

Herrn
Max Mustermann
Ruhrstr. 2
10709 Berlin

Renteninformation 2014

Ihre Renteninformation

Sehr geehrter Herr Mustermann,

in dieser Renteninformation haben wir die für Sie vom 01.08.1976 bis zum 31.12.2013 gespeicherten Daten und das geltende Rentenrecht berücksichtigt. Ihre **Regelaltersrente** wurde am **01.06.2028** beginnen. Änderungen in Ihren persönlichen Verhältnissen und gesetzliche Änderungen können sich auf Ihre zu erwartende Rente auswirken. Bitte beachten Sie, dass von der Rente auch Kranken- und Pflegeversicherungsbeiträge sowie gegebenenfalls Steuern zu zahlen sind. Auf der Rückseite finden Sie zudem wichtige Erläuterungen und zusätzliche Informationen. ❶ ❷

Rente wegen voller Erwerbsminderung
Wären Sie heute wegen gesundheitlicher Einschränkungen voll erwerbsgemindert, bekämen Sie von uns eine monatliche Rente von: **1.505,37 EUR** ❸

Höhe Ihrer künftigen Regelaltersrente
Ihre bislang erreichte Rentenanwartschaft entspräche nach heutigem Stand einer monatlichen Rente von: **1.442,78 EUR** ❹
Sollten bis zum Rentenbeginn Beiträge wie im Durchschnitt der letzten fünf Kalenderjahre gezahlt werden, bekämen Sie ohne Berücksichtigung von Rentenanpassungen von uns eine monatliche Rente von: **2.088,97 EUR**

Rentenanpassung
Aufgrund zukünftiger Rentenanpassungen kann die errechnete Rente in Höhe von 2.088,97 EUR tatsächlich höher ausfallen. Allerdings können auch wir die Entwicklung nicht vorhersehen. Deshalb haben wir - ohne Berücksichtigung des Kaufkraftverlustes - zwei mögliche Varianten für Sie gerechnet. Beträgt der jährliche Anpassungssatz 1 Prozent, so ergäbe sich eine monatliche Rente von etwa 2.350 EUR. Bei einem jährlichen Anpassungssatz von 2 Prozent ergäbe sich eine monatliche Rente von etwa 2.640 EUR. ❻

Zusätzlicher Vorsorgebedarf

❺ **Rentenhochrechnung ohne Anpassung.** Für die Einschätzung Ihrer Rentenlücke ist es am einfachsten, wenn Sie sich an dem Betrag orientieren, der in Ihrer Renteninformation an dieser Stelle steht. Wie kämen Sie heute damit zurecht?

... führen.

... und Entgeltpunkte
Bisher haben wir für Ihr Rentenkonto folgende Beiträge erhalten: ❼

Von Ihnen	**129.700,64 EUR**
Von Ihrem/n Arbeitgeber/n	**129.700,64 EUR**
Von öffentlichen Kassen (z.B. Krankenkasse, Agentur für Arbeit)	**3.548,89 EUR**
Aus den erhaltenen Beiträgen und Ihren sonstigen Versicherungszeiten haben Sie bisher insgesamt Entgeltpunkte in folgender Höhe erworben:	**51,2714** ❽

Rente wegen voller Erwerbsminderung

Die Erläuterung für die Ziffern finden Sie im Text auf Seite 49 und 50 Quelle: Deutsche Rentenversicherung Bund

- persönliche und rentenrechtliche Voraussetzungen für Ihren Rentenanspruch,
- frühestmöglicher Rentenbeginn, verbunden mit eventuellen Rentenabschlägen,
- Angaben zur Regelalters-, Erwerbsminderungs- und Hinterbliebenenrente,
- Hinzuverdienstgrenzen bei der vorgezogenen Altersrente und der Erwerbsminderungsrente.

Rentenantrag

Dies werden Sie längst wissen: Die gesetzliche Rente (also auch die reguläre Rente nach Erreichen der Regelaltersgrenze) bekommen Sie nur auf Antrag. Das unterscheidet die gesetzliche Rente übrigens von der Beamtenpension, die Beamte nach Erreichen der Regelaltersgrenze unaufgefordert zusammen mit einem entsprechenden Versorgungsbescheid erhalten.

Den Rentenantrag sollten Sie drei Monate vor dem geplanten Rentenbeginn stellen. Zwar gibt es keine vorgeschriebene Form dafür. Am einfachsten ist es jedoch, den Antragsvordruck der Deutschen Rentenversicherung zu nutzen, den Sie von der Homepage www.deutsche-rentenversicherung.de auch problemlos herunterladen können. Zu den amtlichen Formularen gibt es noch ausführliche Erläuterungen.

Je vollständiger und genauer Ihr Rentenantrag ausgefüllt ist, desto schneller wird auch die Bearbeitung durch die Sachbearbeiter der Deutschen Rentenversicherung erfolgen. Falls Sie kostenlose Hilfe beim Ausfüllen des recht umfangreichen Formulars benötigen, sollten Sie die örtliche Auskunfts- und Beratungsstelle der Deutschen Rentenversicherung aufsuchen. Dort hat man ohnehin Ihre bisherigen Rentendaten gespeichert und kann darauf direkt zugreifen.

BERATUNG DER DEUTSCHEN RENTENVERSICHERUNG

Die Kontaktdaten der Beratungsstellen erhalten Sie über das kostenlose Service-Telefon 0800/1000 48 00 oder über www.deutsche-rentenversicherung.de.

Sie können sich auch an sogenannte Versichertenälteste wenden, die Rentenversicherte und künftige Rentner ebenfalls kostenlos beraten.

Die Hilfe und der Rat von gerichtlich zugelassenen Rentenberatern sind nicht kostenlos. In komplizierten Fällen sollten Sie den Weg zum Rentenberater aber nicht scheuen. Das relativ niedrige Honorar ist dann gut investiert. Dies gilt insbesondere, wenn Sie meinen, dass im späteren Rentenbescheid Fehler enthalten sind.

Rentenbescheid

Mit dem Rentenbescheid halten Sie das wichtigste und mit Abstand umfangreichste Papier in Händen. Prüfen Sie ihn auf Herz und Nieren und konzentrieren Sie sich dabei insbesondere auf folgende wesentlichen Teile:

- Berechnung der monatlichen Bruttorente und des monatlichen Zahlbetrages nach Abzug Ihres Beitrags zur gesetzlichen Kranken- und Pflegeversicherung (oder nach Zuschuss von 7,3 Prozent der

Bruttorente, falls Sie privat krankenversichert sind),

- endgültiger Versicherungsverlauf mit rentenrechtlichen Zeiten, Beiträgen und Entgelten,
- Entgeltpunkte für Beitragszeiten,
- Entgeltpunkte für beitragsfreie und beitragsgeminderte Zeiten,
- Ermittlung der persönlichen Entgeltpunkte unter Berücksichtigung des Zugangsfaktors.

Die außerordentlich komplizierte Berechnung der Entgeltpunkte für beitragsfreie und beitragsgeminderte Zeiten sowie die damit verbundene Gesamtleistungsbewertung müssen Sie selbst nicht verstehen. Nur absolute Fachleute wie beispielsweise gerichtlich zugelassene Rentenberater können dies bis ins Detail nachvollziehen. Für Rentenlaien sind diese Zusatzberechnungen immer ein Brief mit sieben Siegeln.

Widerspruch und Klage vor dem Sozialgericht

Enthält Ihr Rentenbescheid nach Ihrer Ansicht Fehler, können Sie innerhalb eines Monats Widerspruch beim zuständigen Rentenversicherungsträger (zum Beispiel Deutsche Rentenversicherung Bund) einlegen. Die Begründung können Sie auch nachreichen. Das Widerspruchsschreiben ist an keine Form gebunden. Sie können den Widerspruch also auch selbst aufsetzen und näher begründen.

Möglicherweise wird Ihnen ein gerichtlich zugelassener Rentenberater Hilfe bei der Formulierung und Begründung Ihres Widerspruchs leisten.

Sofern Ihr Widerspruch im Widerspruchsbescheid des zuständigen Rentenversicherungsträgers abgelehnt wird, können Sie gegen diesen Ablehnungsbescheid wiederum innerhalb eines Monats Widerspruch einlegen. Jedem Ablehnungsbescheid muss eine Rechtsmittelbelehrung beigefügt werden.

Sie können auch innerhalb eines Monats nach Zustellung des Widerspruchsbescheids Klage vor dem zuständigen Sozialgericht einreichen. Das Verfahren vor dem Sozialgericht ist für Sie kostenfrei. Ein Anwaltszwang besteht zwar nicht. In aller Regel sollten Sie sich aber vor Gericht durch einen Rechtsanwalt, einen gerichtlich zugelassenen Rentenberater oder durch Ihre Gewerkschaft vertreten lassen. Verlieren Sie später den Prozess, müssen Sie nur die Kosten Ihres Anwalts oder Rentenberaters tragen.

Gewinnen Sie aber den Rechtsstreit, muss der zuständige Rentenversicherungsträger die gesamten Anwalts- oder Rentenberaterkosten übernehmen. Obendrein erhalten Sie, falls es in Ihrem Verfahren wie üblich um Geld geht, künftig und auch rückwirkend mehr Rente.

Nur in ganz seltenen und eher grundsätzlichen Fällen wird in höheren Instanzen wie dem Bundessozialgericht darüber gestritten, wer denn nun Recht bekommt. Für einen solchen Weg durch alle Instanzen benötigen Sie aber Geduld und starke Nerven. Wenn es um relativ viel Geld für Sie geht und Ihr Anwalt oder Rentenberater die Erfolgsaussichten recht gut einschätzt, sollten Sie aber auch einen solchen langwierigen Weg nicht scheuen.

RENTE IM AUSLAND

Wenn Sie Ihren Ruhestand im Ausland genießen wollen, müssen Sie sich grundsätzlich keine Sorge um die Rente machen. Dies gilt zumindest für die Alters- und Hinterbliebenenrente aus der gesetzlichen Rentenversicherung.

Am besten teilen Sie der Deutschen Rentenversicherung bereits zwei Monate vorher Ihr in Deutschland oder im Ausland bestehendes Konto (mit internationaler Kontonummer IBAN und internationaler Bankleitzahl BIC) mit, auf das die Rente überwiesen werden soll. Falls Sie Ihre Rente schon vor Ihrem Umzug ins Ausland erhalten haben, bekommen Sie sie unterbrechungsfrei weiter ausgezahlt.

Um Ihre Altersrente pünktlich zu erhalten, sollten Sie Ihren Rentenantrag bereits drei Monate vor Rentenbeginn stellen. Wenn Sie zur Zeit der Antragstellung schon im Ausland wohnen, können Sie den Antrag auch beim dortigen Versicherungsträger stellen, vorausgesetzt, es handelt sich um Mitgliedstaaten der Europäischen Union oder Staaten, mit denen Deutschland ein Sozialversicherungsabkommen abgeschlossen hat.

Den Antrag auf Hinterbliebenenrente (zum Beispiel Witwenrente) sollten Sie unverzüglich nach dem Tod Ihres Ehegatten oder eingetragenen Lebenspartners stellen.

Probleme bei Auslandsrenten kann es nur bei einer in Deutschland bewilligten vollen Erwerbsminderungsrente geben. Wenn Sie teilweise erwerbsgemindert sind und eine volle Erwerbsminderungsrente nur erhalten, weil Sie in Deutschland aufgrund der Arbeitsmarktsituation keine Teilzeitbeschäftigung finden können, könnte diese nach dem Umzug ins Ausland gekürzt werden oder sogar ganz wegfallen. Beim Auswandern in ein EU-Land oder beispielsweise in die Schweiz läuft die volle Erwerbsminderungsrente zwar weiter. In den meisten anderen Staaten haben Sie aber nach dem Umzug nur noch Anspruch auf die halbe Erwerbsminderungsrente.

Überhaupt keine Probleme bereitet es, wenn es sich nur um einen vorübergehenden und zeitlich begrenzten Auslandsaufenthalt handelt. Es wird dann so getan, als ob Sie weiter in Deutschland wohnen

INFO **Riester-Rente im Ausland**

Die Riester-Rente erhalten Sie auch dann, wenn Sie Ihren Wohnsitz als Rentner in einen Staat des Europäischen Wirtschaftsraumes (EWR) verlegen. Das sind alle EU-Staaten sowie Island, Norwegen und Liechtenstein. Die staatliche Förderung müssen Sie nur zurückzahlen, wenn Sie Ihren Wohnsitz in ein Land außerhalb des EWR verlegen, wie beispielsweise die Schweiz.

würden. Nur bei einem dauerhaften Aufenthalt im Ausland kann es die oben genannten Einschränkungen in bestimmten Fällen geben.

Von den hier genannten Auslandsrenten sind die Renten zu unterscheiden, die in Deutschland wohnende Rentner auch aus anderen Ländern beziehen (zum Beispiel aus Österreich, Polen oder Rumänien). Diese ausländischen Renten werden nach dem Prinzip „andere Länder – andere Sitten" nicht nur anders berechnet als in Deutschland, sondern werden zudem in den meisten Fällen auf eine deutsche Rente angerechnet.

ZUSATZRENTE IM ÖFFENTLICHEN DIENST

Die Zusatzversorgung im öffentlichen Dienst soll den pflichtversicherten Angestellten in Bund, Ländern und Kommunen eine Zusatzrente bescheren und die gesetzliche Rente somit ergänzen.

Das System der Zusatzversorgung ähnelt dem System in der gesetzlichen Rentenversicherung: Öffentliche Arbeitgeber zahlen ebenso wie die Angestellten im öffentlichen Dienst Umlagen beziehungsweise Beiträge. Im Gegensatz zu den Arbeitgebern, die als Beteiligte und Versicherungsnehmer der Zusatzversorgungskasse gelten, sind die Angestellten Versicherte und erwerben während ihres Berufslebens Anwartschaften auf ihre spätere Zusatzrente. Die Angestellten im öffentlichen Dienst sind somit nicht direkt bei ihrer Zusatzversorgungskasse pflichtversichert, sondern über ihre Arbeitgeber.

Die Zusatzversorgung für die bei den beiden Kirchen beschäftigten Angestellten ist weitgehend so organisiert wie die Zusatzversorgung des öffentlichen Dienstes.

25 verschiedene Kassen

Die VBL (Versorgungsanstalt des Bundes und der Länder) ist die mit Abstand größte Zusatzversorgungskasse des öffentlichen Dienstes. Aus aktiver Pflichtversicherung wurden im Jahr 2012 rund 1 Million Zusatzrenten gezahlt. Insgesamt sind rund 1,8 Millionen Angestellte des öffentlichen Dienstes bei der VBL pflichtversichert.

Die übrigen 24 Zusatzversorgungskassen haben sich in der AKA (Arbeitsgemeinschaft kommunale und kirchliche Zusatzversorgung) zusammengeschlossen.

Dazu zählen:

- 13 kommunale Zusatzversorgungskassen (Gebietskassen wie zum Beispiel die Zusatzversorgungskasse der bayerischen Gemeinden oder die Rheinische Zusatzversorgungskasse),
- vier städtische Zusatzversorgungskassen (zum Beispiel Zusatzversorgungskasse der Stadt Köln),
- zwei Zusatzversorgungskassen der Sparkassen (Zusatzversorgungskasse der

Landesgirokasse Stuttgart und Emdener Zusatzversorgungskasse für Sparkassen),

- fünf kirchliche Zusatzversorgungskassen (zum Beispiel Kirchliche Zusatzversorgungskasse des Verbandes der Diözesen Deutschlands in Köln als mit Abstand größte kirchliche Zusatzversorgungskasse).

Auch diese insgesamt 24 Zusatzversorgungskassen zahlen über 1 Million Zusatzrenten im Jahr. Die Anzahl der Pflichtversicherten liegt sogar bei rund 3 Millionen.

Fünf Jahre Wartezeit

Bevor Sie einen Anspruch auf eine Zusatzrente haben, müssen Sie die fünfjährige allgemeine Wartezeit erfüllt haben. Kommen Sie nicht auf die geforderten fünf Jahre, haben Sie nur die Möglichkeit, sich die Beiträge erstatten zu lassen, denn in der Zusatzversorgung des öffentlichen Dienstes, die ausschließlich auf Pflichtbeiträgen aufbaut, ist es nicht möglich, freiwillige Beiträge zu zahlen, um Wartezeiten aufzufüllen.

Eine Sonderregelung gibt es für befristet wissenschaftlich Beschäftigte an Hochschulen. Um ihnen den Nachteil einer nur geringen Beitragserstattung bei Nichterfüllung der fünfjährigen Wartezeit zu ersparen, können sie den Pflichtbeitrag für die Zusatzversorgung im öffentlichen Dienst (zum Beispiel VBLklassik) auf Antrag in einen freiwilligen Beitrag für die besondere freiwillige Versicherung (zum Beispiel VBLextra) umwandeln lassen.

TIPP: VERSICHERUNGSFREIHEIT NUR AUF ANTRAG

Befristet Beschäftigte mit einer wissenschaftlichen Tätigkeit an Hochschulen oder Forschungseinrichtungen und einem Arbeitsvertrag von beispielsweise nur drei Jahren können sich innerhalb von zwei Monaten nach Beginn ihrer Beschäftigung von der Pflichtversicherung zur Zusatzversorgung im öffentlichen Dienst befreien lassen. Sie müssen dann durch ihren Arbeitgeber in der freiwilligen Versicherung mit einem Beitrag von 4 Prozent des Bruttogehalts versichert werden.

Vorteil: In dieser freiwilligen Versicherung gibt es keine fünfjährige Wartezeit wie in der Pflichtversicherung. Wer den Antrag nicht stellt und später nicht mehr die fünfjährige Wartezeit in der Zusatzversorgung erfüllen kann, kann hingegen nur die Erstattung der eigenen Beiträge verlangen.

Nachteil: Wer die fünfjährige Wartezeit für die Zusatzversorgung später doch erfüllt, erhält über die freiwillige Versicherung (zum Beispiel VBLextra) eine deutlich niedrigere Rentenanwartschaft.

WIE ZUSATZRENTEN AB 2002 BERECHNET WERDEN

Angestellte, die erst ab 2002 in den öffentlichen oder kirchlichen Dienst eingetreten sind, erwerben ihre Rentenanwartschaften nach dem Punktemodell.

Dieses Modell stellt einen grundlegenden Systemwechsel gegenüber dem vorher geltenden Gesamtversorgungssystem dar. Denn die ab 2002 eingeführte Zusatzrente, die auch als Punkterente bezeichnet wird, ist völlig abgekoppelt von der gesetzlichen Rente. Sie hängt nur noch von der Höhe des Bruttogehalts, dem sogenannten zusatzversorgungspflichtigen Entgelt sowie dem Alter des pflichtversicherten Angestellten im öffentlichen oder kirchlichen Dienst ab.

Das Leistungsniveau der Punkterente soll rund ein Fünftel unter dem der Zusatzrente nach dem Gesamtversorgungssystem liegen.

Höhe und Berechnung der Punkterente

Als Angestellter im öffentlichen oder kirchlichen Dienst und künftiger Anwärter auf eine Zusatzrente müssen Sie nicht die Berechnung der Punkterente im Einzelnen kennen. Da Sie jedes Jahr einen Versicherungsnachweis von Ihrer Zusatzversorgungskasse erhalten, brauchen Sie die dort angegebenen Versorgungspunkte nur mit 4 Euro zu multiplizieren und erhalten dann die bisher von Ihnen erreichte garantierte Punkterente.

Im Prinzip berechnet sich die monatliche Rentenanwartschaft für ein volles Pflichtversicherungsjahr aus jeweils 0,4 Prozent des monatlichen Bruttogehalts, multipliziert mit einem speziellen Altersfaktor. Es gilt also die relativ einfache Rentenformel:

  0,4 Prozent des Monatsentgelts
x Altersfaktor

= Punkterente

Rechenbeispiel monatliche Punkterente

Ein 1964 geborener Angestellter hat im Jahr 2014 ein monatliches Bruttogehalt von 3 000 Euro. Jahrgang 1964 (50 Jahre im Jahr 2014, daher Altersfaktor 1,1 laut Altersfaktor-Tabelle, siehe Seite 58)

monatliche Punkterente

Monatsentgelt	3 000 €
x	0,004
x Altersfaktor	1,1
= monatliche Punkterente	13,20 €

(als Rentenanwartschaft für das Jahr 2014)

Somit entstehen in Abhängigkeit von Gehalt und Alter für jedes Beschäftigungsjahr Rentenbausteine, die relativ einfach berechnet werden können. Das jeweilige Gehalt als erster Berechnungsfaktor wird zwar von Jahr zu Jahr schwanken, aber bei durchgehender Vollzeitbeschäftigung in aller Regel steigen. Andererseits sinkt

ALTERSFAKTOREN BEI DER ZUSATZRENTE

Je jünger der Zusatzversicherte, desto höher ist sein Altersfaktor und damit seine Punkterente bei gleichem Entgelt.

Alter	Altersfaktor	Alter	Altersfaktor
17	3,1	32 bis 33	je 1,9
18	3,0	34	1,8
19	2,9	35 bis 36	je 1,7
20	2,8	37 bis 39	je 1,6
21	2,7	40 bis 41	je 1,5
22	2,6	42 bis 43	je 1,4
23	2,5	44 bis 46	je 1,3
24 bis 25	je 2,4	47 bis 49	je 1,2
26	2,3	50 bis 52	je 1,1
27 bis 28	je 2,2	53 bis 56	je 1,0
29	2,1	57 bis 61	je 0,9
30 bis 31	je 2,0	ab 62	je 0,8

der Altersfaktor als zweiter Berechnungsfaktor mit zunehmendem Alter, wie die Altersfaktor-Tabelle oben zeigt.

Je jünger der Versicherte, desto höher der Altersfaktor. Der Grund: Mit dem höheren Altersfaktor soll die längere Zeitspanne zwischen aktuellem Lebensalter und dem Rentenbeginn in ferner Zukunft ausgeglichen werden. In die Altersfaktoren ist ein Rechnungszins von 3,25 Prozent für die Anwartschaftsphase und von 5,25 Prozent für die Rentenphase eingerechnet. Jüngere Pflichtversicherte profitieren somit automatisch vom Zinseszinseffekt.

Beispiel: Wer 30 Jahre alt ist, erhält den Altersfaktor 2,0. Bei einem monatlichen Gehalt von 3000 Euro liegt die Rentenanwartschaft somit bei 24 Euro (= 3000 x 0,004 x Altersfaktor 2,0). Der 40-Jährige kommt nur auf den Altersfaktor 1,5 und bei gleichem Gehalt auf eine

Rentenanwartschaft von 18 Euro (= 3000 x 0,004 x Altersfaktor 1,5). Der Rentenzuschlag für den jüngeren Beschäftigten liegt bei einem Drittel beziehungsweise knapp 3 Prozent pro Jahr. Dies ist auch sachgerecht, da der 30-Jährige zehn Jahre länger auf die Rente warten muss.

Der höhere Altersfaktor für Jüngere wirkt also wie ein Rentenzuschlag für die längere Wartezeit bis zum Rentenbeginn mit Erreichen der Regelaltersgrenze. Dazu ein weiteres Beispiel: Pflichtversicherte, die im Jahr 2014 schon 62 Jahre alt sind (also Jahrgang 1952), erhalten nur einen Altersfaktor von 0,8 und bei einem Entgelt von 3000 Euro nur eine Rentenanwartschaft von 9,60 Euro im Jahr 2014. Der erst 42-Jährige mit Altersfaktor 1,4 bekommt jedoch 16,80 Euro bei gleichem Entgelt und damit 75 Prozent mehr als der um 20 Jahre Ältere. Dies entspricht ebenfalls einem Rentenzuschlag von knapp 3 Prozent pro Jahr.

Die unterschiedlichen Altersfaktoren – je jünger, desto höher – stellen also keine Ungerechtigkeit dar, sondern einen fairen Ausgleich zwischen jüngeren und älteren Pflichtversicherten. Die gehalts- und altersabhängige Punkterente ist kalkulationssicher, relativ einfach und vor allem auch sozial gerechter im Vergleich zum früheren Gesamtversorgungssystem. Eine grundsätzliche Kritik am Punktemodell ist daher nicht gerechtfertigt.

Hochrechnung für künftige Punkterenten

Das individuelle Leistungsniveau der Punkterente hängt von der Anzahl der Pflichtversicherungsjahre und der Höhe der jährlichen Entgeltsteigerungen ab. Bei 45 Pflichtversicherungsjahren und durchschnittlich 1,5 Prozent pro Jahr mehr an Gehalt beträgt die Punkterente exakt 0,4 Prozent des Bruttoendgehalts pro Jahr, also insgesamt 18 Prozent des Bruttoendgehalts insgesamt.

Die Tabelle auf Seite 60 verdeutlicht, dass das Niveau der Punkterente gegenüber dem Endgehalt umso niedriger ausfällt, je weniger Pflichtversicherungsjahre bis zum Rentenbeginn anfallen und je höher die Entgeltsteigerungen sind. Umgekehrt gilt: Je mehr Pflichtversicherungsjahre und / oder je niedriger die Entgeltsteigerungen, desto höher die Punkterente in Prozent des Endgehalts.

Das Niveau der Punkterente liegt nach der Tabelle zwischen 0,28 und 0,42 Prozent des Endgehalts pro Jahr. Entgeltsteigerungen von durchgängig 3 Prozent pro Jahr sind sehr optimistisch. Die Annahme von nur 1,5 Prozent Steigerung pro Jahr ist eher realistisch, wenn auch aus aktueller Sicht etwas zu pessimistisch. Zum Vergleich: In den Jahren 2002 bis 2014 betrug die durchschnittliche Gehaltssteigerung im öffentlichen Dienst 1,8 Prozent pro Jahr.

DIE PUNKTERENTE SELBST BERECHNEN

Ihre künftige individuelle Punkterente in Euro bei Rentenbeginn können Sie bequem mithilfe des VBL-Betriebsrentenrechners (siehe www.vbl.de, Button „Betriebsrentenrechner") in Abhängigkeit von der jährlichen Entgelterhöhung errechnen.

Sie brauchen nur Ihr Geburtsdatum, Ihr gewünschtes Renteneintrittsalter, Ihr letztes Jahresbruttogehalt und Ihre bisher erreichten Versorgungspunkte sowie die von Ihnen geschätzte jährliche Gehaltserhöhung in den Rechner einzugeben. Wie stark die Entgelte künftig steigen, steht allerdings in den Sternen. Setzen Sie vorsichtshalber nur eine Steigerungsrate von 1 oder 2 Prozent pro Jahr an.

Sie können den VBL-Betriebsrentenrechner für die Berechnung Ihrer künftigen Punkterente selbstverständlich auch nutzen, wenn Sie über eine andere Zusatzversorgungskasse pflichtversichert sind. Einige kommunale oder kirchliche Zusatzversorgungskassen bieten im Internet ähnliche Betriebsrentenrechner an. Nutzen Sie daher diese bequemen Internetangebote.

Pläne zur Kürzung der Punkterente
Eine Kürzung der künftigen Punkterente haben die öffentlichen Arbeitgeber in den letzten Jahren wiederholt ins Spiel gebracht. Falls es dazu kommen sollte, würden jedoch nur die Rentenanwartschaften für kommende Jahre (zum Beispiel ab 2016) gekürzt. Wer bis Ende 2015 in Rente ginge, wäre davon also nicht betroffen.

Die Argumente der öffentlichen Arbeitgeber für eine Kürzung der künftigen Punkterente sind:

- stark gesunkenes Zinsniveau am Kapitalmarkt (Rechnungszins von rund 4 Prozent bei der Punkterente ist daher zu hoch),
- deutlich längere Lebenserwartung bei künftigen Rentnern (bisher beim Punktemodell verwendete Sterbetafel geht von einer zu geringen Lebenserwartung aus).

PUNKTERENTE IN PROZENT DES ENDGEHALTS PRO JAHR

Je mehr Pflichtversicherungsjahre und / oder je niedriger die Entgeltsteigerungen, desto höher ist meist die Punkterente in Prozent des Endgehalts.

Pflichtversicherungsjahre	Entgeltsteigerung 1,5 % pro Jahr	2 % pro Jahr	2,5 % pro Jahr	3 % pro Jahr
50 Jahre	0,42 %	0,37 %	0,32 %	0,29 %
45 Jahre	0,40 %	0,36 %	0,32 %	0,28 %
40 Jahre	0,38 %	0,35 %	0,31 %	0,29 %
35 Jahre	0,37 %	0,34 %	0,31 %	0,29 %
30 Jahre	0,36 %	0,33 %	0,31 %	0,29 %
25 Jahre	0,36 %	0,34 %	0,32 %	0,30 %

Das erste Argument ist aber insbesondere für die umlagefinanzierte VBL-Zusatzrente im Tarifgebiet West nicht stichhaltig. Auch in der umlagefinanzierten gesetzlichen Rentenversicherung spielt das aktuelle Zinsniveau bekanntlich überhaupt keine Rolle.

Die längere Lebenserwartung wird in der Zusatzversorgung des öffentlichen Dienstes wie in der gesetzlichen Rentenversicherung durch die stufenweise Erhöhung der Regelaltersgrenze von 65 auf 67 Jahren bereits berücksichtigt.

Die Gewerkschaften Verdi, GEW (Gewerkschaft Erziehung und Wissenschaft) und dbb tarifunion wehren sich energisch gegen die geplante Kürzung der Punkterente.

STARTGUTSCHRIFTEN BIS ENDE 2001

Wer bereits vor 2002 in den öffentlichen Dienst eingetreten ist, hat von seiner Zusatzversorgungskasse eine sogenannte Startgutschrift erhalten. Dabei handelt es sich um die zum Stichtag 31. Dezember 2001 berechneten Rentenanwartschaften. Diese Gutschriften, die alle zu diesem Zeitpunkt pflichtversicherten Anwärter für eine Zusatzrente bekommen haben, sind bis heute heftig umstritten.

Die Startgutschrift soll den Start in das ab 2002 neu eingeführte Punktesystem ermöglichen. Den Systemwechsel vom Gesamtversorgungssystem zur Punkterente und die damit verbundene grundlegende Reform der Zusatzversorgung des öffentlichen Dienstes haben der Bundesgerichtshof und das Bundesverfassungsgericht zwar als Grundsatzentscheidung der Tarifparteien im Rahmen der verfassungsrechtlich garantierten Tarifautonomie gebilligt. Umstritten sind aber nach wie vor Übergangsregelungen für die Jahrgänge ab 1947, die am 31. Dezember 2001 das

55. Lebensjahr noch nicht vollendet hatten (sogenannte rentenferne Pflichtversicherte).

Verbindliche Startgutschriften für Rentennahe
Die Berechnungen der Startgutschrift für sogenannte rentennahe Pflichtversicherte bis Jahrgang 1946, die zum 31. Dezember 2001 noch nicht in Rente waren, sind laut Urteil des Bundesgerichtshofes (BGH) vom 24. September 2008 (Az. IV ZR 134/07) verbindlich.

Die ehemals Rentennahen, die am 1. Januar 2002 das 55. Lebensjahr bereits vollendet hatten und mittlerweile längst in Rente sind, haben eine Startgutschrift erhalten, die sich noch sehr stark an das bis Ende 2001 geltende Gesamtversorgungssystem anlehnte. Bei ihnen wurde die „rentennahe Startgutschrift" im Prinzip wie folgt berechnet: Man rechnete die später zu erwartende Zusatzrente schon zum 31. Dezember 2001 fiktiv bis zum 63. Lebensjahr hoch und zog von dieser Zusatzrente die ebenfalls fiktiv errechnete Punkterente für die Zeit vom 1. Januar 2002 bis zum 63. Lebensjahr ab.

Um diesen ehemals Rentennahen noch einen Besitzstandsschutz zu gewähren, berücksichtigte man bei der Berechnung des Ausgangswerts für die rentennahen Startgutschriften auch die frühere Mindestversorgungsrente in Höhe von 0,4 Prozent des Entgelts pro Pflichtversicherungsjahr sowie die Mindestgesamtversorgung.

Streit um die rentenfernen Startgutschriften
Bei den Startgutschriften für die ehemals rentenfernen Jahrgänge ab 1947 haben sich die Tarifparteien jedoch für einen völlig anderen Berechnungsweg entschieden. Die rentenfernen Startgutschriften werden nach Paragraf 18 Abs. 2 des Betriebsrentengesetzes (BetrAVG) berechnet. Diese Sondervorschrift für aus dem öffentlichen Dienst ausgeschiedene Beschäftigte war mit Wirkung ab 1. Januar 2001 gerade geändert worden, nachdem das Bundesverfassungsgericht am 15. Juli 1998 den alten Paragraf 18 Abs. 2 für verfassungswidrig erklärt und den Gesetzgeber zu einer Neuregelung bis Ende 2000 aufgefordert hatte.

Nur um diese ebenfalls hochkomplizierte Berechnungsformel dreht sich der seit über zehn Jahren andauernde Streit. Allein bei der VBL haben rund 2 000 Betroffene von insgesamt 1,7 Millionen Rentenfernen vor den ordentlichen Gerichten (Landgericht und Oberlandesgericht Karlsruhe) gegen die Ende 2002 erhaltene Startgutschriftberechnung geklagt. Rund 200 davon gingen in die Revision zum Bundesgerichtshof.

Der BGH hat am 14. November 2007 die Startgutschriften für Rentenferne (Pflichtversicherte ab Jahrgang 1947) wegen eines Verstoßes gegen den Gleichheitssatz nach Art. 3 des Grundgesetzes für unwirksam und damit für unverbindlich erklärt (Az. IV ZR 74/06). Die Tarifparteien wurden daher vom BGH aufgefordert, eine verfassungsgemäße Neuregelung der Startgutschriften für Rentenferne zu beschließen, da Pflichtversicherte mit

längerer Ausbildung durch die Berechnungsformel benachteiligt würden.

Das Bundesverfassungsgericht hat die Verfassungsbeschwerde letztlich nicht angenommen, sondern ebenfalls auf die noch zu treffende Änderung durch die Tarifparteien verwiesen (siehe Beschluss vom 10. Mai 2010, Az. 1 BvR 1373/08).

Am 30. Mai 2011 haben die Tarifparteien dann eine Neuregelung der rentenfernen Startgutschriften beschlossen, die den meisten Späteinsteigern mit Eintritt in den öffentlichen Dienst nach dem 25. Lebensjahr einen Zuschlag auf die bisherige Startgutschrift bescheren soll, sofern sie zu den Jahrgängen 1947 bis 1960 gehören. Die vor dem vollendeten 25. Lebensjahr in den öffentlichen Dienst eingetretenen ehemals Rentenfernen der Jahrgänge 1947 bis 1960 sowie die jüngeren Jahrgänge ab 1961 werden durch die wiederum hochkomplizierte Überprüfungsberechnung aber von einem Zuschlag auf ihre bisherige Startgutschrift kategorisch ausgeschlossen.

Wie nicht anders zu erwarten war, haben wiederum Tausende gegen die Überprüfungsberechnung, die sie Ende 2012 von ihrer Zusatzversorgungskasse erhalten haben, Widerspruch eingelegt oder vor den Gerichten geklagt. Die ersten Urteile der Landgerichte sind widersprüchlich. Zwei Kammern des Landgerichts Berlin haben auch die Neuregelung der rentenfernen Startgutschriften für unverbindlich erklärt, da jüngere Jahrgänge unter den Späteinsteigern bei der Zuschlagsberechnung durch die VBL auch dann leer ausgehen, wenn der Eintritt in den öffentlichen Dienst wegen längerer Ausbildungszeiten (zum Beispiel Studium) erst später erfolgen konnte (siehe Urteile vom 22. Januar 2014, 11. Februar 2014 und 27. März 2014, Az. 23 O 144/13, 7 O 149/13 und 7 O 208/13). Die Hauptkritik der Berliner Richter entzündet sich an den willkürlich angesetzten 7,5 Prozentpunkten, die vom sogenannten Unverfallbarkeitsfaktor abgezogen werden.

Das Landgericht Karlsruhe hat die Neuregelung und damit die Überprüfungsberechnungen der VBL jedoch als verbindlich angesehen (siehe Urteil vom 28. Februar 2014, Az. 6 O 145/13).

Weitere Urteile von Landgerichten werden folgen. Da von der VBL Berufung

Praxisfrage: Zusatzrente

Ich bin 1952 geboren und erst mit 28 Jahren in den öffentlichen Dienst eingetreten. Soll ich etwas gegen die Überprüfungsberechnung meiner Zusatzversorgungskasse unternehmen?

Wenn Sie bisher keinen Widerspruch gegen die Überprüfungs- oder Zuschlagsberechnung Ihrer Zusatzversorgungskasse eingelegt haben, sollten Sie dies noch nachholen. Auf die Einrede der Verjährung haben die meisten Zusatzversorgungskassen verzichtet.
Informieren Sie sich auch über den laufenden Fortgang der Gerichtsverfahren im Internetportal www.startgutschriften-arge.de. Dort finden Sie alle aktuellen Gerichtsurteile mit Kommentierungen sowie darüber hinaus Gutachten, Studien und Standpunkte über die Neuregelung der rentenfernen Startgutschriften.
Der Verein zur Sicherung der Zusatzversorgungsrente e. V. (VSZ) vertritt zudem die Interessen der in der Zusatzversorgung des öffentlichen Dienstes pflichtversicherten Angestellten und späteren Zusatzrentner, siehe www.vsz-ev.de.

gegen die für sie ungünstigen Urteile des Landgerichts Berlin und von den Betroffenen Berufung gegen die wiederum für sie ungünstigen Urteile des Landgerichts Karlsruhe eingelegt wurden, wird für 2015 ein Urteil des Oberlandesgerichts Karlsruhe erwartet. Sofern auch dagegen Revision eingelegt wird, entscheidet dann erneut der Bundesgerichtshof. Daher ist ein rechtskräftiges Urteil erst im Jahr 2017 zu erwarten, also 15 Jahre nach der ersten Berechnung der rentenfernen Startgutschriften durch die VBL und andere Zusatzversorgungskassen.

Fehlende Anpassung der Startgutschriften

Zu Recht wird auch die fehlende Anpassung der Startgutschriften kritisiert. Im Unterschied zu der über die Altersfaktoren automatisch angepassten Punkterente wird die Startgutschrift ohne Berücksichtigung eines Altersfaktors zunächst einmal festgeschrieben. Die Startgutschriften zum 31. Dezember 2001 werden also nicht mit festen Anpassungssätzen dynamisiert, sondern sind im Prinzip statisch. Das heißt: Grundsätzlich ändert sich ihre Höhe bis zum Rentenbeginn nicht, auch wenn der Pflichtversicherte beispielsweise erst im Jahr 2020 oder noch später in Rente geht.

Somit beziehen sich die Startgutschriften nur auf das im Jahr 2001 zugrunde gelegte Einkommen. Lediglich Bonuspunkte von mageren 0,25 Prozent der jeweils erreichten Versorgungspunkte pro Jahr hat beispielsweise die VBL für die Jahre 2005 bis 2011 vergeben. Im Jahr 2012 gab es eine Nullrunde wie bereits in den Jahren 2002 bis 2004. Die Startgutschriften haben sich dadurch bis Ende 2012 nur um insgesamt 1,75 Prozent erhöht. Magere Bonuspunkte sind daher nur Tropfen auf den heißen Stein.

Diese verschwindend geringe Anpassung lässt die Startgutschriften des vor Rentenbeginn erzielten künftigen Endgehalts prozentual sinken. Schließlich wird das Endgehalt infolge der jährlichen Gehaltssteigerungen mehr oder minder deutlich über dem Gehalt im Jahr 2001 liegen. Dabei gilt die Regel: Je jünger der Pflichtversicherte und je später der Rentenbeginn, desto größer ist der Verlust durch die fehlende Anpassung. Bei Rentennahen (bis Jahrgang 1946 mit Rentenbeginn bis spätestens 2011) ist der Verlust relativ gering, bei jüngeren Rentenfernen (ab Jahrgang 1961) jedoch relativ groß.

Im Unterschied dazu findet eine Anpassung bei der Punkterente über die Berücksichtigung von Altersfaktoren statt. Für Rentner werden die laufenden Zusatzrenten seit 2002 zum 1. Juli eines jeden Jahres um 1 Prozent angehoben. Unter der Annahme, dass die Startgutschrift zum 31. Dezember 2001 zumindest um 1 Prozent pro Jahr steigen würde, läge sie beim Rentenbeginn Ende 2014 immerhin knapp 14 Prozent höher, während die Bonuspunkte lediglich ein Plus von 1,75 Prozent bescheren.

Beim Jahrgang 1961, der erst im Jahr 2028 mit 66 Jahren und 6 Monaten in Rente geht, müsste die Startgutschrift sogar um 30 Prozent höher liegen, wenn man die geringe Steigerung um nur 1 Prozent pro Jahr zugrunde legen würde.

Streit bei besonderen Härtefällen

Auch wenn die höchsten Gerichte wie der Bundesgerichtshof oder das Bundesverfassungsgericht die grundsätzlichen Übergangsregelungen für ehemals rentennahe Pflichtversicherte (bis Jahrgang 1946) und rentenferne Jahrgänge ab 1947 für verbindlich und verfassungsgemäß halten, können Gerichte in besonderen Härtefällen unter Berufung auf den Grundsatz von Treu und Glauben nach Paragraf 242 BGB davon abweichen. Es handelt sich dann um eine tatrichterliche Entscheidung des Richters am Oberlandesgericht (OLG), gegen die eine Revision der unterlegenen Partei (zum Beispiel VBL oder eine andere Zusatzversorgungskasse) über den BGH in der Regel nicht zugelassen wird.

Beispielsweise hat das OLG Karlsruhe in der Vergangenheit bei am 31. Dezember 2001 alleinstehenden und ehemals rentennahen Jahrgängen (bis 1946) entschieden, dass ein besonderer Härtefall unter folgenden Voraussetzungen vorliegt:

- mindestens 30 Prozent Verlust bei der Zusatzrente im Vergleich zur Zusatzrente eines am 31. Dezember 2001 verheirateten ehemals rentennahen Pflichtversicherten und
- besondere Erwerbs- oder Familienstandsbiografie (zum Beispiel höchstens drei Jahre unverheiratet im gesamten Berufsleben unter Einschluss des Stichtages 31. Dezember 2001).

Wer beide Voraussetzungen zugleich erfüllt, sollte nach Erhalt seiner Zusatzrente die Erfolgsaussichten für eine Klage vor dem zuständigen Landgericht von einem auf Zusatzversorgungsrecht spezialisierten Anwalt prüfen lassen. Urteile des OLG Karlsruhe in besonderen Härtefällen von ehemals rentenfernen Pflichtversicherten, die am 31. Dezember 2001 geschieden oder verwitwet waren und dadurch einen Verlust von mehr als 30 Prozent bei ihrer Zusatzrente erleiden, liegen derzeit noch nicht vor und werden erst im Jahr 2015 erwartet.

WIE SICH DIE GEMISCHTE ZUSATZRENTE BERECHNET

Für alle künftigen Rentner, die bereits vor 2002 in der Zusatzversorgung pflichtversichert waren, berechnet sich die Zusatzrente aus der Summe der Rentenanwartschaft zum 31. Dezember 2001 (Startgutschrift) und der Rentenanwartschaft vom 1. Januar 2002 bis zum Rentenbeginn (Punkterente).

Die gemischte Zusatzrente errechnet sich in diesen Fällen demnach wie folgt:

Startgutschrift
\+ Punkterente

= gemischte Zusatzrente

Die Zusatzrente stellt somit praktisch eine Mischung aus diesen völlig unterschiedlich berechneten Rentenanwartschaften dar. Je mehr Pflichtversicherungsjahre dabei auf die Zeit bis Ende 2001 fallen, desto stärker fällt die berechnete Startgutschrift ins Gewicht.

Gemischte Zusatzrente vor und nach Abschlägen

Mit dem VBL-Betriebsrentenrechner (siehe Seite 59) können Sie auch Ihre künftige VBL-Zusatzrente in der Pflichtversicherung gut abschätzen. Als Berechnungsgrundlage dienen die bisher erreichten Versorgungspunkte laut aktuellem Versicherungsnachweis der VBL, in denen auch die Versorgungspunkte für die Pflichtversicherungsjahre bis Ende des Jahres 2001 enthalten sind.

Bei der Hochrechnung von vorgezogenen Altersrenten müssen Sie wie bei der gesetzlichen Rente eventuelle Rentenabschläge berücksichtigen. Abschlagsfrei erhalten Sie die Zusatzrente erst nach Erreichen der Regelaltersgrenze oder bei bestimmten Frührenten (zum Beispiel Zusatzrente für besonders langjährig Versicherte mit 45 Versicherungsjahren in der gesetzlichen Rentenversicherung und für schwerbehinderte Menschen ab 63 Jahren).

Falls Sie beispielsweise nach 35 Versicherungsjahren eine Zusatzrente bereits mit 63 Jahren erhalten wollen, müssen Sie Rentenabschläge von 0,3 Prozent für jeden Monat in Kauf nehmen, der vor der Regelaltersgrenze (siehe Tabelle, Seite 10) liegt.

Beispiel: Beim Jahrgang 1958 mit der Regelaltersgrenze von 66 Jahren wäre ein Rentenabschlag von 10,8 Prozent fällig (= 0,3 Prozent pro Monat x 36 Monate vom 63. bis zum 66. Lebensjahr).

Wichtig: Anders als bei der gesetzlichen Rente erhöht sich der Rentenabschlag bei der Zusatzrente für alle Jahrgänge ab 1959, die mit 63 Jahren vorzeitig in Rente gehen wollen, nicht mehr. Bei der Zusatzrente macht der Abschlag im Gegensatz zur gesetzlichen Rente immer maximal 10,8 Prozent aus. Wer zu den Jahrgängen ab 1964 gehört und mit 63 Jahren in Rente geht, müsste in der gesetzlichen Rentenversicherung mit einem Abschlag von 14,4 Prozent rechnen, in der Zusatzversorgung des öffentlichen Dienstes jedoch nur mit 10,8 Prozent.

Ob die seit 1. Juli 2014 mögliche abschlagsfreie Rente ab 63 Jahren nach 45 Versicherungsjahren in der gesetzlichen Rentenversicherung und die erhöhte Erwerbsminderungsrente durch Erhöhung der Zurechnungszeit um zwei Jahre vom 60. bis zum 62. Lebensjahr auf die Zusatzversorgung des öffentlichen Dienstes wirkungsgleich übertragen werden, steht noch nicht fest. Eine zusätzliche Mütterrente in der Zusatzversorgung kann es aber auf keinen Fall geben.

Zusatzrente brutto und netto

Zusatzrenten vor oder nach Rentenabschlag sind immer Bruttorenten. Um die Nettozusatzrente zu ermitteln, müssen Sie wie bei der gesetzlichen Rente noch folgende Abzüge berücksichtigen:

- Beitrag zur gesetzlichen Kranken- und Pflegeversicherung, falls Sie nicht privat krankenversichert sind,
- Einkommensteuer einschließlich Solidaritätszuschlag und eventuell Kirchensteuer.

Anders als in der gesetzlichen Rentenversicherung wird Ihnen bei der Zusatzrente aber der volle Beitrag zur gesetzlichen Kranken- und Pflegeversicherung in Höhe von aktuell 17,8 Prozent bei kinderlosen Zusatzrentnern (17,55 Prozent bei Zusatzrentnern mit Kind) abgezogen.

Die im Jahr 2004 eingeführte volle Beitragspflicht für den Betriebsrentner ist

nach dem Urteil des Bundesverfassungsgerichts vom 28. Februar 2008 (Az. 1 BvR 2137/06) verfassungsgemäß. Da Zusatzrenten im öffentlichen Dienst zu den Betriebsrenten zählen, führt kein Weg an der hohen Beitragsbelastung vorbei. Gesetzlich kranken- und pflegeversicherte Zusatzrentner müssen also den vollen Beitrag zur gesetzlichen Kranken- und Pflegeversicherung tragen, da die Zusatzrente im öffentlichen Dienst hinsichtlich der Beitragspflicht mit der Betriebsrente in der Privatwirtschaft gleichgestellt wird. Nur wenn Sie privat krankenversichert sind, werden Sie von der Beitragspflicht befreit.

Der nach Abzug dieser Beiträge verbleibende Rentenzahlbetrag wird von der Zusatzversorgungskasse (zum Beispiel VBL) auf das Konto des Zusatzrentners überwiesen. Der Rentenzahlbetrag lag 2012 bei der VBL im Tarifgebiet West bei durchschnittlich 415 Euro.

Beispiel: VBL-Bruttozusatzrente von 500 Euro minus 89 Euro (= 17,8 Prozent von 500 Euro für Beitrag zur gesetzlichen Kranken- und Pflegeversicherung für kinderlose Versicherte) ergibt einen Rentenzahlbetrag von 411 Euro. Rund ein Sechstel der Bruttorente geht also an Sozialabgaben ab.

Anders als bei der gesetzlichen Rente werden auf die umlagefinanzierte Zusatzrente praktisch keine Steuern fällig. Grund: Bei umlagefinanzierten Zusatzrenten ist nur der sogenannte Ertragsanteil steuerpflichtig. Dieser ist abhängig vom Alter beim Renteneintritt. Bei 65-jährigen Neurentnern liegt er bei 18 Prozent und damit kaum über dem Beitrag zur gesetzlichen Kranken- und Rentenversicherung von fast 18 Prozent, den Sie darauf zahlen müssen. Und dieser ist wiederum steuerlich abzugsfähig, sodass sich beides quasi neutralisiert (bei kapitalgedeckten Zusatzrenten gilt das nicht, siehe Seite 184).

Ihre Bruttozusatzrente wird zwar zum Juli eines jeden Jahres um 1 Prozent angehoben. Da Sie aber künftig mit steigenden Beiträgen zur gesetzlichen Kranken- und Pflegeversicherung und mit eventuellen Steuern auf die Zusatzrente rechnen müssen, wird diese jährliche Steigerung zum großen Teil wieder durch höhere Sozialabgaben und Steuern aufgefressen. Daher wird sich Ihre Nettozusatzrente von Jahr zu Jahr nur minimal erhöhen.

ZUSÄTZLICH VORSORGEN: MIT EINER FREIWILLIGEN BETRIEBSRENTE

Als Angestellter im öffentlichen Dienst sind Sie in der Zusatzversorgung des öffentlichen Dienstes pflichtversichert und erhalten später eine Zusatzrente aus aktiver Pflichtversicherung. Darüber hinaus bietet jede Zusatzversorgungskasse ihren Pflichtversicherten noch eine freiwillige Versicherung an.

Mit der freiwilligen Versicherung können Sie sich eine zusätzliche Betriebsrente aufbauen. Seit Anfang 2002 haben Sie sogar einen gesetzlichen Anspruch auf eine betriebliche Altersversorgung in Form der Entgeltumwandlung, die auch als Gehaltsumwandlung bezeichnet wird.

Das Prinzip ist einfach: Sie wandeln Teile Ihres Gehalts in Beiträge für eine spätere Betriebsrente um und verzichten auf eine entsprechende Auszahlung dieser Gehaltsteile. Mittlerweile gibt es für alle Angestellten in Bund, Ländern, Kommunen, Sparkassen und Kirchen Tarifverträge zur Entgeltumwandlung.

Entgeltumwandlung statt betrieblicher Riester-Rente

Wenn Sie sich freiwillig versichern wollen, vereinbaren Sie die Entgeltumwandlung oder auch eine betriebliche Riester-Rente mit Ihrem Arbeitgeber, der dann die von Ihnen gezahlten Beiträge an die Pensionskasse überweist. Ihr Arbeitgeber wird Versicherungsnehmer, während Sie als freiwillig Versicherter Ansprüche aus dieser zusätzlichen betrieblichen Altersvorsorge erwerben.

Laut VBL-Geschäftsbericht 2012 hatten sich von insgesamt 1,85 Millionen Pflichtversicherten in der Zusatzversorgung 223 000 über eine Entgeltumwandlung oder eine betriebliche Riester-Rente zusätzlich freiwillig versichert. Das sind nur 12 Prozent der bei der VBL pflichtversicherten Angestellten. Die überwiegende Mehrheit der freiwillig Versicherten entschied sich dabei für die Entgeltumwandlung. Nur jeder 13. freiwillig Versicherte schloss eine betriebliche Riester-Rente ab.

Nachdem die Garantierenten für erst ab Anfang 2012 freiwillig Versicherte drastisch gesenkt wurden, sind die VBL-Betriebsrenten bei der freiwilligen Versicherung längst nicht mehr so attraktiv wie noch bei einem Abschluss bis Ende des Jahres 2011. Die andauernde Niedrigzinsphase mit der geringen Aussicht auf hohe Überschüsse drückt das Niveau der Betriebsrente weiter.

In der Rentenphase ist die Betriebsrente beitrags- und steuerpflichtig. Ihr persönlicher Steuersatz wird in der Rentenphase zwar erfahrungsgemäß deutlich niedriger ausfallen. Ärgerlich ist indes der volle Beitrag zur gesetzlichen Kranken- und Pflegeversicherung mit aktuell knapp 18 Prozent, der künftig wohl noch steigen wird. Da für den umgewandelten Gehaltsteil kein Beitrag zur gesetzlichen Rentenversicherung gezahlt wird, wird

Praxisfrage: Freiwillige Betriebsrente

Ich werde bald 45 Jahre alt. Lohnt sich bei den niedrigen Zinsen noch eine freiwillige Versicherung über eine Zusatzversorgungskasse?

Ob sich eine zusätzliche freiwillige Versicherung auf lange Sicht lohnt, lässt sich am besten anhand von konkreten Zahlenbeispielen zeigen.
Wenn Sie als 45-Jähriger Anfang 2015 beispielsweise monatlich 220 Euro über 22 Jahre in eine freiwillige Versicherung der VBLextra einzahlen, erhalten Sie ab dem 67. Lebensjahr eine garantierte monatliche Betriebsrente von 286 Euro, sofern Sie auf eine zusätzliche Absicherung bei Erwerbsminderung sowie der Hinterbliebenen verzichten.
Das mag auf den ersten Blick wenig sein, da Sie immerhin rund 58 000 Euro im Laufe von 22 Jahren einzahlen. Andererseits erhalten Sie bei der garantierten Monatsrente von 286 Euro Ihre Beiträge innerhalb von knapp 17 Jahren wieder zurück. Wenn Sie sich noch für den Fall einer Erwerbsminderung oder Ihren Ehegatten im Falle Ihres Todes absichern wollen, sinkt die garantierte Rente auf 268 Euro pro Monat. Dann würde es 18 Jahre dauern, bis die Beitragssumme von 58 000 Euro wieder vollständig zurückgeflossen ist.
Berauschend sind solche Zahlen zunächst nicht. Bedenken Sie aber, dass es bei den Privatrenten fast immer weniger lukrative Angebote gibt, da die Abschluss- und Verwaltungskosten dort deutlich höher liegen und über 10 Prozent der Beitragssumme ausmachen können. Die VBL und auch die anderen Zusatzversorgungskassen glänzen mit niedrigen laufenden Verwaltungskosten von rund 3 Prozent der Beitragssumme. Außerdem zahlen Sie bei der Entgeltumwandlung netto nur etwa die Hälfte aus Ihrer eigenen Tasche, sofern Sie den Arbeitnehmeranteil zur Sozialversicherung von rund 20 Prozent und die Steuern bei einem angenommenen persönlichen Steuersatz in Höhe von 30 Prozent vom Bruttobeitrag abziehen.

auch die gesetzliche Rente etwas geringer ausfallen.

Derzeit handelt es sich bei der freiwilligen Versicherung im öffentlichen Dienst fast immer um eine rein arbeitnehmerfinanzierte Betriebsrente. Der öffentliche Arbeitgeber gibt seine Ersparnis beim Arbeitgeberanteil zur Sozialversicherung zurzeit nicht an seine Angestellten in Form eines Zuschusses weiter. Die Attraktivität der Entgeltumwandlung würde deutlich steigen, wenn die Angestellten künftig einen Arbeitgeberzuschuss von beispielsweise 10 Prozent des Bruttobeitrags erhielten.

Die betriebliche Riester-Rente, für die sich nur rund 17 000 freiwillig Versicherte bei der VBL entschieden haben (siehe Alterssicherungsbericht der Bundesregierung 2013, wonach 7,5 Prozent der aktiv Versicherten in der Zusatzversorgung des öffentlichen Dienstes die Riester-Förderung in Anspruch nehmen), schneidet im Vergleich zur Entgeltumwandlung deutlich schlechter ab. Obwohl Sozialabgaben auf die Riester-Beiträge in der Aktivphase gezahlt werden, werden zusätzlich in der Rentenphase noch Beiträge zur gesetzlichen Kranken- und Pflegeversicherung fällig.

Dies ist auch der Grund, warum die betriebliche Riester-Rente trotz niedrigerer Kosten auch der privaten Riester-Rente unterlegen ist. Denn für die private Riester-Rente müssen in der gesetzlichen Kranken- und Pflegeversicherung pflichtversicherte Rentner keine Krankenversicherungsbeiträge zahlen.

Altverträge rechnen sich

Wer bereits bis Ende 2011 eine freiwillige Versicherung über die Entgeltumwandlung abgeschlossen hat, kann sich glücklich schätzen. Für diese Altverträge gab es noch einen Garantiezins von 2,75 Prozent statt 1,75 Prozent für neu abgeschlossene Verträge ab 2012 bei der VBL. Zudem gewährt die VBL noch bis Ende 2015 einen Gewinnzuschlag von 20 Prozent auf die garantierte freiwillige Betriebsrente.

Die meisten anderen Zusatzversorgungskassen rechnen zurzeit noch mit einem Garantiezins von 2,25 Prozent. Sehen Sie sich, falls Sie nicht bei der VBL pflichtversichert sind, daher deren Angebote an, die unter dem Namen PlusPunktRente (statt VBLextra) laufen.

Seit Anfang 2012 haben alle Zusatzversorgungskassen auf Unisex-Verträge und damit auf gleich hohe Renten für Frauen und Männer umgestellt. Früher erhielten Männer wegen der statistisch geringeren Lebenserwartung deutlich höhere garantierte Renten.

Zudem verwenden viele Zusatzversorgungskassen wie beispielsweise die VBL geänderte Sterbetafeln mit einer deutlich höher kalkulierten Lebenserwartung (zum Beispiel VBL-Generationentafel 2010). Ein damals 45-jähriger Mann, der sich noch im Jahr 2010 für eine Entgeltumwandlung in Höhe von monatlich 220 Euro über insgesamt 22 Jahre entschieden hat, kann weiterhin mit einer garantierten monatlichen Betriebsrente von 498 Euro rechnen. Dies sind stolze 74 Prozent mehr im Vergleich zu den nur 286 Euro für den freiwillig Versicherten, der sich erst im Jahr

2015 mit ebenfalls 45 Jahren dafür entscheidet. Eine damals 45-jährige Frau hätte garantiert 400 Euro pro Monat erhalten und damit immerhin noch 40 Prozent mehr als heute.

TIPP: ALTVERTRÄGE FORTFÜHREN
Führen Sie vor 2012 abgeschlossene Verträge über eine Entgeltumwandlung auf jeden Fall weiter und stocken Sie den monatlichen Beitrag möglichst auf aktuell 238 Euro (4 Prozent der Beitragsbemessungsgrenze West in Höhe von 5 950 Euro für das Jahr 2014) auf. Dieser Höchstbetrag von 238 Euro gilt auch für die neuen Bundesländer. Eine bessere Anlage Ihres Geldes kann es kaum geben.

Auch wenn Sie vorübergehend aus dem öffentlichen Dienst ausscheiden, sollten Sie Ihren lukrativen Altvertrag zu den bisherigen Konditionen fortführen. Sie teilen Ihrer Zusatzversorgungskasse einfach mit, dass Sie künftig als Versicherungsnehmer in den weiter bestehenden Vertrag eingetragen werden und den monatlichen Beitrag aus eigenem Einkommen direkt an die Kasse abführen.

Da Sie nach dem vorübergehenden Ausscheiden aus dem öffentlichen Dienst nicht mehr Pflichtversicherter in der Zusatzversorgung des öffentlichen Dienstes sind, können Sie eine Entgeltumwandlung über Ihren ehemaligen öffentlichen Arbeitgeber selbstverständlich nicht weiterführen. Praktisch verwandelt sich Ihre betriebliche Altersvorsorge per Entgeltumwandlung ab Umschreibung Ihres Altvertrages in eine private Altersvorsorge.

Aus der sozialabgaben- und steuerfreien Entgeltumwandlung wird so quasi über Nacht eine private Rentenversicherung. Dabei können Sie zwar keine Sozialabgaben und Steuern in der Beitragsphase sparen. In der Rentenphase zahlen Sie dafür wenig Steuern. Es wird nur der Ertragsanteil von beispielsweise 17 Prozent der Bruttorente fällig, wenn Sie mit 67 Jahren in Rente gehen.

Außerdem können Sie zumindest hoffen, dass Ihnen der Beitrag zur gesetzlichen Kranken- und Pflegeversicherung für die Phase nach Ihrem Ausscheiden aus dem öffentlichen Dienst erspart bleibt. Für ehemals über den Betrieb abgeschlossene Direktversicherungen, die der Arbeitneh-

mer nach seinem Ausscheiden als neuer Versicherungsnehmer fortführt, gibt es nach dem Urteil des Bundesverfassungsgerichts von 28. September 2010 (Az. 1 BvR 1660/08) bereits eine entsprechende Regelung.

Zwar wird die Entgeltumwandlung im öffentlichen Dienst nicht über Direktversicherungen, sondern über Pensionskassen durchgeführt. Möglicherweise wird das Verfassungsgerichtsurteil aber künftig analog auf diese Pensionskassen übertragen. Erste Gerichtsverfahren wegen der vollen Beitragspflicht auf Betriebs- oder Zusatzrenten von Pensionskassen für privat weitergeführte Verträge sind bereits eingeleitet.

Angebote zur Entgeltumwandlung prüfen

Sofern Sie Geld für eine Entgeltumwandlung übrig haben, sollten Sie die Angebote Ihrer Zusatzversorgungskasse sorgfältig prüfen. Dies geht bequem über im Internet vorhandene Angebotsrechner: zum Beispiel für VBLextra unter www.vbl.de (bei „Service" oben rechts auf den Button „Angebotsrechner" klicken) oder für andere Zusatzversorgungskassen unter dem Suchbegriff „Angebotsrechner PlusPunkt-Rente".

Sie müssen neben Ihrem Familienstand, Geschlecht und Geburtsdatum nur den von Ihnen gewünschten Förderweg (also zum Beispiel Entgeltumwandlung), den Rentenbeginn und den monatlichen Beitrag angeben.

Wie hoch der monatliche Beitrag für die Entgeltumwandlung sein soll, entscheiden Sie grundsätzlich selbst. Im Jahr 2014 darf es allerdings monatlich nicht mehr als 238 Euro sein, aber auch nicht weniger als 17,38 Euro. Mehr dazu siehe Praxisfrage Seite 74.

Zusätzlich absichern?

Die meisten freiwillig Versicherten entscheiden sich für die reine Altersrente ohne Erwerbsminderungs- und Hinterbliebenenschutz. Da die Betriebsrente inklusive Absicherung bei Erwerbsminderung sowie Absicherung der Hinterbliebenen im Todesfall bei den ab 2012 geltenden Tarifen nur rund 6 Prozent niedriger als die reine Altersrente ausfällt, sollten Sie eine zusätzliche Absicherung zumindest in Erwägung ziehen.

Praxisfrage: Entgeltumwandlung

Ich möchte die Entgeltumwandlung nutzen. Wie hoch sollte mein Beitrag sein?

Sie können den monatlichen Beitrag grundsätzlich frei wählen zwischen mindestens 17,38 und höchstens 238 Euro (Stand 2014). Beträge unter monatlich 50 Euro sind aber wegen der dann zu erwartenden Mini-Betriebsrente wenig sinnvoll.
Sie sollten auf jeden Fall prüfen, ob Ihre Zusatzrente kapitalgedeckt oder umlagefinanziert ist. Bekommen Sie später keine umlagefinanzierte, sondern eine kapitalgedeckte Zusatzrente (zum Beispiel VBL-Zusatzrente im Tarifgebiet Ost oder kapitalgedeckte Zusatzrente West bei den meisten kommunalen und kirchlichen Zusatzversorgungskassen), müssen Sie vom monatlichen Höchstbeitrag von 238 Euro 4 Prozent Ihres monatlichen Bruttogehalts abziehen. Nur den Restbetrag können Sie dann in die sozialabgaben- und steuerfreie Entgeltumwandlung stecken.
Beispiel: 4 Prozent eines monatlichen Bruttogehalts von 3 500 Euro sind gleich 140 Euro. Der maximale Restbetrag für die Entgeltumwandlung beträgt dann 98 Euro pro Monat im Jahr 2014, da 140 Euro von 238 Euro abgezogen werden.
Nur bei der umlagefinanzierten Zusatzrente (zum Beispiel VBL-Zusatzrente im Tarifgebiet West) dürfen Sie den maximalen monatlichen Beitrag von 238 Euro für die Entgeltumwandlung komplett ausschöpfen.

Die Entscheidung für oder gegen eine zusätzliche Absicherung hängt insbesondere von Ihren persönlichen Verhältnissen ab. Sind Sie für den Fall einer Teil- oder Vollinvalidität außer in der gesetzlichen Rente und der Zusatzrente des öffentlichen Dienstes zusätzlich durch eine private Berufs- oder Erwerbsunfähigkeitsversicherung finanziell gut abgesichert, kann dieser Schutz bei der freiwilligen Betriebsrente entfallen. Gleiches gilt für die finanzielle Absicherung Ihrer Angehörigen im Todesfall, falls Sie neben dem Anspruch auf Hinterbliebenenrente in der gesetzlichen

Rentenversicherung und Zusatzversorgung des öffentlichen Dienstes noch eine relativ hohe Risikolebensversicherung zugunsten der Hinterbliebenen im Falle Ihres Todes abgeschlossen haben.

Klassische Rentenversicherung oder Fondssparplan?

Fast alle freiwillig Versicherten entscheiden sich bei den Angeboten ihrer Zusatzversorgungskasse für die klassische Rentenversicherung (zum Beispiel VBLextra). Die fondsgebundene Variante (zum Beispiel VBLdynamik) findet kaum Anklang.

Beim Einstieg ab einem Alter von 45 Jahren wird die klassische Rentenversicherung auch die bessere Lösung sein. Wenn Sie jedoch bereits in jungen Jahren mit der Entgeltumwandlung beginnen wollen (zum Beispiel mit 30 Jahren), spricht viel für den Fondssparplan. Da Fondssparpläne stark auf Aktien setzen, könnten Sie dann von der langfristig besseren Wertentwicklung an den Aktienbörsen profitieren und vorübergehende Kurseinbrüche besser aussitzen.

Garantierte und mögliche Betriebsrenten

Alle Zusatzversorgungskassen nennen Ihnen bei der klassischen Variante neben der garantierten monatlichen Betriebsrente auch die mögliche Betriebsrente für meist drei verschiedene Szenarien (zum Beispiel Zinssätze von 2, 3 oder 4 Prozent). Hundertprozentig verlassen können Sie sich nur auf die garantierte Rente. Daher sollten Sie beim Vergleich von unterschiedlichen Angeboten zur Entgeltumwandlung vor allem auf die Höhe der Garantierente achten (zum Beispiel VBLextra mit monatlich 238 Euro garantierter Altersrente für einen 45-Jährigen, der ab 2015 insgesamt 22 Jahre lang einen monatlichen Beitrag von 220 Euro einzahlt).

Bei den möglichen Betriebsrenten sollten Sie zusätzlich die mittlere Variante ins Auge fassen. Beispiel VBLextra: Bei einem Zinssatz von knapp unter 3 Prozent macht die mögliche Altersrente 379 Euro aus. Dies sind immerhin 141 Euro beziehungsweise fast 60 Prozent mehr im Vergleich zur garantierten Altersrente von 238 Euro. Möglich ist dies, wenn der Zinssatz auf Dauer rund 1,25 Prozentpunkte über dem bisher garantierten Zins von 1,75 Prozent liegt. Besonders bei einer langen Beitragsdauer schlägt ein solcher Zinssatz stark zu Buche. Der Zinseszinseffekt macht's möglich.

Zusätzliche steuerfreie Entgeltumwandlung

Bis zum monatlichen Höchstbetrag von 238 Euro ist die Entgeltumwandlung sozialabgaben- und steuerfrei. Sie können darüber hinaus auch höhere Beträge umwandeln. Bis zu 150 Euro im Monat oder ein Jahresbeitrag bis zu 1 800 Euro sind zusätzlich möglich. Diese bleiben dann steuerfrei. Von Sozialabgaben in der Beitragsphase befreit ist diese zusätzliche Entgeltumwandlung hingegen nicht.

Da aber auf die spätere Betriebsrente auch bei der nur steuerfreien Entgeltumwandlung der volle Beitrag zur gesetzlichen Kranken- und Pflegeversicherung fällig wird, ist diese Art der freiwilligen Betriebsrente genauso unattraktiv wie die betriebliche Riester-Rente. Sie ist nur

WIE VIEL IST GARANTIERT, WIE VIEL IST MÖGLICH?

Die Tabellen unten zeigen, wie hoch freiwillige Betriebsrenten bei der VBL und anderen Zusatzversorgungskassen für Jahrgänge von 1962 bis 1992 ausfallen können, wenn monatlich 100 Euro eingezahlt werden. Wir haben jeweils die garantierten und möglichen Renten berechnet.

Garantierte Altersrenten brutto

Geburtsjahr	Beitragsdauer	VBL*	BVK**
1962	15 Jahre	77,50 €	92,83 €
1967	20 Jahre	116,13 €	140,97 €
1972	25 Jahre	152,34 €	186,81 €
1977	30 Jahre	191,62 €	238,25 €
1982	35 Jahre	234,19 €	295,53 €
1987	40 Jahre	280,40 €	359,32 €
1992	45 Jahre	330,64 €	430,42 €

*) Angebote der VBL für Angestellte in Bund und Ländern mit Garantiezins von 1,75 %, Typ „VBLextra"
**) Angebote des Kommunalversicherers BVK (Bayerische Versorgungskammer) für Angestellte in den Kommunen mit Garantiezins von 2,25 %, Typ „PlusPunktRente"

hochbesteuerten Spitzenverdienern zu empfehlen, die den Höchstbeitrag von 4 Prozent der Beitragsbemessungsgrenze West (monatlich 238 Euro im Jahr 2014) schon ausgeschöpft haben und noch zusätzliche Gelder in die freiwillige betriebliche Altersvorsorge stecken wollen.

Von der Bruttorente zur Nettorente
Bei der sozialabgaben- und steuerfreien Entgeltumwandlung liegen die Nettobeiträge typischerweise nur etwa bei der Hälfte der Bruttobeiträge. Wer als Angestellter beispielsweise monatlich 3 400 Euro brutto verdient und davon 200 Euro brutto in die freiwillige betriebliche Altersvorsorge umwandelt, zahlt unterm Strich nur 100 Euro netto. Entsprechend sinkt sein Nettogehalt um 100 Euro (Stand 2014). Er spart Sozialabgaben von rund 40 Euro und Steuern in Höhe von 60 Euro.

Dies ist aber nur die halbe Wahrheit. Da Sie jede Rente auch aus Nettosicht bedenken sollten, müssten den garantierten oder möglichen Bruttobetriebsrenten in den obigen Tabellen auch die Nettobetriebsrenten gegenübergestellt werden. Um von der Bruttorente zur Nettorente zu

So haben wir gerechnet:
Monatlicher Beitrag in Höhe von 100 Euro ab 1. Mai 2014
(bei Höchstbeitrag von 238 Euro liegt die Rente beim 2,38-Fachen)
Geburtsdatum: am 1. Mai des jeweiligen Geburtsjahres
Beitragszahlung bis zum vollendeten 67. Lebensjahr, nur volle Beitragsjahre
(ohne Absicherung der Berufsunfähigkeit bzw. Erwerbsminderung und von Hinterbliebenen), Seite 73.

Mögliche Altersrenten brutto

Geburtsjahr	Beitragsdauer	VBL*	BVK**
1962	15 Jahre	97,83 €	97,70 €
1967	20 Jahre	152,33 €	151,58 €
1972	25 Jahre	206,81 €	205,26 €
1977	30 Jahre	269,27 €	267,24 €
1982	35 Jahre	341,32 €	338,50 €
1987	40 Jahre	424,02 €	420,64 €
1992	45 Jahre	519,35 €	515,34 €

*) Angebote der VBL laut Angebotsrechner, Typ „VBLextra", mittlere Variante mit 2,9225 % Rechnungszins laut § 2 VVG-InfoV **) Angebote der BVK (Bayerische Versorgungskammer), Typ „PlusPunktRente", mittlere Variante mit 2,92 % Rechnungszins

gelangen, müssen Sie drei unterschiedliche Faktoren berücksichtigen:

- Sozialabgaben für gesetzlich Krankenversicherte (voller Beitrag zur gesetzlichen Kranken- und Pflegeversicherung in Höhe von bis zu 17,8 Prozent der Bruttorente, Stand 2014).
- Steuern auf die Bruttorente (abhängig von der Höhe des persönlichen Steuersatzes in der Rentenphase).
- Weil Sie für den Gehaltsanteil, der in die Betriebsrente fließt, keine Rentenbeiträge zahlen, fällt ihre gesetzliche Rente etwas niedriger aus.

Was ist besser: Über den Betrieb oder privat vorsorgen?

Mit Sicherheit wird die Betriebsrente über die sozialabgaben- und steuerfreie Entgeltumwandlung besser abschneiden als eine ungeförderte private Rentenversicherung.

Anders ist dies bei einer privaten Riester-Rente, denn die fördert der Staat mit Zulagen. Ob die Entgeltumwandlung über die VBL oder eine andere Zusatzversorgungskasse besser oder schlechter abschneidet als eine private Riester-Rente, hängt ganz wesentlich von der Höhe der

Praxisfrage: Entgeltumwandlung

Von Kritikern der Entgeltumwandlung wird behauptet, dass die Nettobetriebsrente nur noch die Hälfte der Bruttorente ausmachen wird. Stimmt das?

Bei Rentnern, deren Grenzsteuersatz deutlich über 25 Prozent liegt, kann die Nettobetriebsrente tatsächlich auf die Hälfte der Bruttorente sinken, wenn man realistischerweise einen vollen Beitragssatz von 18 Prozent auf die gesetzliche Kranken- und Pflegeversicherung annimmt und davon ausgeht, dass die gesetzliche Rente rund 10 Prozent niedriger ausfällt, weil in der Beitragsphase weniger Rentenbeiträge geflossen sind.
Da aber solch hohe Grenzsteuersätze auch für ehemalige Angestellte im öffentlichen Dienst in der Rentenphase untypisch sind, wird die Nettobetriebsrente je nach Steuerbelastung eher zwischen 60 und 70 Prozent der Bruttobetriebsrente liegen. Wenn dann im Vergleich dazu der in der Aktivphase tatsächlich gezahlte Nettobeitrag langfristig nur bei rund 50 Prozent des Bruttobeitrags liegt, hat sich die Entgeltumwandlung auch aus Abgaben- und Steuersicht wirtschaftlich gelohnt. Wie es in Ihrem Fall aussieht, lässt sich nur sagen, wenn man eine genaue Berechnung mit Ihren Daten erstellt.

Zulagen ab. Sofern bei Familien mit Kindern die Gesamtheit der Riester-Zulagen (Grundzulage in Höhe von bis zu 154 Euro im Jahr plus alle Kinderzulagen, bis zu 300 Euro im Jahr für Kinder, die seit Beginn 2008 geboren wurden, und 185 Euro im Jahr für davor geborene Kinder) höher ausfällt als eine fiktive Steuerersparnis, kann die private Riester-Rente besser abschneiden. Lassen Sie sich das im Zweifel am besten von Ihrem Steuerberater ausrechnen.

Ein kleines Bonbon wird bei der privaten Riester-Rente häufig vergessen: Der Riester-Sparer kann zum geplanten Rentenbeginn (frühestens zum 62. Lebensjahr bei nach 2012 abgeschlossenen Verträgen) bis zu 30 Prozent des angesparten Riester-Kapitals einschließlich der Zulagen auf einen Schlag entnehmen, ohne die Zulagen zurückzahlen zu müssen. Sofern er nicht zu den wenigen Riester-Rentnern gehört, die freiwillig in der gesetzlichen Krankenversicherung versichert sind, muss er auch keine Sozialabgaben zahlen. Allerdings muss er die Teilkapitalauszahlung voll versteuern.

Zwar gibt es bei der Betriebsrente am Ende der geplanten Laufzeit die Möglichkeit, vom Kapitalwahlrecht Gebrauch zu machen und sich sogar für eine Einmalkapitalauszahlung zu entscheiden. Von diesem Einmal- oder Gesamtkapital werden jedoch die vollen Beiträge zur gesetzlichen Kranken- und Pflegeversicherung ebenso abgezogen wie die Steuern.

Damit Sie nicht auf einen Schlag einen hohen vollen Kranken- und Pflegekassenbeitrag zahlen müssen, wird das ausgezahlte Einmalkapital fiktiv durch 120 Monate geteilt und dann der monatliche Beitrag von jeweils 1/120 des Einmalkapitals berechnet.

Bei der Rürup-Rente sind wiederum überhaupt keine Kapitalauszahlungen erlaubt. Sie ist besonders unflexibel. Wie in der gesetzlichen Rentenversicherung wird immer nur eine lebenslange Rente ausgezahlt. Insofern unterscheidet sich die Rürup-Rente völlig von der Betriebsrente, der privaten Riester-Rente und der privaten Rentenversicherung mit Kapitalwahlrecht.

TIPP **Riester-Rente: Angebote gründlich studieren**

Anders als viele denken, gibt es die Riester-Rente nicht nur als klassische Rentenversicherung:
Meist ist es besser, einen Riester-Banksparplan abzuschließen als eine Riester-Rentenversicherung. Das gilt vor allem, wenn Sie noch jünger und nicht sicher sind, ob Sie den Vertrag bis zum Rentenalter durchhalten. Ein Riester-Banksparplan ist besonders kostengünstig, flexibel und sicher.
Wenn Sie noch unter 45 Jahre sind, können Sie aber auch einen Riester-Fondssparplan in Erwägung ziehen. Damit haben Sie höhere Renditechancen, gehen allerdings etwas höhere Risiken ein.
Für alle, die in die eigenen vier Wände ziehen wollen, ist der sogenannte Wohn-Riester sehr attraktiv.
In jedem Fall lohnt es sich, die Angebote gründlich zu vergleichen, bevor Sie einen Riester-Vertrag abschließen. Ausführliche Informationen zu den Riester-Produkten und Tests finden Sie gegen eine geringe Gebühr unter www.test.de in der Rubrik „Altersvorsorge und Rente", „Riester-Rente".

Deutsche Gesetze

PENSIONSPLANUNG FÜR BEAMTE

Beamte erwerben nach einer Dienstzeit von mindestens fünf Jahren Pensionsansprüche. Wer wie rund die Hälfte aller Beamten vor der Berufung ins Beamtenverhältnis als Angestellter tätig war, erhält nach fünf Pflichtbeitragsjahren später auch eine gesetzliche Rente. Darüber hinaus kann jeder Beamte freiwillige Beiträge zur gesetzlichen Rente zahlen. Diese werden nicht auf die Beamtenpension angerechnet.

BEAMTENPENSION ALS VOLLVERSORGUNG

Beamte werden in der Öffentlichkeit wegen ihrer hohen Pensionsansprüche oft beneidet. Dabei wird häufig übersehen, dass die Beamtenpensionen eine doppelte Funktion erfüllen: Pensionäre erhalten eine Vollversorgung, die Grund- und Zusatzversorgung zugleich darstellt. Die Beamtenversorgung deckt also die erste und zweite Säule (Regel- und Zusatzsicherung) der Altersvorsorge ab. In der Beamtenpension ist eine Betriebsrente quasi schon enthalten. Eine zusätzliche Betriebsrente wie die Angestellten im öffentlichen Dienst und jeder zweite Beschäftigte in der Privatwirtschaft bekommen Pensionäre daher nicht.

Bei der Höhe der Beamtenversorgung spielt der Grundsatz der amtsangemessenen Versorgung nach dem sogenannten Alimentationsprinzip eine große Rolle. Diese amtsangemessene Versorgung der Beamten als ein am früheren Amt gemessener Lebensunterhalt gehört zu den Grundsätzen des Berufsbeamtentums nach Art. 33 Abs. 5 des Grundgesetzes.

Bei Beamten erfolgt die Versorgung aus dem letzten Amt, also finanziell gesehen aus dem Bruttoendgehalt. Die Pension knüpft immer direkt an das zuletzt bezogene Gehalt an. Pro Dienstjahr erwirbt der Beamte einen Pensionsanspruch von knapp 1,8 Prozent seines späteren

Endgehalts. Nach 40 Dienstjahren und mehr kann er im Bestfall eine Höchstpension von rund 72 Prozent seines letzten Bruttogehalts bekommen. Aktuell sind es genau 71,75 Prozent.

Im Unterschied dazu hängt die Höhe der gesetzlichen Rente und Zusatz- oder Betriebsrente vom Lebenszeiteinkommen ab, also von allen während der Zeit der aktiven Beschäftigung erzielten Bruttogehältern.

Es ist ein Irrtum zu glauben, dass jeder Beamte bereits nach fünf Dienstjahren Anspruch auf eine Mindestpension in Höhe von rund 1 500 Euro besitzt und auch bei Dauerbeurlaubung vom Dienst nur bis zum Erreichen der Regelaltersgrenze darauf warten muss. Eine zeitlich unbegrenzte Beurlaubung oder Freistellung vom Dienst gibt es nicht. Wer nach der meist familienbedingten Freistellung, zum Beispiel wegen Kindererziehung oder Pflege eines nahen Angehörigen und Erreichen der jeweiligen Höchstdauer, nicht in den Dienst zurückkehrt, wird auf eigenen Antrag oder von Amts wegen entlassen.

Die Beamtenpension oder das Ruhegehalt der ehemaligen Beamten zählt steuerlich zu den Einkünften aus nicht selbstständiger Arbeit und ist daher grundsätzlich wie jeder Lohn oder jedes Gehalt steuerpflichtig. Es ist quasi eine „Gehaltsfortzahlung im Altersfall". Daher auch der Name Ruhegehalt statt Rente.

Die gesetzliche Rente zählt hingegen ebenso wie die Zusatzrente im öffentlichen Dienst zu den sonstigen Einkünften. Erst ab dem Jahr 2040 werden Pensionen und Renten voll besteuert und damit gleich behandelt.

Pension ist nicht gleich Pension

Seit der Föderalismusreform I im Juli 2006 gibt es keine einheitliche Beamtenversorgung mehr. Mit Wirkung vom 1. Januar 2007 ist die Zuständigkeit für das Versorgungsrecht der Landesbeamten auf die Länder übergegangen.

17 UNTERSCHIEDLICHE GESETZE

Mittlerweile gibt es ein Beamtenversorgungsgesetz (BeamtVG) für die Bundesbeamten und 16 verschiedene Landesbeamtenversorgungsgesetze für die Landes- und Kommunalbeamten, also insgesamt 17 verschiedene Gesetze zur Beamtenversorgung.

Hinzu kommt, dass auch die Besoldung der Bundes-, Landes- und Kommunalbeamten zersplittert ist durch insgesamt 17 unterschiedliche Besoldungstabellen. Da aber die Beamtenversorgung an das Endgehalt und damit die Besoldung der aktiven Beamten anknüpft, gibt es auch bei ansonsten gleichen Voraussetzungen (zum Beispiel hinsichtlich Besoldungsstufe und Pensionseintrittsalter) deutliche finanzielle Unterschiede. In Bayern liegt die monatliche Pension eines Oberstudienrats (Besoldungsstufe A 14 und 40 erreichte Dienstjahre) beispielsweise um rund 500 Euro beziehungsweise 15 Prozent über der Pension eines Oberstudienrats in Berlin. Der finanzielle Vorsprung gegenüber Berlin macht in Baden-Württemberg noch knapp 300 Euro oder 8 Prozent aus.

In der gesetzlichen Rentenversicherung bestehen im Vergleich dazu nur Unterschiede zwischen den alten Bundesländern insgesamt („Rente West") und den neuen Bundesländern („Rente Ost"). Die aktuellen Rentenwerte, Durchschnittsentgelte und Beitragsbemessungsgrenzen liegen im Osten niedriger als im Westen.

In der Zusatzversorgung des öffentlichen Dienstes wird lediglich zwischen dem Tarifgebiet West mit meist umlagefinanzierter Zusatzrente und dem Tarifgebiet Ost mit kapitalgedeckter Zusatzrente unterschieden. Insofern ist die regionale Differenzierung in der Beamtenversorgung sehr viel größer als in der gesetzlichen Rentenversicherung und der Zusatzversorgung im öffentlichen Dienst.

Rentenreform und Beamtenversorgung

Die Reformen in der gesetzlichen Rentenversicherung (zum Beispiel bisherige Absenkung des Rentenniveaus und stufenweise Heraufsetzung der Regelaltersgrenze bis auf 67 Jahre für die Jahrgänge ab 1964) sind bereits weitgehend wirkungsgleich auf die Beamtenversorgung übertragen worden, so unterschiedlich hoch Beamtenpension und gesetzliche Renten auch ausfallen mögen.

Ob und wie die am 1. Juli 2014 in Kraft getretene Rentenreform (Mütterrente, abschlagsfreie Rente ab 63 Jahren nach 45 Versicherungsjahren, höhere Erwerbsminderungsrente durch Erhöhung der Zurechnungszeit um zwei Jahre) auf die Beamtenversorgung übertragen wird, steht noch nicht fest.

Lediglich Bayern wird dies zunächst tun. Bayern will ab Anfang 2015 allen Pensionärinnen, die Kinder vor 1992 und nach Berufung in das Beamtenverhältnis geboren haben, eine zusätzliche „Mütterpension" zahlen. Diese soll pro Kind 0,9 Prozent der ruhegehaltfähigen Dienstbezüge ausmachen.

Nordrhein-Westfalen lehnt beispielsweise eine Mütterpension ab, obwohl dann eine „systembezogen annähernd gleichwertige" Versorgung, wie es im Rentenreformgesetz heißt, nicht mehr vorliegen würde. Folge: Pensionärinnen mit vor 1992 geborenen Kindern könnten bei fehlender Mütterpension nicht mehr von der Anrechnung dieser vor 1992 liegenden Kindererziehungszeiten in der gesetzlichen Rentenversicherung ausgeschlossen werden. Der Bund und die übrigen Bundesländer prüfen noch, ob sie eine Mütterpension einführen.

Eine wirkungsgleiche oder systembezogen annähernd gleichwertige Übertragung der Rentenreform auf die Beamtenversorgung müsste zur „abschlagsfreien Pension ab 63 Jahren nach 45 Dienstjahren" führen. Zu den 45 Dienstjahren müssten dabei auch eventuelle Pflichtbeitragszeiten in der gesetzlichen Rentenversicherung und Berücksichtigungszeiten wegen Kindererziehung mitzählen. Zudem müsste es analog zu den Verbesserungen bei der Erwerbsminderungsrente eine höhere „Pension bei Dienstunfähigkeit" (durch Erhöhung der Zurechnungszeit vom 60. auf das 62. Lebensjahr) geben. Betroffene künftige Pensionäre können dies aber nicht selbst durch eine Klage vor Gericht erzwingen. Sicherlich werden aber der Deutsche Beamtenbund und ihm angeschlossene Verbände weiter darauf drängen, die Rentenreform wirkungs-

gleich auf die Beamtenversorgung zu übertragen. Ihr Argument lautet: Wenn in der Vergangenheit Verschlechterungen im System der gesetzlichen Rentenversicherung übertragen wurden, muss dies nun auch für Verbesserungen gelten.

Absenkung des Pensionsniveaus

Das Bruttorentenniveau als gesetzliche Rente für 45 Beitragsjahre in Prozent des jeweiligen Durchschnittsverdienstes ist von fast 49 Prozent im Jahr 2002 auf rund 46 Prozent im Jahr 2012 gesunken. Dementsprechend wurde das Versorgungs- beziehungsweise Pensionsniveau von 75 Prozent im Jahr 2002 stufenweise bis auf 71,75 Prozent im Jahr 2012 herabgesetzt. Im Bund und in fast allen Bundesländern wurde mittlerweile auch die stufenweise Erhöhung der Regelaltersgrenze bis auf 67 Jahre für Pensionäre ab Jahrgang 1964 nachvollzogen (siehe Tabelle Seite 10).

Eine gleichmäßige jährliche Erhöhung von Beamtenpensionen und gesetzlichen Renten ist indes wegen der völlig unterschiedlichen Berechnungsweisen reine Illusion.

Die Pensionssteigerungen (offiziell „Anpassung der Versorgungsbezüge" genannt) erfolgen in den Bundesländern mittlerweile nach Kassenlage. Während finanzstarke Länder wie Bayern die Beamtenpensionen beispielsweise 2013 und 2014 um insgesamt 5,6 Prozent erhöhten, sollten Pensionäre und aktive Beamte im höheren Dienst (ab Besoldungsstufe A 13) in Nordrhein-Westfalen und Bremen zwei Nullrunden in dieser Zeit hinnehmen. Der Verfassungsgerichtshof in NRW hat mit Urteil vom 1. Juli 2014 (Az. VerfGH 21/13) jedoch entschieden, dass dies verfassungswidrig ist. Nach der Ende August 2014 erfolgten Einigung mit den Gewerkschaften werden die Gehälter und Pensionen in den Besoldungsgruppen A 13 bis A 16 rückwirkend für die Jahre 2013 sowie 2014 um insgesamt rund 4 Prozent erhöht.

Die gesetzlichen Renten steigen nach einer komplizierten Rentenformel, aber nicht nach der jeweiligen Kassenlage in den Bundesländern. Im Westen steigen sie ab dem 1. Juli 2014 beispielsweise um 1,67 Prozent. Unabhängig von der jeweiligen Höhe der jährlichen Pensions- und

Rentensteigerung steht aber fest: Steigen die Pensionen und Renten weniger stark als die Gehälter, sinkt langfristig das Pensions- und Rentenniveau. Ein weiter bis auf 40 Prozent im Jahr 2030 sinkendes Bruttorentenniveau müsste somit wirkungsgleich auf das Pensionsniveau übertragen werden. Demzufolge könnte das Pensionsniveau auf beispielsweise 67 Prozent sinken. Ob es aber tatsächlich zu dieser deutlichen Absenkung von Renten- und Pensionsniveau bis zum Jahr 2030 kommt, hängt letztlich von politischen Entscheidungen ab.

WELCHE ZEITEN FÜR DIE PENSION ZÄHLEN

Wer mindestens 40 Dienstjahre nachweisen kann, erhält auf jeden Fall die höchstmögliche Pension von 71,75 Prozent seiner ruhegehaltfähigen Dienstbezüge. Insofern spielt der Faktor Zeit, also die Anzahl der Dienstjahre, eine ganz entscheidende Rolle. Ruhegehaltfähig sind insbesondere die folgenden Zeiten:

- die reine Beamtendienstzeit (Beamter auf Widerruf, auf Probe und auf Lebenszeit),
- Angestelltenzeiten im öffentlichen Dienst vor Berufung in das Beamtenverhältnis und
- die Zeit eines Hochschulstudiums.

Versorgungsrechtlich wird zwischen Muss-, Soll- und Kann-Zeiten unterschieden, siehe Tabelle Seite 86.

Muss-Zeiten

Muss-Zeiten sind – wie schon der Name sagt – Dienstzeiten, die auf jeden Fall als ruhegehaltfähig angerechnet werden müssen.

Zu diesen Muss-Zeiten zählen an erster Stelle die reinen Beamtendienstzeiten, also die Zeiten vom Tage der ersten Berufung in das Beamtenverhältnis an, und zwar ab Vollendung des 17. Lebensjahres. Es kommt dabei nicht darauf an, ob es sich um ein Beamtenverhältnis auf Widerruf (zum Beispiel Referendarzeit), auf Probe oder auf Lebenszeit handelt.

Bei einer Teilzeitbeschäftigung wird nur der Teil angerechnet, der dem Verhältnis der ermäßigten zur regelmäßigen Arbeitszeit entspricht.

Beispiel: Zehn Jahre mit halber Stelle zählen wie fünf volle Dienstjahre. Wer fünf Jahre voll arbeitet und anschließend ein Sabbatjahr in Anspruch nimmt, erhält ebenfalls nur fünf volle Dienstjahre gutgeschrieben. Die frühere „Quotelung" von Ausbildungszeiten im Falle einer nach dem 30. Juni 1997 bewilligten und angetretenen Teilzeitbeschäftigung hat das Bundesverwaltungsgericht am 25. März 2010 als verfassungswidrig verworfen (Az. 2 C 72.08).

MUSS-, SOLL- UND KANN-ZEITEN

Muss-, Soll- und Kann-Zeiten zählen unterschiedlich für die spätere Pension.

Muss-Zeiten	Soll-Zeiten	Kann-Zeiten
reine Beamtendienstzeit	Angestelltenzeit im öffentlichen Dienst	Ausbildungszeiten (z. B. Hochschulstudium)
Zeiten des Wehr-, Zivil- und Polizeivollzugsdienstes; Kindererziehungszeiten für vor 1992 und vor Eintritt in das Beamtenverhältnis geborene Kinder; Zurechnungszeit bei Dienstunfähigkeit		sonstige förderliche Vordienstzeiten

Auch die Zeiten des Wehr-, Zivil- oder Polizeivollzugsdienstes nach Vollendung des 17. Lebensjahres und vor der Berufung in das Beamtenverhältnis gelten als Muss-Zeiten. Sie müssen also wie Dienstjahre anerkannt werden, obwohl es sich nicht um eine Beamtendienstzeit handelt.

Zeiten der Kindererziehung für vor 1992 geborene Kinder, also Erziehungsurlaub als erziehungsbedingte Freistellung vom Dienst, werden bisher als ruhegehaltfähige Dienstzeit im Umfang von sechs Monaten anerkannt, sofern die Mutter während der Kindererziehungszeit im Beamtenverhältnis stand. Nach Einführung der Mütterrente in der gesetzlichen Rentenversicherung ist damit zu rechnen, dass diese Kindererziehungszeit für Beamtinnen mit vor 1992 geborenen Kindern auf zwölf Monate verlängert wird und somit wie ein Dienstjahr angerechnet wird.

Falls die Mutter aber ihre vor 1992 geborenen Kinder noch vor der Berufung in das Beamtenverhältnis erzogen hat, kann ein Kindererziehungszuschlag von derzeit monatlich 28,61 Euro pro Kind und künftig voraussichtlich 57,22 Euro gezahlt werden. Dies gilt aber nur unter der Voraussetzung, dass der Kindererziehungszuschlag zusammen mit dem Ruhegehalt nicht mehr als die Höchstgrenze von 71,75 Prozent der ruhegehaltfähigen Dienstbezüge minus eventuellem Versorgungsabschlag bei Frühpensionierung ausmacht.

Falls die Beamtin ihre Kinder nach 1991 geboren und erzogen hat, stehen ihr bereits jetzt Kinderzuschläge von monatlich 85,83 Euro pro Kind zu. Aber auch in diesem Fall darf die genannte Höchstgrenze nicht überschritten werden. Sofern das Ruhegehalt bereits 71,75 Prozent des

Bruttoendgehalts erreicht hat, wird der Kindererziehungszuschlag nicht gezahlt.

TIPP: KINDERERZIEHUNG ANRECHNEN LASSEN

Sind Sie als ehemalige Beamtin bereits in Pension, müssen Sie darauf achten, dass Kindererziehungszuschläge zusätzlich zum Ruhegehalt gezahlt werden, wenn die notwendigen Voraussetzungen dafür erfüllt sind. Prüfen Sie zudem, ob die neue Mütterrente für jedes vor 1992 geborene Kind auch in Ihrem Fall übertragen wird, also durch Verdoppelung der auf die ruhegehaltfähige Dienstzeit anzurechnenden Kindererziehungszeit oder Verdoppelung des Kindererziehungszuschlags.

Eine weitere Muss-Zeit ist die sogenannte Zurechnungszeit bei Frühpensionierung wegen Dienstunfähigkeit vor Vollendung des 60. Lebensjahres. Danach wird die Zeit vom Pensionsbeginn bis zum vollendeten 60. Lebensjahr der Beamtendienstzeit zu zwei Dritteln hinzugerechnet. Ob und ab welchem Zeitpunkt diese Zurechnungszeit wie bei Angestellten um zwei Jahre bis zum vollendeten 62. Lebensjahr verlängert wird, müssen Bund und Länder in den entsprechenden Beamtenversorgungsgesetzen noch regeln.

Soll-Zeiten

Komplizierter wird es bei den Soll-Zeiten. Zu den Soll-Zeiten, die wie Beamtendienstjahre anerkannt werden sollen, zählen Angestelltenzeiten im öffentlichen Dienst nach Vollendung des 17. Lebensjahres und vor der Berufung in das Beamtenverhältnis. Vorausgesetzt, die Angestelltentätigkeit hat zur Ernennung als Beamter geführt und es besteht demzufolge ein sachlicher und zeitlicher Zusammenhang zwischen der Angestelltentätigkeit und der späteren Beamtentätigkeit.

In Baden-Württemberg werden beispielsweise bis zu fünf Jahre dieser Angestelltenzeit im öffentlichen Dienst als ruhegehaltfähige Dienstzeit anerkannt. Für ab 2011 neu eingestellte Beamte mit einer vorherigen Angestelltenzeit im öffentlichen Dienst entfällt die zusätzliche Anrechnung, sofern sie die fünfjährige Wartezeit in der gesetzlichen Rentenversicherung erfüllt und damit Ansprüche auf eine gesetzliche Rente erworben haben.

Anrechnung von Angestelltenzeiten

Beamte, die vor ihrer Berufung in das Beamtenverhältnis als Angestellte im öffentlichen Dienst tätig waren (also Beamte mit gemischter Erwerbskarriere), genießen ein weitgehend unbekanntes Privileg. Sie erhalten außer der gesetzlichen Rente sowie der VBL-Zusatzrente für ihre frühere sozial- und zusatzversicherungspflichtige Angestelltentätigkeit noch zusätzlich ihre Angestelltenzeit voll auf die Dienstjahre, also die ruhegehaltfähige Dienstzeit, angerechnet. So kann es sein, dass die Angestelltentätigkeit im öffentlichen Dienst doppelt angerechnet wird, also gleichzeitig renten- und pensionssteigernd wirkt.

Beispiel: Bei einem Bruttoendgehalt von 3000 Euro besteht

- für 24 reine Beamtendienstjahre ein direkter Pensionsanspruch von 1291,50 Euro (= 43,05 Prozent von 3000 Euro),

- für zehn Angestelltenjahre im öffentlichen Dienst, die als ruhegehaltfähige Dienstzeit angerechnet werden, ein zusätzlicher Pensionsanspruch von 538,20 Euro (= 17,94 Prozent von 3000 Euro).

Die Beamtenpension beträgt insgesamt 1829,70 Euro (= 60,99 Prozent von 3000 Euro) für eine ruhegehaltfähige Dienstzeit von zusammen 34 Jahren.

Nach Berücksichtigung einer zusätzlichen gesetzlichen Rente von 300 Euro und einer Zusatzrente im öffentlichen Dienst von 100 Euro für zehn Angestelltenjahre im öffentlichen Dienst errechnet sich eine Summe von 2229,70 Euro für Beamtenpension, gesetzliche Rente und Zusatzrente. Da diese Summe 77,20 Euro über der Höchstgrenze von 2152,50 Euro (= 71,75 Prozent des Bruttoendgehalts) liegt, wird die Pension um diese 77,20 Euro gekürzt.

Fazit: In diesem Beispielfall erreicht der Beamte mit vorhergehender Angestelltentätigkeit im öffentlichen Dienst bereits nach 34 Jahren die Höchstgrenze. Der „Nur-Beamte" mit 34 reinen Beamtendienstjahren bekäme jedoch lediglich eine Pension in Höhe von 1829,70 Euro (= 60,99 Prozent von 3000 Euro), also immerhin 322,80 Euro weniger als der Beamte mit gemischter Erwerbskarriere.

Trennung der Systeme?

Um eine solche Ungleichbehandlung künftig zu vermeiden, wurde vom Bund-Länder-Arbeitskreis für Versorgung bereits im Jahr 2004 eine Arbeitsgruppe „Trennung der Systeme" eingesetzt. Diese Arbeitsgruppe sollte einen Entwurf für die völlige Trennung der Alterssicherungssysteme (also Rente aus der gesetzlichen Rentenversicherung für die Angestelltentätigkeit getrennt von der Pension nach Beamtenversorgungsgesetz für die reine Beamtentätigkeit) vorlegen. Dazu ist es aber bisher nicht gekommen.

Der einfache Grundgedanke der Trennung der Systeme ist, dass bei der Berechnung der Beamtenpensionen nur noch die im Beamtenverhältnis abgeleisteten Dienstzeiten zu berücksichtigen sind und Vordienstzeiten, die in anderen Alterssicherungssystemen (zum Beispiel gesetzliche Rentenversicherung) bereits zu Rentenansprüchen führen, nicht zusätzlich noch in der Beamtenversorgung als ruhegehaltfähige Dienstzeiten angerechnet werden.

Bisher hat lediglich Baden-Württemberg als einziges Bundesland eine Trennung der Alterssicherungssysteme bei der Mitnahme von Rentenansprüchen für ab 2011 neu eingetretene Landes- und Kommunalbeamte durchgesetzt. Danach sind Angestelltenzeiten im öffentlichen Dienst mit Erwerb von Rentenansprüchen nach mindestens fünf Jahren Beitragsdauer nicht mehr als ruhegehaltfähige Dienstzeiten anzurechnen. Andererseits kommen die getrennt erworbenen Rentenansprüche bei den neu eingestellten Beamten in Baden-Württemberg zu den Pensionsansprüchen aus der reinen Beamtentätigkeit hinzu, ohne dass die bisherige Höchstgrenze für Pensionen und Renten von 71,75 Prozent des Bruttoendgehalts zu beachten wäre.

Für alle anderen Beamten bleibt es aber bei der bisherigen Regelung, dass

Angestelltenzeiten im öffentlichen Dienst zusätzlich als ruhegehaltfähige Dienstzeit anerkannt werden können. Allerdings darf die Summe von Pension, Rente und eventueller Zusatzrente im öffentlichen Dienst die Höchstgrenze von 71,75 Prozent des Bruttoendgehalts nicht überschreiten.

Zeiten aus der ehemaligen DDR

Wer schon in der ehemaligen DDR Beamter war, muss akzeptieren, dass vor dem 3. Oktober 1990 in der ehemaligen DDR geleistete Zeiten nicht als ruhegehaltfähige Dienstzeiten in der Beamtenversorgung anerkannt werden, sondern nach Erfüllung der fünfjährigen Wartezeit nur zu einer gesetzlichen Rente führen. Dies hat das Bundesverwaltungsgericht in seinem Urteil vom 16. November 2000 als verfassungsgemäß angesehen (Az. 2 C 23.99). Die gegen dieses Urteil eingelegte Verfassungsbeschwerde hat das Bundesverfassungsgericht mit Beschluss vom 24. März 2003 (Az. 2 BvR 192/01) nicht zur Entscheidung angenommen.

Sofern die fünfjährige Wartezeit für die gesetzliche Rente jedoch nicht erfüllt ist, können (nicht müssen) bestimmte vor dem 3. Oktober 1990 in der ehemaligen DDR zurückgelegte Beschäftigungszeiten einschließlich Wehrdienstzeiten ausnahmsweise bis zu einer Höchstgrenze von fünf Jahren als ruhegehaltfähige Dienstzeit in der Beamtenversorgung berücksichtigt werden (sogenannte Kann-Zeiten).

Kann-Zeiten

Typische Kann-Zeiten sind außerhalb der allgemeinen Schulbildung für die Übernahme in ein Beamtenverhältnis vorgeschriebene Ausbildungszeiten. Dazu gehören Fachschul- und Hochschulzeiten sowie praktische Ausbildung, Vorbereitungsdienst und die übliche Prüfungszeit. Auch eine praktische hauptberufliche Tätigkeit kann unter bestimmten Voraussetzungen voll oder teilweise als ruhegehaltfähige Dienstzeit anerkannt werden.

STUDIENZEITEN WERDEN ANGERECHNET

Akademiker, die weniger als 40 reine Dienstjahre von der Einstellung in das Beamtenverhältnis bis zum Pensionsbeginn aufweisen, können weiterhin mit der

Anrechnung ihrer Studienzeiten bis zu mindestens zwei Jahren und 125 Tagen und höchstens drei Jahren rechnen. Praktisch benötigen sie also nur 37 2/3 reine Dienstjahre, um den Höchstpensionssatz von 71,75 Prozent ihres Bruttoendgehalts nach 40 Jahren zu erreichen, da das Studium mit mindestens 2 1/3 Jahren angerechnet wird.

Für Neupensionäre beim Bund und in Bayern gilt die Beschränkung auf zwei Jahre und 125 Tage bereits ab 2013. Niedersachsen behält die maximal dreijährige Anrechnung eines Studiums vorläufig bei. In Baden-Württemberg hat eine vierjährige Übergangsphase Ende Februar 2011 begonnen und wird somit Ende Februar 2015 auslaufen, sodass Neupensionäre ab dem 1. März 2015 nur noch zwei Jahre und 125 Tage für ihr Studium als ruhegehaltfähige Dienstzeit angerechnet bekommen. Nordrhein-Westfalen lässt die Übergangsphase erst Ende 2016 auslaufen.

Die Gruppe der Beamten mit Studium erhält also einen Pensionszuschlag, der Angestellten mit Studium seit dem Jahr 2009 bei der gesetzlichen Rente verweigert wird. Bei Rentenbeginn bis Ende 2004 wurden noch drei Jahre Studium in der gesetzlichen Rentenversicherung mit einem Zuschlag von 2,25 Entgeltpunkten anerkannt. Dies wurde stufenweise von 2005 bis 2009 abgeschafft. Bei der Zusatzrente im öffentlichen Dienst gibt es für alle Jahrgänge ab 1947 ebenfalls keine Anrechnung von Studienzeiten mehr.

Warum Akademiker-Pensionäre immer noch finanziell besser gestellt werden als Akademiker-Rentner, ist nur schwer nachvollziehbar. Schließlich ist ein Fachhochschul- oder Universitätsstudium nicht nur für den gehobenen und höheren Beamtendienst Voraussetzung, sondern auch für die meisten Angestellten im öffentlichen Dienst sowie für viele Berufe in der privaten Wirtschaft.

Laufbahndaten und Versorgungsauskunft

Im Einzelfall kann es für Sie mühevoll sein, alle Muss-, Soll- und Kann-Zeiten lückenlos zu erfassen. Diese Mühe können Sie sich nur ersparen, wenn bereits Ihre reine Beamtendienstzeit mindestens 40 Jahre ausmacht.

Sofern Ihre reine Beamtendienstzeit unter 40 Jahren liegt, ist beim Ermitteln der gesamten ruhegehaltfähigen Dienstzeit jeder zusätzliche Monat bares Geld wert.

Künftige Rentner kennen die Rentenauskunft oder -information der Deutschen Rentenversicherung. Bundesbeamte haben nach dem Dienstrechtsneuordnungsgesetz (DNeuG) ebenfalls einen Rechtsanspruch auf eine Versorgungsauskunft durch die zuständige Dienstbehörde, sofern sie einen schriftlichen Antrag stellen und ein berechtigtes Interesse nachweisen. Die meisten Bundesländer sind diesem Beispiel mittlerweile gefolgt und haben für ihre Landes- und Kommunalbeamten den Anspruch auf eine Versorgungsauskunft in den jeweiligen Landesbeamtenversorgungsgesetzen oder Dienstrechtsreformgesetzen verankert.

Als Muster für einen Antrag auf Versorgungsauskunft kann das vom Landesbesoldungsamt Mecklenburg-Vorpommern

Praxisfrage: Anzahl der Dienstjahre

Ich bin 50 Jahre. Ob ich auf insgesamt 40 Dienstjahre bis zum Pensionsbeginn komme, weiß ich nicht. Was soll ich tun?

Wenn Sie nicht wissen, ob Sie die für den Höchstpensionssatz erforderlichen 40 Dienstjahre erreichen werden, sollten Sie Ihre Laufbahndaten ab Vollendung des 17. Lebensjahres und bis zum geplanten Pensionseintritt lückenlos selbst zusammenstellen. Bei einem Hochschulstudium weisen Sie zusätzlich die genaue Dauer der Studien- und Prüfungszeit nach. Versicherungsverläufe wie bei der gesetzlichen Rentenversicherung gibt es nicht.
Sie können zum Erfassen Ihrer Laufbahndaten entsprechende Formulare (siehe Seite 92/93) verwenden und Ihre Besoldungs- und Versorgungsstelle um eine Versorgungsauskunft bitten. Bundesbeamte und die meisten Landesbeamten haben darauf einen Rechtsanspruch.

auf seiner Website (http://www.lbesa.mv-regierung.de) zur Verfügung gestellte Formular dienen. Zur Erfassung Ihrer persönlichen Laufbahndaten können Sie auch das auf Seite 92/93 abgebildete Formular verwenden.

Baden-Württemberg hat das Recht auf eine Versorgungsauskunft in dem zum 1. Januar 2011 in Kraft getretenen Landesbeamtenversorgungsgesetz festgeschrieben. Danach wird einem Beamten auf Lebenszeit, der nach einer fünfjährigen Beamtendienstzeit einen Versorgungsanspruch erworben hat, unaufgefordert und regelmäßig alle fünf Jahre eine Versorgungsauskunft über die Höhe der bislang erdienten Versorgungsbezüge erteilt, beginnend ab dem 1. Januar 2016. Wenn der Beamte ein berechtigtes Interesse ausführlich begründet, kann die Versorgungsauskunft auch außerhalb dieses Zeitraums von fünf Jahren erteilt werden.

In Nordrhein-Westfalen geht das Landesamt für Besoldung und Versorgung (LBV) einen anderen Weg. Aufgrund von Personalmangel sind schriftliche Pensions-

 Formblatt zur Ermittlung **der derzeitigen**

Pensionsansprüche

Persönliche Daten (Antragsteller, bitte Telefon/Fax nicht vergessen)

Vorname/Name ______________________________

Geburtsdatum ______________ Telefon ______________ Telefax ______________

Anschrift ______________________________

Dienstbezeichnung ______________ Stufe ______________ Teilzeit ______________

Arbeitgeber/Betrieb ______________________________

Familienstand: ☐ verheiratet ☐ geschieden/ledig

Ehegatte/in: Geburtsdatum __________ Tag der Eheschließung ______________

Beschäftigte/r im öffentlichen Dienst: ☐ ja ☐ nein

Kinder (Kindergeldberechtigt **bis 25 Jahre**)

Geburtsdatum	Name	Geburtsdatum	Name

Laufbahndaten

Ausbildungszeiten

Ruhegehaltfähige Zeiten **vor** dem Studium und **vor** dem Eintritt in das Beamtenverhältnis nach Vollendung des 17. Lebensjahres.

Von Tag/Monat/Jahr	Bis Tag/Monat/Jahr	Art der Tätigkeit

Ausbildungs-/Studien-/berufsförderliche Zeiten (einschließlich Prüfungszeit)

Ruhegehaltfähig ist die nach Vollendung des 17. Lebensjahres verbrachte Mindestzeit der außer der allgemeinen Schulbildung vorgeschriebenen **Ausbildung,** sowie einer praktischen hauptberuflichen Tätigkeit, die für die Übernahme in das Beamtenverhältnis vorgeschrieben ist. Auch berufsförderliche Zeiten sind hier einzutragen. Gefragt sind die Eckdaten der Ausbildung einschließlich Prüfungszeit.

Von Tag/Monat/Jahr	Bis Tag/Monat/Jahr	Art der Ausbildung	Mindestzeit/ Regelstudienz.

Dienstzeiten & Sonderzeiten

Dienstzeiten im Beamtenverhältnis. Anzugeben sind hier auch Zeiten der Anstellung als Beamter auf Widerruf, z. B. im Referendariat, Beurlaubungen aus dem Beamtenverhältnis, Wehrdienst sowie Elternzeit.

Von Tag/Monat/Jahr	Bis Tag/Monat/Jahr	Vollzeit/ Teilzeit	Beschäftigungsart	Grund der Genehmigung	Genehmigt am

Beabsichtigter Eintritt in den Ruhestand am: ______________________

Art der Pensionierung

- ☐ Erreichen der Altersgrenze
- ☐ Vorzeitige Pensionierung auf Antrag
- ☐ Vorzeitige Pensionierung auf Antrag wegen Schwerbehinderung (GdB mindestens 50)
- ☐ Ruhestand wegen Dienstunfähigkeit
- ☐ Ruhestand wegen Dienstunfähigkeit nach Dienstunfall
- ☐ Derzeit keine Pensionierung, momentanen Ruhegehaltssatz berechnen

Anmerkungen:

____

____

____

____

____

____

Quelle: Eisenbahn- und Verkehrsgewerkschaft (EVG)

oder Versorgungsauskünfte dort zurzeit nicht erhältlich. Allerdings hat jeder die Chance, eine unverbindliche Versorgungsauskunft via Internet (www.beamtenversorgung.nrw.de) anhand von persönlichen Daten nebst eigenen Laufbahndaten vom Computerprogramm der LBV in Nordrhein-Westfalen berechnen zu lassen. Zugang dazu haben auch Beamte aus anderen Bundesländern. Sie benötigen weder einen Benutzernamen noch ein Kennwort. Ihre Angaben werden auch nicht bei der LBV gespeichert.

Versorgungsauskunft via Internet

Das Einholen von Versorgungsauskünften über das jeweilige Landesamt für Besoldung und Versorgung oder übers Internet ist kostenlos. Nutzen Sie die Möglichkeit, eine solche Auskunft einzuholen. Ein Muster für eine Versorgungsauskunft via Internet sehen Sie rechts. Um zu dieser Eingabemaske zu gelangen, gehen Sie auf www.beamtenversorgung.nrw.de und klicken Sie auf den Link „Versorgungsauskunft starten". Die Eingabefelder füllen Sie folgendermaßen aus:

❶ Geben Sie Ihr Geburtsdatum ein.

❷ Geben Sie den Zeitpunkt ein, zu dem die Versetzung in den Ruhestand voraussichtlich wirksam wird (immer der Erste des Monats nach Ruhestandsbeginn).

❸ Wählen Sie den Grund Ihrer Pensionierung.

❹ Wählen Sie Ihre Berufsgruppe.

❺ Tragen Sie Beginn und Ende Ihrer Dienstzeiten ein. In der Spalte „Schl." geben Sie den dazugehörigen Dienstschlüssel ein. Welcher Schlüssel auf die jeweilige Dienstzeit zutrifft, erfahren Sie auf dieser Internetseite unter „Schlüsselkatalog".

❻ Im Falle einer Vollbeschäftigung lassen Sie die Spalte „Teilzeitbruch" leer. Falls Sie teilzeitbeschäftigt waren, tragen Sie im ersten Feld die Zahl der tatsächlich geleistete Stunden ein. Im zweiten Feld geben Sie die regelmäßige Arbeitszeit ein.

❼ Wenn es sich um eine Studien- und/oder Prüfungszeit handelt, geben Sie hier die jeweilige Mindeststudien- und/oder -prüfungszeit ein.

❽ Klicken Sie auf „Berechnung starten".

❾ In Ihrer Versorgungsauskunft erhalten Sie unter den Tabellen den für Sie maßgeblichen Ruhegehaltssatz in Prozent.

❿ Klicken Sie den Button „Berechnung des Ruhegehalts", um mehr über Ihr voraussichtliches Ruhegehalt zu erfahren.

Wir haben für unseren Musterfall die Daten einer im Januar 1952 geborenen Lehrerin eingegeben, die zum Ende des Schuljahres 2016/2017 mit Erreichen der Regelaltersgrenze von 65 Jahren und 6 Monaten in den Ruhestand gehen wird.

Ihr Ruhegehaltssatz nach neuem Recht beträgt 68,77 Prozent und liegt über dem Ruhegehaltssatz nach Übergangsrecht (zum Übergangsrecht siehe den folgenden Abschnitt). Außer der reinen Beamtendienstzeit von 36 Jahren wird noch das Hochschulstudium mit 2 Jahren und 125 Tagen auf die ruhegehaltfähige Dienstzeit angerechnet.

Den Höchstruhegehaltssatz von 71,75 Prozent hätte diese Lehrerin erreicht, wenn sie 1 Jahr und 8 Monate vorher in das Beamtenverhältnis eingetreten wäre.

Online-Formular: Versorgungsauskunft über ruhegehaltfähige Dienstzeiten

1. Eingabemaske

Landesamt für
Besoldung und
Versorgung NRW

Versorgungsauskunft über ruhegehaltfähige Dienstzeiten

Berechnungsprogramm: Stand 18.11.2013

---

tt.mm.jjjj

Geburtsdatum: ❶ 15.01.1952

Voraussichtlicher Versorgungsbeginn: ❷ 01.08.2017

Grund der Zurruhesetzung: ❸ Erreichen der Altersgrenze ▾

Es gelten die Vorschriften für: ❹ Lehrkräfte ▾

[Berechnung starten] ❽ [Felder löschen]

Dienstzeiten

	❺ Beginn tt.mm.jjjj	❺ Ende tt.mm.jjjj	❺ Schl. 0000	❻ Teilzeitbruch 00,00 / 00,00	❼ höchst. anr. jj ttt
1:	01.10.1075	31.03.1981	1230	/	04 182
2:	01.08.1981	31.07.1983	0601	/	
3:	01.08.1983	31.12.1991	0602	/	
4:	01.01.1992	31.07.2017	0602	/	

2. Versorgungsauskunft

Versorgungsauskunft nach Ihren Angaben mit dem Berechnungsprogramm des Landesamtes für Besoldung und Versorgung NRW

Berechnung vom:	05.09.2014
Geburtsdatum:	15.01.1952
gesetzliche Altersgrenze:	31.07.2017
Regelaltersgrenze:	31.07.2017
Versorgungsbeginn:	01.08.2017

				neues Recht		**altes Recht**		**Übergangsrecht**	
Berechnungsformel ab 2012:				Dienstjahre x 1,79375		bis zu 10 Dienstjahre = 35%, 11.- 25. Jahr je +2%, ab dem 26. Jahr je +1%, Ergebnis x 0,95667		Dienstzeit bis 31.12.1991 aber mindestens 10 Jahre nach altem Recht, danach für jedes Jahr je +1%, Ergebnis x 0,95667	
Beginn	Ende	Schl.	Teilzeit	Jahre	Tage	Jahre	Tage	Jahre	Tage
01.10.1975	31.03.1981	1230		2	125,00	0	0,00	4	182,00
01.08.1981	31.07.1983	0601		2	0,00	0	0,00	2	0,00
01.08.1983	31.12.1991	0602		8	153,00	0	0,00	8	153,00
01.01.1992	31.07.2017	0602		25	212,00	0	0,00	25	212,00
	Summe:			38	125,00	0	0,00	40	182,00
	Dienstjahre:			38,34				15,00 + 25,58	
	v.H.-Satz:			68,77				67,52	

Maßgeblicher Ruhegehaltssatz nach neuem Recht: **68,77%** ❾

Der Höchstruhegehaltssatz nach dem zur Zeit geltenden Recht wird nicht erreicht. Da die gesetzliche Altersgrenze nach dem 31.12.2001 liegt, erfolgt eine Vergleichsberechnung nach Übergangsrecht. Maßgeblich ist der höhere Wert.

❿

Die voraussichtliche Höhe Ihres Ruhegehalts können Sie mit dem Programm [Berechnung des Ruhegehaltes] selbst ermitteln.

IHREN PERSÖNLICHEN RUHEGEHALTSSATZ BERECHNEN

Die Anzahl der Dienstjahre wirkt sich unmittelbar auf die Höhe des Ruhegehaltssatzes aus. Dieser gibt an, wie hoch Ihre Pension in Prozent Ihres letzten Bruttogehalts ausfallen wird. Je mehr Dienstjahre, desto höher wird demnach der Ruhegehalts- oder Pensionssatz sein.

Ruhegehaltssatz pro Jahr und insgesamt

Für jedes volle Dienstjahr erhält der Beamte und künftige Pensionär zurzeit 1,79375 Prozent seines Bruttoendgehalts, das versorgungsrechtlich als „ruhegehaltfähige Dienstbezüge" bezeichnet wird. Der Ruhegehaltssatz wird daher nach neuem Recht wie folgt ermittelt:

Dienstjahre
x 1,79375

= Ruhegehaltssatz

Der höchstmögliche Ruhegehaltssatz von 71,75 Prozent wird somit nach 40 Dienstjahren erreicht (71,75 = 40 x 1,79375). Falls Sie beispielsweise nur auf 36 Dienstjahre kommen, liegt Ihr individueller Ruhegehaltssatz bei 64,58 Prozent (= 36 x 1,79375). Bei einer ruhegehaltfähigen Dienstzeit von lediglich 32 Jahren würde der Ruhegehaltssatz auf 57,4 Prozent (= 32 x 1,79375) fallen.

Doch keine Regel ohne Ausnahme. Wer schon vor 1992 im Beamtenverhältnis stand, genießt einen Besitzstandsschutz, sofern der Ruhegehaltssatz nach Übergangsrecht höher ausfällt als nach neuem Recht. Die komplizierte Berechnung des Ruhegehaltssatzes nach Übergangsrecht ist jedoch auch für vor 1992 berufene Beamte entbehrlich, falls bereits nach neuem Recht der Höchstruhegehaltssatz von 71,75 Prozent erreicht wird.

Liegt der Ruhegehaltssatz nach neuem Recht aber unter 71,75 Prozent, ist eine zusätzliche Berechnung nach Übergangsrecht zwingend erforderlich. Im Rahmen der Günstigerprüfung wird dann der für den Pensionär höhere und damit günstigere Ruhegehaltssatz für die weitere Pensionsberechnung zugrunde gelegt.

Die Frage, ob das neue Recht oder eventuell das günstigere Übergangsrecht angewandt wird, ist jedoch relativ leicht zu beantworten. Die Geburtsjahrgänge ab etwa 1960 müssen auch dann mit dem für sie ungünstigeren neuen Recht vorliebnehmen, wenn sie bereits vor 1992 verbeamtet waren. In ihrem Fall liegt der Ruhegehaltssatz nach neuem Recht bereits über dem Satz nach Übergangsrecht.

Auch bei den Jahrgängen 1949 bis 1959 wird der Ruhegehaltssatz nach Übergangsrecht nur in Ausnahmefällen höher sein als nach neuem Recht. Zu diesen Ausnahmefällen zählen beispielsweise Beamte, die bis Ende 1991 bereits auf 15 Dienstjahre und mehr kamen und von 1992 bis zum Ruhestandsbeginn lange teilzeitbeschäftigt oder beurlaubt waren.

Tipp: Beantragen Sie eine Versorgungsauskunft, vor allem dann, wenn Sie vor 1960 geboren sind und nach altem Recht weniger als 40 Dienstjahre erreichen. So können Sie den eventuell höheren Ruhegehaltssatz nach Übergangsrecht ermitteln lassen. Haben Sie ein Hochschulstudium absolviert, vergleichen Sie insbesondere die nach Übergangsrecht und neuem Recht angerechneten Dienstjahre für Ihr Studium.

Wie aus Dienstbezügen später Ruhegehälter werden

Der Faktor Geld bestimmt letztlich darüber, wie hoch Ihre Pension in Euro sein wird. Als Berechnungsgrundlage dient Ihr Bruttoendgehalt vor dem Pensionsbeginn, also die ruhegehaltfähigen Dienstbezüge. Sind sie bekannt, müssen Sie diese nur mit Ihrem persönlichen Ruhegehaltssatz multiplizieren.

Zu den ruhegehaltfähigen Dienstbezügen zählen:

- Grundgehalt,
- Familienzuschlag der Stufe 1 (Verheiratetenzuschlag) und
- eventuelle sonstige Dienstbezüge (zum Beispiel allgemeine Stellenzulage).

Auch wenn der Beamte kurz vor der Pensionierung teilzeitbeschäftigt war und nicht die vollen Bezüge bekam, werden immer die ruhegehaltfähigen Dienstbezüge bei fiktiver Vollzeitbeschäftigung zugrunde gelegt. Die Teilzeitbeschäftigung wird nicht über den Geldfaktor „ruhegehaltfähige Dienstbezüge" berücksichtigt, sondern über den Zeitfaktor „ruhegehaltfähige Dienstzeit".

Meist stimmen die ruhegehaltfähigen Dienstbezüge mit dem monatlichen Bruttoendgehalt überein. Dies gilt aber beispielsweise nicht, wenn Sie das Grundgehalt in der jeweiligen Besoldungsgruppe weniger als zwei Jahre bezogen haben. Ein noch kurz vor einer Frühpensionierung beförderter Beamter wird also beispielsweise von der Besoldungsgruppe A 14 nach A 13 zurückgestuft, wenn er das Grundgehalt noch nicht mindestens zwei Jahre lang bis zu seiner Pensionierung mit zum Beispiel 63 Jahren bezogen hatte.

Es ist auch denkbar, dass der Beamte die Endstufe in der jeweiligen Besoldungsgruppe kurz vor der Pensionierung noch nicht erreicht hat. Dies kann beispielsweise der Fall sein, wenn er erst sehr spät in das Beamtenverhältnis übernommen wurde oder bereits vor Erreichen des 60. Lebensjahres wegen Dienstunfähigkeit vorzeitig in Pension gegangen ist.

Bei Bundesbeamten und Landes- oder Kommunalbeamten in Bayern und Baden-Württemberg wird die jährliche Sonderzahlung (früher Weihnachtsgeld genannt) von 50 Prozent des Grundgehalts plus eventueller allgemeiner Stellenzulage in die monatlichen Besoldungstabellen integriert. Dadurch sind monatliches Grundgehalt plus eventuelle allgemeine Stellenzulage generell 4,17 Prozent (= 50 Prozent pro Jahr geteilt durch 12 Monate) höher als in anderen Bundesländern, in denen die Sonderzahlung weiterhin einmalig Ende November eines jeden Jahres erfolgt, wie zum Beispiel in Nordrhein-Westfalen.

Der Familienzuschlag der Stufe 1 steht den verheirateten oder verwitweten Beamten in voller Höhe zu und ist auch ruhegehaltfähig. Wenn beide Ehegatten Beamte oder Pensionäre sind , erhält allerdings jeder nur die Hälfte dieses „Verheiratetenzuschlags".

Eingetragene Lebenspartner sind den Verheirateten mittlerweile gleichgestellt und erhalten ebenfalls den Verheiratetenzuschlag. Geschiedene erhalten den Familienzuschlag der Stufe 1 jedoch nur, sofern sie noch Unterhaltsverpflichtungen gegenüber ihrem Exehegatten haben.

SO BERECHNET SICH DIE PENSION

Im Kern ist die Berechnung der Beamtenpension recht einfach. Sie errechnet sich nur aus den beiden Faktoren Bruttogehalt und Pensionssatz. Also gilt die einprägsame Pensionsformel:

Bruttogehalt
x Pensionssatz

= Pension

In der Sprache der Beamtenversorgungsgesetze heißt dies:

ruhegehaltfähige Dienstbezüge
x Ruhegehaltssatz (maximal 71,75 %)

= Ruhegehalt

Das durchschnittliche Ruhegehalt, also die monatliche Bruttopension vor einem eventuellen Versorgungsabschlag oder -zuschlag, lag am 1. Januar 2013 laut Statistischem Bundesamt für alle Bundes-, Landes- und Kommunalbeamten bei 2610 Euro. Landesbeamte kamen auf eine durchschnittliche Pension von immerhin 2876 Euro. Die deutlich geringere durchschnittliche Pension für alle Beamten ist vor allem auf die ehemaligen Beamten der früheren Bundesbahn und Bundespost zurückzuführen, die Opfer oder zuweilen auch Nutznießer von Programmen zur Frühpensionierung wurden.

Knapp zwei Drittel aller Pensionäre entfallen auf den Bund und die drei bevölkerungsstärksten Bundesländer Nordrhein-Westfalen, Bayern und Baden-Württemberg. Das restliche Drittel verteilt sich auf die übrigen 13 Bundesländer. Laut Statistischem Bundesamt gab es Anfang 2013 rund 1,2 Millionen Ruhegehaltsempfänger. Darunter waren die ehemaligen Landesbeamten mit rund 600000 am stärksten vertreten.

Versorgungsabschläge

Falls Sie vor Erreichen der Regelaltersgrenze (siehe Tabelle Seite 10) zum Beispiel mit der allgemeinen Antragsaltersgrenze von 63 Jahren in Pension gehen, wird die Rechnung komplizierter. Denn dann müssen Sie mit Versorgungsabschlägen in Höhe von 0,3 Prozent pro

TIPP **Ruhegehaltsrechner**

Wer die Kosten eines professionellen Computerprogramms nicht scheut, kann spezielle Ruhegehaltsrechner käuflich erwerben.
Sofern Sie Bundesbeamter oder Landes- und Kommunalbeamter in den beiden größten Bundesländern Nordrhein-Westfalen und Bayern sind, bietet sich das mit 25,50 Euro recht kostengünstige Programm „RuheGehalt" an (www.runkel-gummersbach.de). Das Programm von Runkel berechnet nicht nur den persönlichen Ruhegehaltssatz, sondern auch die Höhe des individuellen Ruhegehalts vor und nach Steuern. Sie können Ihre Angaben zur Laufbahn jederzeit ändern und mehrere Versionen (zum Beispiel Ruhestandseintritt mit gesetzlicher Altersgrenze oder Antragsaltersgrenze mit 63 Jahren oder vorzeitiger Ruhestand wegen Dienstunfähigkeit) durchspielen.
Wer sich für die Berechnung von Ruhegehaltssatz und Höhe des Ruhegehalts für alle Bundesbeamten sowie Landes- und Kommunalbeamten in allen 16 Bundesländern interessiert, kann das Computerprogramm „RuheGehalt plus 5.3" verwenden. Dieses Programm einschließlich Handbuch ist für 169 Euro über den NDS Verlag erhältlich (www.nds-verlag.de).

Monat oder 3,6 Prozent pro Jahr vor Erreichen Ihrer Regelaltersgrenze rechnen.

Bis auf die Bundesländer Berlin und Rheinland-Pfalz haben bisher alle anderen Länder sowie der Bund die Regelaltersgrenze stufenweise von 65 Jahren (bis Jahrgang 1946) auf 67 Jahre (ab Jahrgang 1964) heraufgesetzt. Die meisten dieser Bundesländer wie beispielsweise Baden-Württemberg oder Nordrhein-Westfalen lassen aber weiterhin eine Pensionierung mit 65 Jahren ohne Versorgungsabschlag zu, falls bis zum vollendeten 65. Lebensjahr insgesamt 45 Dienstjahre (einschließlich eventueller Beitragsjahre in der gesetzlichen Rentenversicherung und Berücksichtigungszeiten wegen Kindererziehung bis zu zehn Jahre pro Kind) erreicht werden. Abgesehen von diesem Ausnahmefall sind also Versorgungsabschläge bei Frühpensionierung nicht vermeidbar.

Beispiel: Wer zum Geburtsjahrgang 1952 gehört und im Jahr 2015 nach 40 Dienstjahren zum vollendeten 63. Lebensjahr in Pension geht, muss einen Versorgungsabschlag von immerhin 9 Prozent des Ruhegehalts in Kauf nehmen. Vorausgesetzt, er ist Bundesbeamter oder Beamter in einem Bundesland, in dem die Regelaltersgrenze für den Jahrgang 1952 bei 65 Jahren und 6 Monaten liegt.

Diese Abschlagsrechnung erfolgt bei Pensionären also genau wie bei Rentnern, die mit 63 Jahren und 6 Monaten nach 35 Versicherungsjahren in Rente gehen.

Mindestversorgung

Im Gegensatz zu Rentnern hat der Pensionär bereits nach einer Beamtendienstzeit von mindestens fünf Jahren Anspruch auf eine Mindestpension, die offiziell Mindestversorgung genannt wird. Die Dienstzeit wird ab dem Zeitpunkt der ersten Berufung ins Beamtenverhältnis gerechnet. Bei der Berechnung der mindestens fünfjährigen ruhegehaltfähigen Dienstzeit (Wartezeit) werden nur Beamtendienstzeiten nach Vollendung des 17. Lebensjahres berücksichtigt.

Die Mindestpension gibt es grundsätzlich in zwei Formen:

- amtsabhängige Mindestpension in Höhe von 35 Prozent des aktuellen Bruttogehalts oder
- amtsunabhängige Mindestpension in Höhe von 65 Prozent des Endgehalts in der Besoldungsgruppe A 4 plus Zuschlag von 30,68 Euro.

Es wird immer die jeweils höhere Mindestpension gezahlt. Die Bundesländer können bei der Berechnungsart für die amtsunabhängige Mindestpension von der grundsätzlichen Vorgabe (65 Prozent des Endgehalts in A 4) abweichen. So werden beispielsweise in Baden-Württemberg 61,4 Prozent des Grundgehalts plus Stellenzulage in der Endstufe von Besoldungsgruppe A 5 zuzüglich dem allgemeinen Zuschlag von 30,68 Euro berechnet. Für alleinstehende Pensionäre macht diese amtsunabhängige Mindestpension in Baden-Württemberg bereits 1 529 Euro im Monat aus. Bei verheirateten Pensionären kommt noch der Verheiratetenzuschlag hinzu.

Zum Vergleich: Die „absolute" Mindestpension von beispielsweise 1 529 Euro in Baden-Württemberg liegt bereits 263 Euro über der Rente, die ein Angestellter mit Durchschnittsverdienst nach 45 Beitragsjahren in der gesetzlichen Rentenversicherung erhält. Diese macht aktuell 1 287 Euro aus. Wenn man die von der Großen Koalition angedachte Lebensleistungs- oder Solidarrente in Höhe von 850 Euro zum Vergleich heranzieht, liegt diese Mindestpension sogar um 80 Prozent über diesem Betrag.

Die relativ hohe Mindestpension von über 1 500 Euro ist nur mit dem Alimentationsprinzip zu rechtfertigen. Sie wird gezahlt, wenn die vom Beamten erdiente Pension darunter liegt und so gering ist, dass sie zum angemessenen Lebensunterhalt nicht ausreicht.

IM WESTEN NUR JEDER HUNDERTSTE

Trotz einer garantierten Mindestpension von 1 500 Euro und mehr bezieht in den alten Bundesländern nur jeder hundertste ehemalige Beamte diese Mindestpension. In 99 Prozent der Fälle liegt also die Pension darüber.

In den neuen Bundesländern liegt der Anteil der ehemaligen Beamten mit Mindestpension deutlich höher: bei 10 Prozent und mehr. Dies hängt vor allem damit zusammen, dass Ruhegehaltsansprüche in den neuen Bundesländern erst nach der Wiedervereinigung am 3. Oktober 1990 aufgebaut werden konnten. Wer beispielsweise Ende 2010 nach 40 Beschäftigungsjahren in den Ruhestand ging, kam in den neuen Ländern nur auf rund 20 Dienstjahre als Beamter, was einen Ruhegehaltssatz von rund 36 Prozent des letzten Bruttogehalts ausmacht. Bei einem solch niedrigen Ruhegehaltssatz wird das erdiente Ruhegehalt zumindest im mittleren Dienst unter der Mindestpension liegen.

PENSION BEI DIENSTUNFÄHIGKEIT

Jeder fünfte Beamte geht nicht aus Altersgründen in Pension, sondern weil er aus Krankheitsgründen dienstunfähig ist. Auf Antrag des Dienstvorgesetzten wird ein Beamter auf Lebenszeit in den Ruhestand versetzt, wenn er aus gesundheitlichen Gründen zur Erfüllung seiner Dienstpflichten dauernd unfähig (dienstunfähig) ist. Die mit der vollen Erwerbsminderung bei Arbeitnehmern vergleichbare Dienstunfähigkeit von Beamten kann auch dann vorliegen, wenn der Beamte infolge von Erkrankung innerhalb von sechs Monaten mehr als drei Monate keinen Dienst getan hat und keine Aussicht besteht, dass die Dienstfähigkeit innerhalb weiterer sechs Monate wieder voll hergestellt ist.

Üblicherweise geht der Feststellung der Dienstunfähigkeit durch den Dienstvorgesetzten eine amtsärztliche Untersuchung mit einem entsprechenden amtsärztlichen Gutachten voraus. Dies ist vergleichbar mit Untersuchungen und Gutachten von Vertrauensärzten zur Frage der Erwerbsminderung von Arbeitnehmern.

Wer nach Vollendung des 63. Lebensjahres dienstunfähig wird, erhält seine Pension abschlagsfrei. Diese Altersgrenze von 63 Jahren bleibt beispielsweise in Nordrhein-Westfalen auch künftig bestehen, wenn der Beamte bei Eintritt in den

Ruhestand wegen Dienstunfähigkeit zum vollendeten 63. Lebensjahr bereits 40 Dienstjahre zurückgelegt hat. Beim Bund und den meisten anderen Bundesländern erhöht sich die Altersgrenze für eine abschlagsfreie Pension wegen Dienstunfähigkeit jedoch stufenweise von 63 auf 65 Jahre bis zum 1. Januar 2025.

Eine Pensionierung wegen Dienstunfähigkeit vor Erreichen des 63. oder künftig 65. Lebensjahres führt zu Versorgungsabschlägen von 3,6 Prozent pro Jahr und maximal 10,8 Prozent bei einer Pensionierung bis zum vollendeten 60. Lebensjahr.

Die Höhe des Ruhegehaltssatzes bei Dienstunfähigkeit errechnet sich aus den bis zum Pensionsbeginn zurückgelegten Dienstzeiten und der Zurechnungszeit vom Eintritt in den Ruhestand wegen Dienstunfähigkeit bis zur Vollendung des 60. Lebensjahres. Möglicherweise wird diese Zurechnungszeit analog zur gesetzlichen Rentenversicherung künftig um zwei Jahre bis zum vollendeten 62. Lebensjahr erweitert.

Anders als bei der gesetzlichen Rente werden die Jahre vom Pensionsbeginn bis zum vollendeten 60. Lebensjahr aber nicht voll, sondern nur zu zwei Dritteln der ruhegehaltfähigen Dienstzeit hinzugerechnet.

So berechnet sich die Pension bei Dienstunfähigkeit

Beispiel: Eintritt in den öffentlichen Dienst mit 25 Jahren, Pensionsbeginn wegen Dienstunfähigkeit mit 51 Jahren, Bruttoendgehalt 3 000 Euro

Ruhegehaltfähige Dienstzeit	
volle 26 Jahre (vom 25. bis zum 51. Lebensjahr)	26
+ 2/3 von 9 Jahren (vom 51. bis 60. Lebensjahr)	6
= Dienstjahre	32

Ruhegehaltssatz
32 Dienstjahre
x 1,79375 %
= 57,4 %

Pension vor Abschlag	
57,4 % von 3 000 €	
= Pension vor Abschlag	1 722 €

Pension nach Versorgungsabschlag von 10,8 %	
89,2 % von 1 722 €	
= Pension	1 536 €

In diesem Beispielfall macht die Pension nach Abschlag nur 1 536 Euro aus und liegt beispielsweise nur um einen Euro über der seit dem 1. Januar 2014 geltenden Mindestpension für einen Beamten in Nordrhein-Westfalen.

Eine vorübergehende Erhöhung des Ruhegehaltssatzes ist für Beamte mit gemischter Erwerbskarriere (erst Angestelltentätigkeit, dann Beamtendienst) auf Antrag möglich, wenn sie bei Dienstunfähigkeit die fünfjährige Wartezeit in der gesetzlichen Rentenversicherung erfüllt haben. In diesem Fall erhöht sich der Ruhegehaltssatz um 0,95667 Prozent für jedes Angestelltenjahr, das nicht zugleich

Praxisfrage: Dienstunfähigkeit

Ich befürchte, mit 54 Jahren dienstunfähig zu werden. Mit 25 bin ich Beamter geworden, davor war ich 8 Jahre in der Privatwirtschaft. Wie hoch wird meine Pension sein?

Ihr Ruhegehaltssatz liegt bei Eintritt in das Beamtenverhältnis mit 25 Jahren und vorzeitiger Pensionierung mit 54 Jahren wegen Dienstunfähigkeit bei nur 59,19 Prozent. Davon geht noch der Versorgungsabschlag von 10,8 Prozent der Bruttopension ab. Nach Abschlag sind es nur 52,8 Prozent des Bruttogehalts, das Sie zuletzt verdient haben.
Mit Ihrer achtjährigen Tätigkeit als Arbeitnehmer haben Sie die Wartezeit von fünf Jahren in der gesetzlichen Rentenversicherung zwar erfüllt. Eine Erwerbsminderungsrente erhalten Sie jedoch nicht, da Sie nicht mindestens drei Jahre innerhalb der letzten fünf Jahre vor Eintritt der Dienstunfähigkeit pflichtversichert waren.
Das können Sie tun: Stellen Sie auf jeden Fall einen Antrag auf vorübergehende Erhöhung des Ruhegehaltssatzes nach Paragraf 14a Abs. 2 Beamtenversorgungsgesetz. Ihr Ruhegehaltssatz von bisher 59,19 Prozent erhöht sich um 7,65 Prozentpunkte (= 0,95667 Prozent mal 8 Jahre) auf nunmehr 66,84 Prozent, also knapp unter dem Höchstsatz von 66,97 Prozent. Auch nach Berücksichtigung des Versorgungsabschlags liegt Ihre Pension zumindest noch bei 59,62 Prozent Ihres letzten Bruttogehalts.
Erst wenn Sie die Regelaltersgrenze erreicht haben und Ihre gesetzliche Rente fließt, fällt die Erhöhung des Ruhegehaltssatzes wieder weg. Sie erhalten dann zwar Ihr Ruhegehalt nur noch in Höhe von 52,8 Prozent des Bruttogehalts, aber zusätzlich eine gesetzliche Rente. Die vorübergehende Erhöhung des Ruhegehaltssatzes über beispielsweise 11 Jahre soll Sie also dafür entschädigen, dass Sie in dieser Zeit keinen Anspruch auf die Erwerbsminderungsrente hatten.

als Dienstjahr in der Beamtenversorgung angerechnet wird. Der Ruhegehaltssatz darf dann auf bis zu 66,97 Prozent vor Abschlag steigen. Allerdings fällt die vorübergehende Erhöhung des Ruhegehaltssatzes mit Erreichen der Regelaltersgrenze oder nach dem Bezug einer vorgezogenen Altersrente wieder weg.

Begrenzte Dienstfähigkeit

Mit der teilweisen Erwerbsminderung bei der gesetzlichen Rente ist die begrenzte Dienstfähigkeit (Teildienstfähigkeit) von Beamten vergleichbar. Hierbei wird der nur begrenzt dienstfähige Beamte mit mindestens 50 Prozent der regelmäßigen Arbeitszeit weiter beschäftigt. Er erhält aber bei halber Arbeitszeit mehr als ein halbes Gehalt, sofern seine fiktive Pension bei Versetzung in den Ruhestand wegen Dienstunfähigkeit höher wäre.

Allerdings hat der begrenzt dienstfähige Beamte im Vergleich zum dienstunfähigen Pensionär finanzielle Nachteile, da er nicht von dem für Pensionäre auf 70 Prozent erhöhten Beihilfesatz für die Krankenversicherung profitiert und auch eine höhere Steuerbelastung hat, weil er anders als Pensionäre den Versorgungsfreibetrag nicht abziehen kann. Zum Ausgleich dieser finanziellen Nachteile erhält er in den meisten Bundesländern einen nicht ruhegehaltfähigen Zuschlag zu seinem Gehalt. Dieser Zuschlag setzt sich aus einem Grundbetrag von 150 Euro und einem weiteren Erhöhungsbetrag zusammen, der 10 Prozent der Differenz zwischen Vollzeitgehalt und Gehalt bei begrenzter Dienstfähigkeit ausmacht.

Einfache und erhöhte Pension bei Dienstunfall

Vergleichbar mit einem Berufsunfall von Arbeitnehmern und einer Rentenzahlung der zuständigen Berufsgenossenschaft ist der Dienstunfall von Beamten, der zur Dienstunfähigkeit führt. Der Unfall muss in Ausübung oder infolge des Dienstes eingetreten sein. Ein Unfall auf dem Weg zwischen Wohnung und Dienststelle (Wegeunfall) gilt ebenfalls als Dienstunfall.

Die „einfache Unfallpension" fällt dann in der Regel höher aus als die ansonsten übliche Pension bei Dienstunfähigkeit, da kein Versorgungsabschlag abgezogen wird. Die Mindestunfallpension liegt bei zwei Dritteln des letzten Bruttogehalts. Beim Bund und in den meisten Bundesländern darf die Unfallpension sogar 75 Prozent des Bruttoendgehalts erreichen, und dies bereits nach rund 31 Dienstjahren. In Baden-Württemberg liegt die Höchstunfallpension jedoch bei 71,75 Prozent.

Bei einem „qualifizierten Dienstunfall", den der Beamte bei einer Diensthandlung erleidet, die mit einer besonderen Lebensgefahr verbundenen ist (zum Beispiel bei Polizisten), wird eine „erhöhte Unfallpension" gezahlt. Sie beträgt 80 Prozent des Endgehalts aus der übernächsten Besoldungsgruppe, sofern der Beamte infolge des Dienstunfalls zum Pensionsbeginn in seiner Erwerbsfähigkeit um mindestens 50 Prozent eingeschränkt ist.

Wichtig: Insbesondere jüngere Beamte sollten eine spezielle Dienstunfähigkeitsversicherung mit Beamtenklausel abschließen, um sich zusätzlich für den Fall einer Dienstunfähigkeit abzusichern

PENSION FÜR HINTERBLIEBENE

Ähnlich wie in der gesetzlichen Rentenversicherung gibt es auch in der Beamtenversorgung eine finanzielle Absicherung der Hinterbliebenen (Witwen oder Witwer, Halb- und Vollwaisen) beim Tod des Beamten oder Pensionärs. Die Hinterbliebenenversorgung heißt dort Witwen- oder Witwergeld (statt Witwen- oder Witwerrente) oder Waisengeld (statt Waisenrente). Der Einfachheit halber beschränken wir uns im Folgenden auf die Formulierungen „Witwe" und „Witwengeld". Für Witwer und eingetragene Lebenspartner gelten selbstverständlich die gleichen Regelungen.

Das Witwengeld beträgt bei vor 2002 geschlossenen Ehen und mindestens einem vor dem 2. Januar 1962 geborenen Ehepartner 60 Prozent der Pension des Verstorbenen. Falls eine der beiden Bedingungen nicht erfüllt ist, sinkt es auf 55 Prozent der Pension. War der Verstorbene noch nicht pensioniert, wird bei der Berechnung so getan, als ob er am Todestag wegen Dienstunfähigkeit vorzeitig pensioniert worden wäre.

Das Mindestwitwengeld macht 60 Prozent der jeweiligen Mindestpension aus, also beispielsweise 921 Euro bei einer Witwe, deren verstorbener Ehepartner aktiver oder pensionierter Landes- oder Kommunalbeamter in Nordrhein-Westfalen war.

Die eigene Altersrente einer Beamtenwitwe wird nicht auf das Witwengeld angerechnet. Etwas anderes gilt bei einer eigenen Beamtenpension, die auf eine recht komplizierte Weise auf das Witwengeld angerechnet werden kann. Beispielsweise darf die Summe aus eigener Pension und 20 Prozent des Witwengeldes nicht unterschritten werden, wenn die Witwe zunächst eine eigene Pension bezog und ihr Ehemann später verstarb. Der Witwe verbleiben neben der ungekürzten eigenen Pension also auf jeden Fall noch mindestens 20 Prozent des Witwengeldes (Mindestbelassungsbetrag). Das ist vor allem wichtig, wenn die eigene Pension nicht deutlich niedriger als die Pension des verstorbenen Ehemannes ausfällt.

So berechnet sich Pension plus Mindestbelassungsbetrag

Beispiel 1: Eigene Pension 3000 Euro, Pension des Verstorbenen 2500 Euro

Pension des Verstorbenen	2500 €
x 0,6 (60 %)	
= Witwengeld	**1500 €**

Mindestbelassungsbetrag

Witwengeld	1500 €
x 0,2 (20 %)	
= Mindestbelassungsbetrag	**300 €**

Pension insgesamt

Eigene Pension	3000 €
+ Mindestbelassungsbetrag	300 €
= Pension	**3300 €**

Lag die Pension des Verstorbenen jedoch deutlich über der eigenen Pension, dürfen Witwengeld und eigene Pension 71,75 Prozent der ruhegehaltfähigen Dienstbezüge (des Bruttoendgehalts) des Verstorbenen nicht übersteigen (Höchstbetrag).

Gekürzte eigene Pension und Witwengeld

Beispiel 2: Eigene Pension 2 000 Euro, 71,75 Prozent vom Bruttoendgehalt des Verstorbenen 3 500 Euro

71,75 % vom Endgehalt des Verstorbenen	3 500 €
x 0,6 (60 %)	
= Witwengeld	2 100 €

Witwengeld plus eigene Pension

Witwengeld	2 100 €
+ eigene Pension	2 000 €
= Witwengeld plus Pension	4 100 €

Kürzung der eigenen Pension

Witwengeld plus Pension	4100 €
– 71,75 % vom Endgehalt des Verstorbenen	3 500 €
Kürzung der eigenen Pension	**600 €**

Der Mindestbelassungsbetrag in Höhe von 20 Prozent des Witwengeldes gilt auch, wenn die Pensionärswitwe als aktive Beamtin noch Gehalt bezieht. Bekommt sie dann bei Eintritt in ihren Ruhestand eine eigene Pension, dürfen diese und die eigene Pension zusammen auch dann den Höchstbetrag nicht übersteigen.

Rechnerisch höchst kompliziert wird es, wenn der verstorbene Ehegatte neben seiner Pension noch eine gesetzliche Rente bezog und die Witwe eine eigene Pension. In diesem Fall kann es zu einer dreifachen Kürzung kommen – gekürzte eigene Pension, gekürzte Witwenrente wegen Anrechnung der eigenen Pension sowie gekürztes Witwengeld wegen Anrechnung der Witwenrente.

Angesichts einer solchen Vielfalt von Anrechnungs- oder Kürzungsvorschriften laut Beamtenversorgungsrecht und Sozialgesetzbuch sollten Sie in solchen Spezialfällen den Versorgungsbescheid der zuständigen Versorgungsstelle und den Rentenbescheid der Deutschen Rentenversicherung besonders genau prüfen. Da dies Laien kaum gelingen wird, sollten Sie zur Überprüfung unbedingt einen Versorgungs- und Rentenexperten zu Rate ziehen. Falls dieser Experte Fehler zu Ihren Lasten in einem der Bescheide entdeckt, wird er Ihnen zum Widerspruch gegen den vorliegenden Bescheid raten. Nicht selten wird der Versorgungs- oder Rentenbescheid dann korrigiert und Ihrem Widerspruch stattgegeben.

Gekürztes Witwengeld und Witwenabfindung
Das Witwengeld wird um 5 bis 50 Prozent gekürzt, wenn der Altersunterschied der Ehegatten groß ist und die Ehe nur von kurzer Dauer war. Bei einer 25 Jahre jüngeren Witwe und einer sechsjährigen Ehe wird das Witwengeld beispielsweise um 20 Prozent gekürzt. Im Extremfall einer mindestens 30 Jahre jüngeren Witwe und einer Ehe von weniger als 5 Jahren be-

trägt die Kürzung sogar 50 Prozent. Allerdings bleibt auch dieser erheblich jüngeren Witwe nach einer nur kurzen Ehe das Mindestwitwengeld von beispielsweise 921 Euro in Nordrhein-Westfalen.

Das Witwengeld entfällt, wenn die Witwe wieder heiratet. Stattdessen erhält sie eine einmalige Abfindung in Höhe des 24-fachen Witwengeldes. Im Fall einer „Versorgungsehe", also einer Eheschließung mit dem Zweck der Versorgung der Witwe und einer Ehe von weniger als einem Jahr, entfällt das Witwengeld völlig. Es sei denn, es liegen besondere Umstände wie ein plötzlicher Unfalltod vor.

Fand die Heirat erst nach Eintritt eines mindestens 65-jährigen Beamten in den Ruhestand statt, hat die Witwe zwar Anspruch auf einen Unterhaltsbeitrag in Höhe des Witwengeldes. Allerdings werden eigene Einkünfte der Witwe angerechnet und vom Unterhaltsbeitrag abgezogen. Lediglich 30 Prozent des Mindestwitwengeldes bleiben anrechnungsfrei.

Sterbegeld und Waisengeld

Der überlebende Ehepartner erhält neben Gehalt oder Pension im Sterbemonat noch ein Sterbegeld in Höhe des doppelten Gehalts beziehungsweise der doppelten Pension. Gleiches gilt für Kinder oder Enkel des Verstorbenen, sofern dieser zum Zeitpunkt des Todes alleinstehend (ledig, geschieden oder verwitwet) war.

Waisengeld in Höhe von 20 Prozent der Pension für Vollwaisen und 12 Prozent für Halbwaisen wird nur gezahlt, wenn die Halb- oder Vollwaisen das 18. Lebensjahr noch nicht vollendet haben. Im Falle einer Berufsausbildung beziehungsweise eines Studiums gilt hierbei das vollendete 27. Lebensjahr als Altersgrenze.

WENN PENSIONÄRE WEITERE RENTEN BEZIEHEN

Bezieht der pensionierte Beamte neben seinem Ruhegehalt noch weitere Alterseinkünfte wie eine gesetzliche Rente, eine Zusatzrente im öffentlichen Dienst oder Erwerbseinkommen (Lohn, Gehalt, Honorar) aus einer zusätzlichen Beschäftigung, kann es zur Anrechnung dieser Alterseinkünfte auf die Beamtenpension kommen. Im Falle der Anrechnung wird die Beamtenpension gekürzt, aber nicht das zusätzliche Alterseinkommen.

Grundsätzlich nicht auf die Beamtenpension angerechnet werden aber die folgenden Alterseinkünfte:

- Teile der gesetzlichen Rente aufgrund von freiwilligen Beiträgen,
- Betriebsrente aus einer freiwilligen Versicherung,
- Riester-Rente, Rürup-Rente und Rente aus einer privaten Rentenversicherung,
- Miet- und Zinseinkünfte aus eigenem Vermögen.

Sofern der Pensionär privat krankenversichert ist, sind auch keine Beiträge zur gesetzlichen Kranken- und Pflegeversicherung auf diese anrechnungsfreien Alterseinkünfte zu zahlen. Zur gesetzlichen Rente zahlt die Deutsche Rentenversicherung auf Antrag des privat krankenversicherten Pensionärs oder seines ebenfalls privat krankenversicherten Rentnerehegatten noch einen Zuschuss in Höhe von 7,3 Prozent der Bruttorente.

Beim Zusammentreffen von Beamtenpensionen und ganz bestimmten Renten (Rente aus der gesetzlichen Rentenversicherung, Zusatzrente aus der Zusatzversorgung im öffentlichen Dienst, Unfallrente aus der gesetzlichen Unfallversicherung, Rente aus einer berufsständischen Versorgung) kommt es nur zur Anrechnung, wenn Pensionen und Renten zusammen die Höchstgrenze von 71,75 Prozent der ruhegehaltfähigen Dienstbezüge minus eventuellem Versorgungsabschlag überschreiten. Ist dies nicht der Fall, werden die genannten Renten nicht auf die Pension angerechnet.

Beispiel:

- Ruhegehaltfähige Dienstbezüge (Bruttoendgehalt) 3 000 Euro;
- Höchstgrenze 2 152,50 Euro (= Höchstruhegehalt 71,75 Prozent des Bruttoendgehalts);
- tatsächliches Ruhegehalt 1 937,40 Euro (= 64,58 Prozent des Bruttoendgehalts bei einer ruhegehaltfähigen Dienstzeit von 36 Jahren, kein Versorgungsabschlag);
- gesetzliche Rente 210 Euro (Fall A) oder 300 Euro (Fall B)

Im Fall A mit einer gesetzlichen Rente von 210 Euro für eine siebenjährige Angestelltentätigkeit in der Privatwirtschaft kommt es nicht zur Kürzung der eigenen Pension, da die Summe aus tatsächlichem Ruhegehalt und gesetzlicher Rente 2 147,40 Euro beträgt und somit unter der Höchstgrenze von 2 152,50 Euro liegt.

Anders sieht es im Fall B mit einer gesetzlichen Rente von 300 Euro für eine zehnjährige Angestelltentätigkeit in der Privatwirtschaft aus. Da die Summe aus tatsächlichem Ruhegehalt und gesetzlicher Rente nun 2 237,40 Euro ausmacht und damit um 84,90 Euro über der Höchstgrenze liegt, wird die eigene Pension um diese 84,90 Euro gekürzt. Also gilt die neue Rechnung: gekürzte Pension 1 852,50 Euro plus gesetzliche Rente 300 Euro = 2 152,50 Euro (Höchstgrenze).

Im Fall B „ruht" die Pension in Höhe des Betrages, der über die Höchstgrenze hinausgeht. Die gesetzliche Rente wird hingegen weiterhin in voller Höhe gezahlt und nicht gekürzt.

Nicht selten kommt es vor, dass ein Frühpensionär mit Versorgungsabschlägen erst dann eine gesetzliche Rente erhält, wenn er die Regelaltersgrenze erreicht und dann über die Höchstgrenze kommt. In diesem Fall errechnet sich die individuelle Höchstgrenze nach Berücksichtigung von Versorgungsabschlägen.

Beispiel: Bei einem Höchstsatz von 71,75 Prozent der ruhegehaltfähigen Dienstbezüge und einem Versorgungsabschlag von 9 Prozent liegt der persönliche Höchstsatz nur bei 65,29 Prozent (= 71,75 x 0,91).

Laut Versorgungsbescheid ist der ehemalige Frühpensionär verpflichtet, die Zahlung der gesetzlichen Rente der zuständigen Stelle (zum Beispiel Landesamt für Besoldung und Versorgung) mitzuteilen, die dann prüft, ob und um wie viel die Pension gekürzt wird.

Unter der gesetzlichen Rente ist immer die monatliche Bruttorente laut Rentenbescheid der Deutschen Rentenversicherung zu verstehen. Der Zuschuss zur privaten Krankenversicherung von 7,3 Prozent der Bruttorente wird bei der Prüfung, ob die Höchstgrenze überschritten wird, nicht berücksichtigt.

Ebenfalls unberücksichtigt bleiben:

- Rentenanteile aufgrund von freiwilligen Beiträgen in die gesetzliche Rente,
- eigene gesetzliche Rente einer Beamtenwitwe, die also neben der selbst aufgebauten gesetzlichen Rente noch ungekürztes Witwengeld bezieht,
- Beitragserstattung für gezahlte eigene Beiträge auf Antrag, wenn die fünfjährige Wartezeit in der gesetzlichen Rentenversicherung nicht erfüllt wurde.

Wichtig: Wird eine gesetzliche Rente mit freiwilligen Beiträgen aufgebaut, wird diese nicht auf die Pension angerechnet und führt demnach auch nicht zu deren Kürzung. Seit August 2010 kann sich jede nicht rentenversicherungspflichtige Person freiwillig versichern, also auch Beamte, die noch nie Pflichtbeiträge in die gesetzliche Rentenversicherung eingezahlt haben.

Freiwillige Beiträge zur gesetzlichen Rente lohnen sich insbesondere für pensionsnahe Beamte bis Jahrgang 1959, weil die gesetzliche Rente in diesem Fall rentabler ist als eine vergleichbare Rürup-Rente oder Privatrente aus einer privaten Rentenversicherung.

VON DER BRUTTOPENSION ZUR NETTOPENSION

Der rechnerische Weg von der Bruttopension bis zur Nettopension nach Steuern und Beiträgen zur privaten Kranken- und Pflegeversicherung kann lang sein. Zunächst muss ein eventueller Versorgungsabschlag bei Frühpensionierung vom Ruhegehalt abgezogen werden.

Die Pension nach Versorgungsabschlag kann sich dann noch um einen Kinderzuschlag erhöhen, falls Sie als Pensionär noch Kindergeld für ein Kind erhalten. Der Kinderzuschlag (auch kinderbezogener Familienzuschlag genannt) errechnet sich aus dem Familienzuschlag Stufe II minus dem Familienzuschlag Stufe I (Verheiratetenzuschlag) laut jeweils gültiger Besoldungstabelle. Im Gegensatz zum Verheiratetenzuschlag zählt dieser Kinderzuschlag nicht zu den ruhegehaltfähigen Dienstbezügen. Er wird laut jeweiligem Beamtenversorgungsgesetz „neben dem Ruhegehalt gezahlt" und daher nicht auf beispielsweise 71,75 Prozent gekürzt.

Für nach 1991 geborene Kinder kommt noch ein Kindererziehungszuschlag von zurzeit 85,83 Euro im Monat pro Kind hinzu, falls die Höchstgrenze von 71,75 Prozent des Bruttoendgehalts nicht überschritten wird. Gleiches gilt für vor 1992 und vor dem Eintritt in das Beamtenverhältnis geborene Kinder.

Ruhegehalt nach Abschlag plus eventueller Kinderzuschlag sowie Kindererziehungszuschlag ergeben die Bruttopension. Anders als bei Rentnern überweist die zuständige Versorgungsstelle den Pensionären immer die Pension nach Steuern. Der Grund: Ruhegehälter werden im Einkommensteuerrecht als Einkünfte aus nichtselbstständiger Arbeit eingestuft. Daher kann für die Berechnung der monatlichen Lohnsteuer auch die besondere Lohnsteuertabelle für Beamte zugrunde gelegt werden, sofern man statt des Arbeitnehmerpauschbetrages die Versorgungspauschale für Pensionäre berücksichtigt.

Der privat krankenversicherte Pensionär zahlt seinen monatlichen Beitrag zur privaten Kranken- und Pflegeversicherung direkt aus eigenen Mitteln an seine Kasse. Dieser Beitrag muss noch von der Pension nach Steuern abgezogen werden, um die Nettopension zu ermitteln.

Wer seiner Versorgungsstelle den von der privaten Krankenkasse gemeldeten steuerlich abzugsfähigen Beitrag zur privaten Kranken- und Pflegeversicherung mitteilt, zahlt sofort weniger Lohnsteuer. Falls er dies unterlässt, holt er sich die zu viel berechnete Lohnsteuer über die jährliche Einkommensteuererklärung zurück.

Im Einzelfall sind also einige Schritte erforderlich, um vom Bruttoruhegehalt zur tatsächlichen Nettopension zu gelangen:

So berechnet sich die Nettopension

Bruttopension

Ruhegehalt vor Abschlag	2 607,13 € *
– 3,6 % Versorgungsabschlag	93,86 €
= Ruhegehalt nach Abschlag	**2 513,27 €**
+ Kinderzuschlag	0
+ Kindererziehungszuschlag	0
= Bruttopension	**2 513,27 €**

Nettopension

Bruttopension	2 513,27 €
– Lohnsteuer inkl. Soli	351,83 €
= Pension nach Steuern	**2 161,44 €**
– Beitrag zur privaten Kranken- und Pflegeversicherung	182,56 €
= Nettopension	**1 978,88 €**

*) 63,97 % von 4 087,05 € ruhegehaltfähigen Dienstbezügen nach A 12, Endstufe 12, für Landesbeamte in NRW (nach der Neuregelung von Ende August 2014 steigen die ruhegehaltfähigen Dienstbezüge nachträglich auf 4 264,39 €).

NACH EINER SCHEIDUNG: VERSORGUNGSAUSGLEICH

Kommt es nach einer Scheidung zum Versorgungsausgleich (siehe Seite 46), werden die während der Ehe von beiden Ehepartnern erworbenen Pensions- und Rentenansprüche untereinander ausgeglichen. Wer in dieser Zeit höhere Ansprüche erworben hat, muss die Hälfte davon an seinen Expartner abgeben. Etwa jeder zehnte Pensionär muss aufgrund eines Versorgungsausgleichs eine Pensionskürzung hinnehmen. Meist erfolgt die Kürzung der Pension aber erst, wenn der ausgleichsberechtigte Ehegatte in Rente geht.

Bei Scheidungen seit dem 1. September 2009 werden die Versorgungsansprüche separat in den unterschiedlichen Versorgungssystemen berechnet. Das heißt, wenn zum Beispiel der Exehemann Beamter war und die Exehefrau Angestellte im öffentlichen Dienst, vollzieht sich die Teilung der Pensions- oder Rentenansprüche nur innerhalb der Beamtenversorgung des Exmannes und der gesetzlichen Rentenversicherung der Exfrau.

Vor der Reform war eine komplizierte Umrechnung von Pensionsanwartschaften in Entgeltpunkte für die gesetzliche Rente (sogenanntes Quasisplitting) nötig. Der Exmann erhält jetzt also einen eigenen Anspruch gegenüber der gesetzlichen Rentenversicherung – das geschieht über die Rentenpunkte, die ihm seine Exfrau abtreten muss. Umgekehrt erhält die Exfrau einen eigenen Anspruch gegenüber der Beamtenversorgung.

Beamte oder Pensionäre können die Kürzung ihrer Pension auch durch Zahlung eines Kapitalbetrags an ihren Dienstherrn abwenden. Sie zahlen in diesem Falle also einen einmaligen Ausgleichsbetrag und erhalten ihre Pension ungekürzt.

Stirbt der ausgleichsberechtigte Ehegatte und hat die Rente oder Pension noch nicht oder noch nicht länger als drei Jahre bezogen, kann der Ausgleichspflichtige die weitere Kürzung seiner Pension abwenden. Auch wenn er sich dafür entschieden hatte, den Ausgleichsbetrag zu zahlen, kann er diesen zurückbekommen. In beiden Fällen muss er aber aktiv werden und einen entsprechenden Antrag stellen.

ANTRAG SOFORT STELLEN
Pensionskürzungen lassen sich nicht rückwirkend rückgängig machen. Deshalb ist es wichtig, den Antrag auf Rücknahme der Pensionskürzung sofort zu stellen.

Nach einem Urteil des OLG Hamm ist die gesetzliche Rentenversicherung nicht dazu verpflichtet, einen geschiedenen Pensionär über den Tod seiner rentenversicherten und ausgleichsberechtigten Exehefrau zu informieren, um ihm den Antrag zum Wegfall der Pensionskürzung zu ermöglichen.

Im entschiedenen Fall wurde die Pension um rund 550 Euro im Monat gekürzt. Erst im August 2010 erfuhr der Pensionär, dass seine Exfrau drei Jahre zuvor verstorben war. Der Antrag des Pensionärs auf Rücknahme der Pensionskürzung kam zu spät. Die Richter wiesen die Schadensersatzklage über die rückwirkende Zahlung von rund 21 000 Euro für die Zeit von Juni 2007 (Tod der Exfrau) bis August 2010 (Antrag auf rückwirkenden Wegfall der Pensionskürzung) als unbegründet zurück, mit der Begründung dass nicht der klagende Pensionär, sondern seine verstorbene Exfrau bei der gesetzlichen Rentenversicherung versichert war. Insofern blieb der klagende Pensionär auf den rund 21 000 Euro Pension, die ihm abgezogen worden waren, buchstäblich sitzen.

ALTERSGELD FÜR AUSGESCHIEDENE BEAMTE

Beamte, die auf eigenen Wunsch aus dem Beamtendienst ausscheiden, werden grundsätzlich nur in der gesetzlichen Rentenversicherung nachversichert und erwerben damit nur relativ geringe Rentenansprüche. Eine Nachversicherung für ausgeschiedene Beamte bei der Versorgungsanstalt des Bundes und der Länder (VBL), die für die Zusatzversorgung der Angestellten im öffentlichen Dienst zuständig ist, erfolgt nicht.

Um die dadurch bedingten finanziellen Nachteile für ausgeschiedene Beamte zumindest abzumildern, haben der Bund sowie die beiden Bundesländer Baden-Württemberg und Niedersachsen in den letzten Jahren das sogenannte Altersgeld eingeführt. Ausgeschiedenen Beamten soll damit die Möglichkeit gegeben werden, ihre Pensionsansprüche mitzunehmen. Eine Nachversicherung in der gesetzlichen Rentenversicherung findet dann nicht statt.

In Baden-Württemberg gibt es das Altersgeld bereits seit dem 1. Januar 2011 und in Niedersachsen seit dem 1. Januar 2013. Es beträgt in diesen beiden Bundesländern 1,79375 Prozent der altersgeldfähigen Dienstbezüge pro Jahr und setzt eine altersgeldfähige Dienstzeit von min-

Praxisfrage: Ausscheiden als Beamter

Ich bin 45 Jahre und möchte ein attraktives Angebot in der Privatwirtschaft annehmen. Was muss ich beachten?

Freiwillig ausgeschiedene oder entlassene Beamte werden außer beim Bund sowie in den Bundesländern Baden-Württemberg und Niedersachsen nur in der gesetzlichen Rentenversicherung nachversichert, aber nicht in der Zusatzversorgung des öffentlichen Dienstes. Sie fallen also hinsichtlich ihrer Altersversorgung sogar hinter das Versorgungsniveau von Angestellten im öffentlichen Dienst zurück.
Das können Sie tun: Erkundigen Sie sich, ob Sie bei Ihrem Ausscheiden aus dem Beamtenverhältnis Anspruch auf das Altersgeld haben, das es seit einiger Zeit für ausgeschiedene Bundesbeamte sowie Beamte in den Ländern Baden-Württemberg und Niedersachsen gibt. Falls Sie kein Altersgeld erhalten, werden Sie nur in der gesetzlichen Rentenversicherung nachversichert und büßen dann Ihre nur auf dem Papier stehenden Pensionsansprüche komplett ein. Überlegen Sie in diesem Fall, ob Sie diesen erheblichen finanziellen Verlust tragen können oder wollen.

destens fünf Jahren voraus. Bei 20 Dienstjahren käme der ausgeschiedene Beamte somit immerhin auf 35,88 Prozent seiner Dienstbezüge und damit auf die Hälfte des Höchstsatzes von 71,75 Prozent. Allerdings werden Studienzeiten nicht auf die Dienstjahre angerechnet.

Beim Bund ausgeschiedene Beamte, Richter und Berufssoldaten können seit Inkrafttreten des Altersgeldgesetzes (AltG) im September 2013 nach mindestens sieben Dienstjahren Altersgeld beantragen, das 1,525 Prozent der altersgeldfähigen Dienstbezüge pro altersgeldfähigem Dienstjahr ausmacht und entsprechend der Entwicklung von Besoldung und Versorgung im Bund bis zum Eintritt in den Ruhestand angepasst wird. Bei 20 Dienstjahren käme beispielsweise ein Pensionsanspruch von 30,5 Prozent der Dienstbezüge zustande.

Das Altersgeld ist kein Ruhegehalt und somit auch keine Beamtenversorgung im üblichen Sinne. Es soll den ausgeschiedenen Beamten lediglich die Mitnahme von Pensionsansprüchen ermöglichen und hat somit lediglich „versorgungsähnlichen" Charakter.

In den Bundesländern Hessen, Hamburg und Sachsen ist die Einführung eines Altersgeldes für ausgeschiedene Landes- und Kommunalbeamte geplant. Ob weitere Bundesländer nachziehen werden, ist derzeit noch offen.

VERSORGUNGSAUSKUNFT UND -BESCHEID

Anders als Angestellte im öffentlichen Dienst müssen Beamte bei Erreichen der Regelaltersgrenze keinen Pensionsantrag stellen. Ihnen geht der Versorgungsbescheid automatisch zu.

Nur wenn Sie eine Frühpensionierung (zum Beispiel bei der allgemeinen Antragsaltersgrenze von 63 Jahren) planen, müssen Sie einen entsprechenden formlosen Antrag stellen.

Sinnvoll ist es auf jeden Fall, schon einige Zeit vorher eine Versorgungsauskunft anzufordern. Vor negativen Überraschungen hinsichtlich der Höhe Ihrer künftigen Pension sind Sie dann zumindest sicher.

Der Versorgungsbescheid wird Ihnen im Falle Ihrer Pensionierung von der zuständigen Versorgungsstelle (zum Beispiel vom Landesamt für Besoldung und Versorgung LBV in NRW, falls Sie Landesbeamter in Nordrhein-Westfalen sind) zugesandt.

Diesen Bescheid sollten Sie sehr genau prüfen oder prüfen lassen. Wie bei Rentenbescheiden oder auch bei Steuerbescheiden schleichen sich immer mal wieder Fehler zu Ihren Ungunsten und manchmal auch zu Ihren Gunsten ein.

Sofern Sie relativ sicher sind, dass Ihr Versorgungsbescheid Fehler enthält, die eine geringere Pension für Sie nach sich ziehen, sollten Sie unbedingt innerhalb eines Monats Widerspruch bei der zuständigen Versorgungsstelle einlegen und diesen auch kurz begründen.

Wenn der oder die Fehler im Widerspruchsbescheid korrigiert werden, ist das Berechnungsverfahren für Ihre Beamtenpension bereits beendet. Wird Ihr Widerspruch trotz schlüssiger Argumente nicht anerkannt, lohnt sich der Weg zu einem auf Beamtenversorgungsrecht spezialisierten Rechtsanwalt. Falls Sie Mitglied im Deutschen Beamtenbund (dbb) sind, sollten Sie bei der örtlichen Stelle nach einem geeigneten Anwalt in Ihrer Nähe fragen.

In seltenen Fällen kommt es zur Klage gegen den erteilten Versorgungsbescheid vor dem zuständigen Verwaltungsgericht. Gerichtskosten fallen für Sie nicht an. Die Kosten für Ihren eigenen Anwalt müssen Sie nur dann selbst bezahlen, wenn Sie den Prozess verlieren und die Anwaltskosten nicht von Ihrer Mitgliedsgewerkschaft beim Deutschen Beamtenbund oder einer Rechtsschutzversicherung mit entsprechender Zusatzklausel für Arbeits- und Versorgungsrecht übernommen werden.

ZEITEN ALS ANGESTELLTER: ANRECHNUNG VON RENTEN AUS PFLICHTBEITRÄGEN

Fast jeder zweite Pensionär erhält neben der Pension noch eine gesetzliche Rente, da er vor Eintritt in das Beamtenverhältnis noch als Angestellter tätig war und die Wartezeit von fünf Jahren erfüllt hatte. Allerdings wird die gesetzliche Rente aufgrund von Pflichtbeiträgen auf die Beamtenpension angerechnet. Werden bestimmte Höchstgrenzen überschritten, wird die Pension gekürzt.

Laut dem Alterssicherungsbericht der Bundesregierung aus dem Jahr 2012 bezogen 41 Prozent der Pensionäre eine gesetzliche Rente. Diese betrug durchschnittlich 430 Euro bei Frauen, 381 Euro bei Männern.

Weniger als fünf Jahre pflichtversichert

Haben Sie nur kurzzeitig als Angestellter gearbeitet und erfüllen daher die Wartezeit von fünf Jahren in der gesetzlichen Rentenversicherung nicht, haben Sie keinen Rentenanspruch. Dies gilt auch, wenn Arbeitgeber und Arbeitnehmer beispielsweise vier Jahre lang Pflichtbeiträge gezahlt haben (zur Wartezeit von fünf Jahren siehe Seite 24).

Als ehemals Pflichtversicherter haben Sie nur die Möglichkeit der Beitragserstattung. Die Deutsche Rentenversicherung erstattet Ihnen auf Antrag nach Erreichen der Regelaltersgrenze aber nur die von Ihnen selbst geleisteten Beiträge, also den jeweiligen Arbeitnehmeranteil zur gesetzlichen Rentenversicherung. Sie können aber auch bereits nach zwei Jahren Beamtentätigkeit eine Beitragserstattung beantragen.

Ähnlich geht die Zusatzversorgungskasse vor, wenn die fünfjährige Wartezeit für einen Anspruch auf Zusatzrente nicht erfüllt ist. Laut Satzung der VBL muss der Antrag auf Beitragserstattung bis zum 67. Lebensjahr gestellt werden, ansonsten verfällt er. Obwohl die Beitragserstattung für den Pensionär keine Rente darstellt, wird seit 2002 ein fiktiver Rentenanteil auf die Pension angerechnet und kann im Ausnahmefall daher zur Kürzung der Pension führen.

Die Summe Ihrer Beiträge wird bei einer Pflichtbeitragszeit von weniger als fünf Jahren nur in ganz seltenen Fällen über beispielsweise 1 000 Euro hinausgehen, da diese Zeit meist mehrere Jahrzehnte zurückliegt. Auch die daraus errechnete fiktive gesetzliche Rente wird dann entsprechend minimal sein. Eine Beitragserstattung ist daher in der Regel keine gute Lösung.

MIT FREIWILLIGEN BEITRÄGEN AUFSTOCKEN

Es gibt eine ganz einfache Möglichkeit, die Nachteile einer Beitragserstattung zu vermeiden. Zahlen Sie freiwillige Beiträge für so viele Monate, wie Ihnen noch zum Erfüllen der fünfjährigen Wartezeit fehlen. Eine lebenslange gesetzliche Rente – und sei sie auch relativ gering – ist immer besser als eine Beitragserstattung.

Hinzu kommt, dass viele Pensionäre den Antrag auf Beitragserstattung komplett vergessen oder beispielsweise erst mit 70 Jahren und später bei der VBL einreichen, wenn es zu spät ist.

Nicht eingeforderte Beitragserstattungen kommen der Versichertengemeinschaft zugute. Die Deutsche Rentenversicherung und die jeweilige Zusatzversorgungskasse sind nicht verpflichtet, ihre Pflichtversicherten auf das Recht der Beitragserstattung ausdrücklich hinzuweisen.

Abfindungsbetrag bei Kleinstrenten

Ist die fünfjährige Wartezeit in der gesetzlichen Rentenversicherung oder in der Zusatzversorgung des öffentlichen Dienstes erfüllt, erwerben auch Pensionäre Rentenansprüche.

Es kann aber sein, dass die monatliche Rente sehr gering ausfällt. Für Kleinstrenten von beispielsweise weniger als 20 Euro monatlich sieht die gesetzliche Rentenversicherung aber keine Regelungen vor, wie man diese Mini-Renten durch eine Einmalzahlung abfinden kann.

Anders gehen die Zusatzversorgungskassen vor. Deren Satzung kann vorsehen, dass Zusatz- oder Betriebsrenten bis zu 30 Euro monatlich abgefunden werden.

Laut Satzung der VBL wird ein Abfindungsbetrag gezahlt, wenn die Rente aus der Zusatzversorgung des öffentlichen Dienstes und der eventuellen freiwilligen Versicherung 1 Prozent der monatlichen Bezugsgröße in der Sozialversicherung unterschreitet. Im Jahr 2014 betrug diese 2 765 Euro, das heißt, Monatsrenten unter 27,65 Euro wurden abgefunden.

Wenn die VBL-Zusatzrente beispielsweise 25 Euro monatlich ausmachen würde, errechnet sich der Abfindungsbetrag bei einem 65-jährigen Neurentner aus der 149-fachen Monatsrente. Die einmalige Abfindung beträgt in diesem Beispielfall also 3 725 Euro (= 25 Euro x 149 Monate).

Nicht dieser Abfindungsbetrag von 3 725 Euro, sondern die Kleinstrente von 25 Euro monatlich wird dann auf die Pension angerechnet. Zudem fließt der Abfindungsbetrag nicht steuerfrei zu, sondern

muss in Anlage R (Renten) der Einkommensteuererklärung angegeben werden.

Ab wann fließt die gesetzliche Rente?

Die gesetzliche Rente für Pensionäre, die vor ihrem Eintritt in das Beamtenverhältnis als Angestellte beschäftigt waren, wird fast immer erst nach Erreichen der Regelaltersgrenze ausgezahlt (siehe Seite 10). Auch Beamte müssen dafür einen Rentenantrag stellen (siehe Seite 52).

Eine vorzeitige Erwerbsminderungsrente scheidet typischerweise aus, da Beamte im Regelfall die geforderte Voraussetzung (drei Pflichtbeitragsjahre innerhalb der letzten fünf Jahre vor Eintritt der Erwerbsminderung) nicht erfüllen. Ausnahmen sind möglich, zum Beispiel wenn sie über einen Minijob neben der Beamtentätigkeit Pflichtbeiträge gezahlt haben.

Auch die vorgezogene Altersrente mit 63 Jahren für langjährig Versicherte wird die große Ausnahme bleiben, da Beamte nur selten auf 35 Versicherungsjahre kommen. Dies ist nur denkbar, wenn sie nach Beendigung ihrer Angestelltentätigkeit in der gesetzlichen Rentenversicherung jahre- und jahrzehntelang freiwillige Beiträge zur gesetzlichen Rente geleistet haben oder einen Minijob hatten. Gleiches gilt für die vorgezogene Altersrente für schwerbehinderte Menschen.

Wie Renten auf die Pension angerechnet werden

Manche Beamte mit Rentenansprüchen glauben, dass alle Renten auf ihre Beamtenpension angerechnet werden und dann zur Kürzung führen können. Dies ist aber so nicht richtig.

Erstens wird nie die Rente gekürzt, sondern – wenn überhaupt – immer nur die Beamtenpension. Zweitens werden ausschließlich Renten aus Pflichtbeiträgen zur gesetzlichen Rentenversicherung, Zusatzversorgung (für Angestellte im öffentlichen und kirchlichen Dienst) oder einer berufsständischen Versorgung (für Freiberufler wie Ärzte, Apotheker, Rechtsanwälte oder Steuerberater) auf die Beamtenpension angerechnet.

Schließlich kommt es auch dann nur zur Kürzung der Pension, wenn die Summe von Beamtenpension und diesen Renten den Höchstsatz von 71,75 Prozent des Bruttoendgehalts überschreitet.

So berechnet sich die Kürzung bei Überschreiten des Höchstsatzes von 71,75 Prozent

Beispiel: Bruttoendgehalt 4000 Euro, gesetzliche Rente 350 Euro, Zusatzrente 150 Euro

Höchstsatz

Bruttoendgehalt	4000 €
x 0,7175	
= Höchstsatz	2870 €

Summe von Pension und Renten

Bruttopension	2500 €
+ gesetzliche Rente	350 €
+ Zusatzrente aus dem öffentlichen Dienst	150 €
= Summe Pension und Renten	3000 €

Kürzung

Summe Pension und Renten	3000 €
– Höchstsatz	2870 €
= Pensionskürzung	130 €

Die Summe von Pension, gesetzlicher Rente und Zusatzrente in Höhe von insgesamt 3000 Euro überschreitet den Höchstsatz von 2870 Euro um 130 Euro. Daher wird die Pension (nicht die gesetzliche Rente oder Zusatzrente) um diese 130 Euro gekürzt, sodass die Summe aus den beiden Renten und der gekürzten Pension genau mit dem Höchstsatz von 2870 Euro übereinstimmt (gesetzliche Rente 350 Euro plus Zusatzrente 150 Euro plus gekürzte Pension 2370 Euro = 2870 Euro als 71,75 Prozent des Bruttoendgehalts).

Bezieht der Beamte die Pension bereits vor Erreichen der Regelaltersgrenze, wird sie noch nicht gekürzt. Erst wenn er die Regelaltersgrenze erreicht und dann auch die beiden Renten ausgezahlt werden, erfolgt die Kürzung der Pension. Der Pensionär ist verpflichtet, seiner Versorgungsstelle den Bezug der Renten mitzuteilen. Darauf wird er im Versorgungsbescheid ausdrücklich hingewiesen.

Tut er das nicht, verstößt er gegen die Informationspflicht und handelt sich Ärger ein. Mittlerweile versenden alle Versicherungsträger und Ämter bei staatlichen Alterssicherungssystemen untereinander Kontrollmitteilungen. Die Auszahlung der Renten würde also so oder so auffliegen.

Kürzung der Pension bei Hinzuverdiensten

Die Pension kann auch bei Hinzuverdiensten gekürzt werden. Bei Frühpensionären ist dies beispielsweise der Fall, wenn die Summe aus Pension und zusätzlichem Erwerbseinkommen über dem Bruttoendgehalt liegt. Wer aber wegen Dienstunfähigkeit oder Schwerbehinderung früher in Pension geht, darf nicht mehr als 450 Euro in einem Minijob verdienen, um die Kürzung seiner Pension zu vermeiden (mehr dazu siehe Seite 158).

ZUSÄTZLICH VORSORGEN: RENTEN AUS FREIWILLIGEN BEITRÄGEN

Pensionäre, die neben ihrer Beamtenpension noch eine gesetzliche Rente oder sogar mehrere Renten aus freiwilligen Beiträgen erhalten, müssen die Anrechnung dieser Renten auf ihre Pension nicht fürchten. Nur die aus Pflichtbeiträgen aufgebaute gesetzliche Rente sowie die Zusatzrente des öffentlichen Dienstes können eine Kürzung der Beamtenpension zur Folge haben.

Welche freiwilligen Beiträge sich für welche Arten von Renten (gesetzliche Rente, Riester-Rente, Rürup-Rente oder Rente aus privater Rentenversicherung) besonders lohnen, hängt vom Einstiegsalter und von der persönlichen Einschätzung der künftigen Lohn- und Zinssituation ab. Freiwillige Beiträge in die Zusatzrente des öffentlichen Dienstes oder die freiwillige Betriebsrente über eine Entgeltumwandlung sind Beamten jedoch grundsätzlich verwehrt.

Generell lohnen sich freiwillige Beiträge zur gesetzlichen Rente insbesondere für pensionsnahe Beamte ab einem Einstiegsalter von 55 Jahren. Besonders lukrativ können einmalige Nachzahlungsbeträge nach Erreichen der Regelaltersgrenze sein.

Gesetzliche Rente als Sofortrente

Was viele nicht wissen: Beamte können seit August 2010 sogar eine Sofortrente aus der gesetzlichen Rentenversicherung – also eine Rente gegen Zahlung eines einmaligen Beitrags – erhalten, wenn sie die Regelaltersgrenze erreicht haben. Bis Ende 2015 können sie beantragen, dass sie für fünf Jahre auf einen Schlag Beiträge nachzahlen. Dies ist auch möglich, wenn sie nie in der gesetzlichen Rentenversicherung pflichtversichert waren. Sie können aber immer nur maximal den Höchstbeitrag für fünf Jahre zahlen, im Jahr 2014 beispielsweise maximal 67 473 Euro auf einen Schlag.

Da alle Jahrgänge ab 1951 die Regelaltersgrenze frühestens ab dem Jahr 2016 erreichen, besteht für sie keine Nachzahlungsmöglichkeit. Daher kommen aktuell nur die Jahrgänge 1949 und 1950 dafür infrage. Sie müssen bei der Deutschen Rentenversicherung bis Ende 2015 einen Antrag auf Nachzahlung stellen und dann den kompletten Nachzahlungsbetrag auf einmal einzahlen.

Beispiel: Wer noch im Jahr 2014 nach Erreichen der Regelaltersgrenze von 65 Jahren und drei Monaten (also Jahrgang 1949) einen Einmalbeitrag in Höhe von beispielsweise 24 000 Euro für fünf Jahre einzahlt, kann fest mit einer garantierten gesetzlichen Bruttorente von monatlich 104,22 Euro oder jährlich rund 1 251 Euro rechnen. Bei einem ab 1. Juli 2014 geltenden aktuellen Rentenwert von 28,61 Euro macht die jährliche garantierte Sofortrente in der gesetzlichen Rentenversicherung somit gut 5,2 Prozent des Einmalbeitrags oder Nachzahlungsbetrags aus.

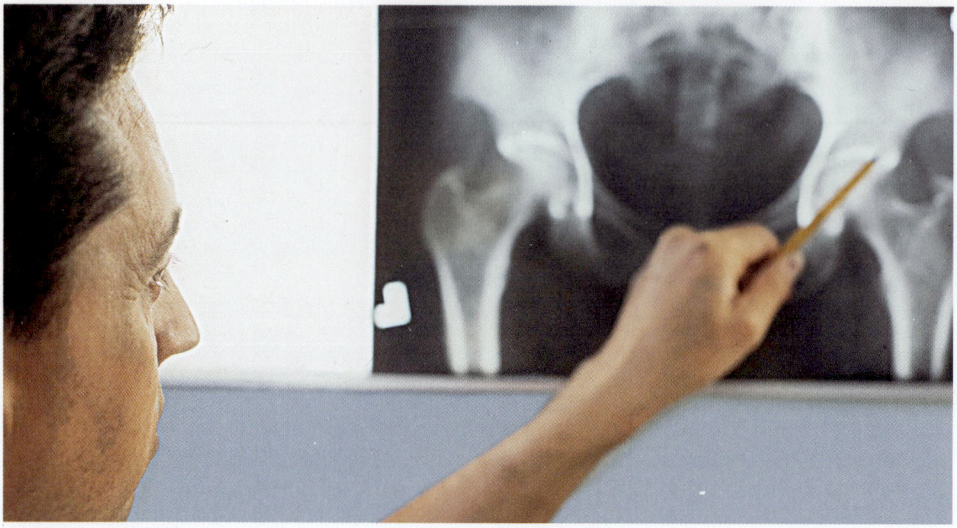

Sofern der Sofortrentner privat krankenversichert ist, erhält er darüber hinaus einen Zuschuss zur privaten Krankenversicherung in Höhe von 7,3 Prozent der Bruttorente. Die gesetzliche Rente inklusive 7,3 Prozent Zuschuss steigt dadurch auf 111,83 Euro pro Monat beziehungsweise 1 342 Euro im Jahr. Bereits die erste garantierte Jahresrente macht immerhin knapp 5,6 Prozent des Nachzahlungsbetrags aus.

Eine vergleichbare garantierte Sofortrente gegen Einmalbeitrag in eine private Rentenversicherung oder eine Rürup-Sofortrente würde beim günstigen Direktversicherer Europa nur 88 Euro beziehungsweise 4,4 Prozent der Beitragssumme bringen. Dabei wurde eine 20-jährige Rentengarantie berücksichtigt.

Aus steuerlicher Sicht schneidet die Sofortrente aus der gesetzlichen Rentenversicherung ebenfalls besser ab als eine vergleichbare Sofortrente aus der privaten Rentenversicherung. Während Beiträge zu einer ab 2005 abgeschlossenen privaten Rentenversicherung steuerlich überhaupt nicht abzugsfähig sind, ist der im Jahr 2014 gezahlte Sofortbeitrag zur gesetzlichen Rentenversicherung zu 78 Prozent steuerlich abzugsfähig.

In der Auszahlungsphase werden die Privatrenten zwar bei einem 65-Jährigen nur mit einem Ertragsanteil von 18 Prozent gegenüber 70 Prozent bei der gesetzlichen Rente im Jahr 2015 versteuert. Der Steuervorteil in der Beitragsphase wirkt sich bei der gesetzlichen Rente aber deutlich stärker aus als der Steuernachteil in der Rentenphase im Vergleich zur Privatrente. Wenn sich ehemalige Beamte mit Pensionsbeginn in 2014 oder 2015 überhaupt für eine Sofortrente gegen Einmalbeitrag entscheiden, sollte es daher aus wirtschaftlichen und steuerlichen Gründen die Sofortrente aus der gesetzlichen Rentenversicherung sein.

TIPP: ZAHLEN SIE NACH

Nutzen Sie als Beamter noch in den Jahren 2014 und 2015 die Möglichkeit zu Nachzahlungsbeträgen, wenn Sie die Regelaltersgrenze in einem dieser Jahre erreichen und die fünfjährige Wartezeit für eine gesetzliche Rente ansonsten nicht erfüllen würden.

Vor 1955 geborene Mütter können nachzahlen

Vor 1955 geborene Frauen, die ihre Kinder vor Berufung in das Beamtenverhältnis geboren haben und denen ihre Kindererziehungszeiten in der gesetzlichen Rentenversicherung angerechnet wurden, können nach Erreichen der Regelaltersgrenze ebenfalls einen Nachzahlungsbetrag leisten, um die fünfjährige Wartezeit zu erfüllen und damit einen Anspruch auf die gesetzliche Rente zu erhalten.

Dies kann sich insbesondere für Mütter lohnen, die ihre Kinder vor 1992 geboren haben und nach Einführung der Mütterrente ab dem 1. Juli 2014 nun Anspruch auf eine zusätzliche Kindererziehungszeit von einem Jahr pro Kind erhalten (siehe Seite 31).

Beispiel: Eine Beamtin (geboren am 1. Juni 1949) erreicht die Regelaltersgrenze am 1. September 2014 mit 65 Jahren und 3 Monaten. Sie hat zwei Kinder vor 1992 und vor Berufung in das Beamtenverhältnis geboren. Seit dem 1. Juli 2014 stehen ihr für jedes Kind zwei Jahre an Kindererziehungszeiten zu, also insgesamt vier Jahre beziehungsweise vier Entgeltpunkte.

Um die fünfjährige Wartezeit für eine gesetzliche Rente zu erfüllen, muss diese Beamtin also die Lücke von zwölf Monaten noch mit einem Nachzahlungsbetrag schließen. Im Jahr 2014 kann sie dabei zwischen einem Beitrag von mindestens 1 020,60 Euro und höchstens 13 494,60 Euro wählen.

Bereits die Zahlung des Mindestbeitrags von 1 020,60 Euro führt zur Erfüllung der fünfjährigen Wartezeit und damit zu einer gesetzlichen Rente von monatlich 118,87 Euro (= 4,1549 Entgeltpunkte x aktueller Rentenwert 28,61 Euro). Auf das Jahr hochgerechnet sind dies immerhin rund 1 426 Euro.

Um exakt fünf Entgeltpunkte und damit eine gesetzliche Rente von 143,05 Euro (= 5 x 28,61 Euro) zu erhalten, ist allerdings die Zahlung des Regelbeitrags von 6 587,97 Euro (= 18,9 Prozent des vorläufigen jährlichen Durchschnittsentgelts von 34 857 Euro) erforderlich. Die Jahresrente von rund 1 717 Euro macht dann immerhin rund 26 Prozent des Nachzahlungsbetrags von 6 587,97 Euro aus.

NACHZAHLUNG TROTZ HEIRATSERSTATTUNG MÖGLICH

Viele ältere Mütter mit vor 1992 geborenen Kindern haben sich nach ihrer Heirat beziehungsweise nach der Geburt ihrer Kinder für die Erstattung ihrer bis dahin gezahlten eigenen Rentenbeiträge entschieden (auch Heiratserstattung genannt) und glauben, dass ihnen die Möglichkeit einer Nachzahlung dadurch nunmehr versperrt sei. Dies ist aber falsch.

Auch Mütter mit Heiratserstattung können freiwillige Beiträge zahlen. Darauf weist die Deutsche Rentenversicherung sogar ausdrücklich hin. Sie können zwar die Heirats- oder Beitragserstattung selbst nicht rückgängig machen. Trotzdem können sie die Lücke bis zur erforderlichen fünfjährigen Wartezeit ebenfalls vollständig schließen. Unter Umständen sind dann jedoch erheblich höhere Nachzahlungsbeträge notwendig. Suchen Sie in diesem Fall am

Praxisfrage: Freiwillige Beiträge

Ich möchte freiwillige Beiträge in die gesetzliche Rentenversicherung zahlen. Wie geht das?

Egal, ob Sie einmalig oder laufend freiwillige Beiträge zahlen: Sie müssen dafür einen Antrag stellen. Ein Formular gibt es im Internet unter www.deutsche-rentenversicherung.de (Suchbegriff „V060"). Sie können sich dazu auch kostenlos bei der Deutschen Rentenversicherung unter der Telefonnummer 0800/100048025 informieren oder eine persönliche Beratung bei der örtlichen Beratungsstelle der Deutschen Rentenversicherung vereinbaren. Darüber hinaus können Sie sich selbst ausrechnen, wie viel Rente es für wie viel Beitrag gibt. Den entsprechenden Rechner finden Sie unter www.ihre-vorsorge.de (Button „Rechner & Co.", dann „Rentenrechner", „Rentenversicherung", „freiwillige Beiträge").

besten die örtliche Beratungsstelle der Deutschen Rentenversicherung auf.

Alle vor 1955 geborenen Mütter, die bis zum Erreichen der Regelaltersgrenze die erforderliche fünfjährige Wartezeit noch nicht erfüllen, sollten die Nachzahlung von freiwilligen Beiträgen zur gesetzlichen Rente genauestens prüfen, sofern sie ihre Kinder vor 1992 und vor Berufung in ein Beamtenverhältnis geboren haben. In nahezu allen Fällen schneidet der einmalige Nachzahlungsbetrag mit nachfolgender Rente deutlich besser ab als die Erstattung der eigenen Beiträge.

Kombination von regelmäßigem Beitrag und Nachzahlungsbetrag

Beamte können auch jederzeit regelmäßige freiwillige Beiträge in die gesetzliche Rentenversicherung über eine bestimmte Zeit bis zum Erreichen der Regelaltersgrenze zahlen. Besonders empfehlenswert sind freiwillige Beiträge für privat krankenversicherte Beamte, die kurz vor Erreichen der Regelaltersgrenze stehen (zum Beispiel 65 Jahre und 3 Monate für Geburtsjahrgang 1949). Daher ist auch eine Kombination von regelmäßigen Beiträgen und einem Nachzahlungsbetrag möglich.

Regelmäßige freiwillige Beiträge für pensionsnahe Beamte

Besonders für pensionsnahe Beamte, die das 55. oder sogar 60. Lebensjahr bereits vollendet haben, können sich regelmäßige freiwillige Beiträge zur gesetzlichen Rente wirtschaftlich lohnen. Dies gilt gerade auch für nach 1951 geborene Beamte und nach 1955 geborene Mütter, denen die Möglichkeit zu Nachzahlungsbeträgen nach Erreichen der Regelaltersgrenze versperrt wird.

Allerdings sind Nachzahlungen von freiwilligen Beiträgen nur bis zum 31. März des folgenden Jahres möglich, also beispielsweise Nachzahlungen für das Jahr 2015 nur bis zum 31. März 2016. Wenn Sie bisher weder Pflicht- noch freiwillige Beiträge in die Rentenkasse eingezahlt haben, sollten Sie spätestens fünf Jahre, bevor Sie in Rente gehen möchten, mit der Zahlung von freiwilligen Beiträgen beginnen. Nur wenn Sie die fünfjährige Beitragszeit erfüllen, haben Sie Anspruch auf die gesetzliche Rente.

Zudem können die freiwilligen Beiträge zur gesetzlichen Rente zum überwiegenden Teil steuerlich abgesetzt werden, im Jahr 2014 – wie bei Beiträgen zur Rürup-Rente – zu 78 Prozent. Wer beispielsweise noch fünf Jahre lang (von 2014 bis 2018) freiwillige Beiträge zahlt, setzt durchschnittlich 83 Prozent der Beitragssumme unter steuerlich abzugsfähigen Altersvorsorgeaufwendungen ab. Geht er im Jahr 2019 mit Erreichen der Regelaltersgrenze in Rente beziehungsweise Pension, muss er 78 Prozent der gesetzlichen Rente dann allerdings mit seinem persönlichen Steuersatz versteuern.

Bei einer Beitragssumme von 36 000 Euro, die sich mit freiwilligen Beiträgen von monatlich 600 Euro über fünf Jahre aufbaut, ist eine anfängliche gesetzliche Bruttorente von monatlich 180 Euro erzielbar, sofern man die Annahmen im Rentenversicherungsbericht 2013 der Bundesregierung über die Entwicklung von Entgelten, Beitragssätzen und aktuellen Rentenwerten zugrunde legt. Die anfängliche Jahresrente von 2 160 Euro brutto macht dann 6 Prozent der Beitragssumme aus. Eine mögliche Rürup-Rente bei einem günstigen Direktversicherer würde es nur auf 1 728 Euro jährlich oder 4,6 Prozent der Beitragssumme bringen bei ei-

GESETZLICHE RENTE ODER RÜRUP-RENTE?

Wie zusätzlich vorsorgen? In den Tabellen finden Sie einen Vergleich von gesetzlicher Rente und Rürup-Rente. Wir haben mit regelmäßigen Beiträgen ab dem Jahr 2014, einer Beitragssumme von 36 000 Euro und einer Beitragsdauer von 5 bis 30 Jahren gerechnet.

Garantierte Renten

Jahrgang	Beitragsdauer	monatlicher Beitrag	garantierte gesetzliche Rente*	garantierte Rürup-Rente**
1954	5 Jahre	600 €	167 €	134 €
1958	10 Jahre	400 €	160 €	137 €
1962	15 Jahre	200 €	155 €	143 €
1967	20 Jahre	150 €	149 €	146 €
1972	25 Jahre	120 €	143 €	149 €
1977	30 Jahre	100 €	136 €	152 €

*) monatliche gesetzliche Rente einschließlich 7,3 Prozent Zuschuss zur gesetzlichen Kranken- und Pflegeversicherung bei einem garantierten aktuellen Rentenwert von 28,61 Euro, steigenden Beitragssätzen wie im Rentenversicherungsbericht 2013 der Bundesregierung und einer durchschnittlichen Steigerung der Entgelte bis zu 0,6 Prozent pro Jahr **) monatliche garantierte Rürup-Rente eines kostengünstigen Direktversicherers mit Absicherung des Ehegatten und einem Garantiezins von 1,75 Prozent

nem angenommenen Zinssatz von 3,65 Prozent und Absicherung des Ehegatten wie bei der gesetzlichen Rente.

Bei einer zehnjährigen Beitragsdauer mit monatlich 300 Euro kommt die gesetzliche Rente auf 6,2 Prozent und die Rürup-Rente auf 5,3 Prozent der Beitragssumme. Der Abstand wird geringer, je länger die Beitragsdauer ist. Bei 15 Jahren liegt die gesetzliche Rente mit einem jährlichen Rentensatz von 6,3 Prozent noch leicht über den 6 Prozent bei der Rürup-Rente.

Es gilt die Regel: Je länger die Beitragsdauer, umso stärker wirkt sich der Zinseszinseffekt zugunsten der Rürup-Rente aus. Die gesetzliche Rente einschließlich 7,3 Prozent Zuschuss zur privaten Kranken- und Pflegeversicherung schlägt somit die Rürup-Rente bei pensionsnahen Beamten mit einer Beitragsdauer von fünf bis zu 15 Jahren. Ab einer Beitragsdauer von 20 Jahren schneidet die Rürup-Rente etwas besser ab.

Dieses Ergebnis stellt sich grundsätzlich auch ein, wenn man die garantierten Renten miteinander vergleicht.

In den Tabellen oben werden sowohl die möglichen als auch die garantierten gesetzlichen Renten aus freiwilligen Bei-

Mögliche Renten

Jahrgang	Beitragsdauer	monatlicher Beitrag	mögliche gesetzliche Rente*	mögliche Rürup-Rente**
1954	5 Jahre	600 €	180 €	144 €
1958	10 Jahre	400 €	185 €	159 €
1962	15 Jahre	200 €	189 €	180 €
1967	20 Jahre	150 €	196 €	201 €
1972	25 Jahre	120 €	204 €	219 €
1977	30 Jahre	100 €	212 €	237 €

*) mögliche monatliche gesetzliche Rente inkl. 7,3 Prozent Zuschuss zur gesetzlichen Kranken- und Pflegeversicherung in Anlehnung an die Entwicklung der aktuellen Rentenwerte, Beitragssätze und Entgeltsteigerungen im Rentenversicherungsbericht 2013 der Bundesregierung **) monatliche mögliche Rürup-Rente bei einem kostengünstigen Direktversicherer mit Absicherung des Ehegatten und einem Zins von 3,65 Prozent

trägen für verschiedene Szenarien (keine Rentensteigerung, jährliche Rentensteigerung laut Vorschaurechnung im Rentenversicherungsbericht 2013 der Bundesregierung) gegenübergestellt.

Die garantierte Rente wird, wie schon der Name sagt, künftig auf keinen Fall sinken. Die mögliche gesetzliche Rente wird aufgrund der erwarteten Rentensteigerungen mehr oder minder deutlich über der garantierten Rente liegen. Nullrunden auf Dauer sind bei der gesetzlichen Rente nur theoretisch möglich.

Außerdem erfolgt ein Vergleich mit möglichen und garantierten Rürup-Renten nach dem Tarif eines kostengünstigen Direktversicherers.

Bei den möglichen Renten unter Berücksichtigung von jährlichen Rentensteigerungen übertrifft die gesetzliche Rente bei einer Beitragsdauer bis zu 15 Jahren die Rürup-Rente. Daher wäre der Einstieg mit freiwilligen Beiträgen zur gesetzlichen Rente noch ab dem 52. Lebensjahr sinnvoll, wenn die Regelaltersgrenze bei 67 Jahren liegt.

Die garantierte gesetzliche Rente schlägt die garantierte Rürup-Rente sogar bei einer Beitragsdauer von bis zu 20 Jahren. Erst ab einer Beitragsdauer von

25 Jahren liegt die garantierte Rürup-Rente höher.

Der Vergleich von gesetzlicher Rente und Rürup-Rente bietet sich geradezu an, weil die steuerlichen Regeln bei diesen Renten völlig identisch sind. Bei der Riester-Rente und der Privatrente aus der privaten Rentenversicherung gelten bekanntlich andere Steuerregeln, was den Vergleich etwas schwieriger gestaltet.

Wie hoch kann der freiwillige Beitrag sein?
Wenn Sie sich als Beamter für regelmäßige freiwillige Beiträge zur gesetzlichen Rente entscheiden, können Sie die Höhe zwischen dem Mindestbeitrag von monatlich 85,05 Euro und dem Höchstbeitrag von 1 124,55 Euro frei wählen (Zahlen für das Beitragsjahr 2014).

Die Deutsche Rentenversicherung rechnet Ihre freiwilligen Beiträge in fiktive monatliche Entgelte um, indem sie den freiwilligen Beitrag durch den Gesamtbeitragssatz (zum Beispiel 18,9 Prozent in den Jahren 2014 und 2015) teilt. Einem jährlichen Mindestbeitrag von zurzeit 1 020,60 Euro entspricht somit ein fiktives Entgelt von 5 400 Euro (= 1 020,60 Euro : 0,189).

Nach Division des fiktiven Jahresentgelts durch das Jahresdurchschnittsentgelt (zum Beispiel 5 400 Euro : vorläufiges Entgelt 34 857 Euro West für das Jahr 2014) und anschließender Multiplikation der erhaltenen Entgeltpunkte mit dem aktuellen Rentenwert (zum Beispiel 28,61 Euro West ab 1. Juli 2014) lässt sich daraus der monatliche garantierte Rentenanspruch in Euro errechnen. In diesem Fall wären es 4,43 Euro pro Monat. Die Tabelle rechts weist für beispielhafte Monats- und Jahresbeiträge die entsprechenden monatlichen Rentenansprüche aus.

Beispiel: Bei einem freiwilligen Jahresbeitrag von 6 000 Euro für 2014 errechnet sich eine monatliche Rente von 26,06 Euro (siehe Tabelle).

Das klingt wenig, macht aber auf ein Jahr gerechnet immerhin 5,21 Prozent des Jahresbeitrags aus. Nach einem Rentenbezug von 19 Jahren und 3 Monaten wäre der gezahlte Jahresbeitrag garantiert wieder zurückgeflossen (26,06 x 12 Monate x 19,25 Jahre = 6 020 Euro). Dabei sind Zuschüsse zur privaten Krankenversicherung in Höhe von 7,3 Prozent der garantierten Rente sowie kommende Rentensteigerungen noch gar nicht berücksichtigt.

Freiwillige Beiträge zur Riester-Rente
Pensionsferne Beamte, die 20 Jahre und mehr freiwillige Beiträge einzahlen können, schneiden mit der Riester-Rente höchstwahrscheinlich besser ab als mit freiwilligen Beiträgen zur gesetzlichen Rente. Dies gilt insbesondere für den Fall, dass die Gesamtheit der Zulagen (Grundzulage plus Kinderzulagen) höher ausfällt als eine fiktive Steuerersparnis, also insbesondere für Geringverdiener mit vielen Kindern.

Allerdings sind die förderfähigen Eigenbeiträge nach Abzug der Grundzulage von 154 Euro auf höchstens 1 946 Euro pro

SO VIEL GESETZLICHE RENTE BRINGEN FREIWILLIGE BEITRÄGE

Die Tabelle zeigt, wie hoch die gesetzliche Rente für beispielhafte Monats- und Jahresbeiträge im Jahr 2014 ausfällt. Mindestens 85,05 Euro monatlich müssen Sie einzahlen, mehr als 1 124,55 Euro dürfen es nicht sein.

monatlicher Beitrag zur Rentenversicherung (Euro)	jährlicher Beitrag zur Rentenversicherung (Euro)	dadurch erworbener monatlicher Rentenanspruch (Euro)
85,05	1 021	4,43
200,00	2 400	10,42
300,00	3 600	15,68
400,00	4 800	20,84
500,00	6 000	26,06
600,00	7 200	31,27
700,00	8 400	36,48
800,00	9 600	41,69
900,00	10 800	46,90
1 000,00	12 000	52,11
1 124,55	13 495	58,60

Jahr oder 162,17 Euro pro Monat beschränkt. Eine hohe Riester-Rente ist daher nur bei einer sehr langen Beitragsdauer zu erwarten.

Für künftige oder gestandene Eigenheimbesitzer empfiehlt sich vor allem der sogenannte Wohn-Riester. Sie können, wenn Sie Ihr Einfamilienhaus oder Ihre Eigentumswohnung selbst nutzen, auch bereits vorhandene Riester-Verträge zur Tilgung Ihrer Hypothekenschulden einsetzen. Ihre Rendite erzielen Sie praktisch aus den ersparten Hypothekenzinsen. Da diese Schuldzinsen erfahrungsgemäß mindestens einen Prozentpunkt über den Zinsen liegen, die Sie für Sparguthaben oder Anleihen bekommen würden, zahlt sich die erhöhte Tilgung durch Riester-Sparbeiträge oder bereits vorhandenes Riester-Kapital auch finanziell für Sie aus.

Wer nicht Eigenheimbesitzer ist oder werden möchte, fährt meist mit einem Riester-Banksparplan gut. Riester-Sparer unter 40 Jahren, die die Chancen der Aktienmärkte nutzen möchten, mit einem Riester-Fondssparplan. Mehr zur Riester-Rente finden Sie auf Seite 79. Die Empfehlungen für Angestellte gelten auch für Beamte.

Beiträge zu einer privaten Rentenversicherung
Ein Neuabschluss von privaten Rentenversicherungen lohnt sich angesichts der andauernden Niedrigzinsphase kaum noch. Der Garantiezins sinkt ab 2015 von 1,75 auf 1,25 Prozent. Da die Versicherer von Ihren Beiträgen hohe Kosten für ihre Verwaltung abziehen, bevor sie diese verzinsen, erhalten Sie nach der Mindestversicherungsdauer von zwölf Jahren möglicherweise gerade mal Ihre eingezahlten Beiträge zurück, falls Sie keine Rente beziehen, sondern Ihr Kapitalwahlrecht ausüben.

Auch wenn Sie sich für die Rente entscheiden, werden Sie nicht reich. Zwar müssen Sie in diesem Fall nur einen geringen Ertragsanteil von beispielsweise 18 Prozent bei 65-Jährigen versteuern (siehe Seite 181). Da Sie aber bei ab 2005 abgeschlossenen privaten Rentenversicherungen in der Beitragsphase überhaupt keine Steuern mehr sparen können, sollten Sie diesen kleinen Steuervorteil in der Rentenphase nicht überbewerten.

Je nach Alter: Gesetzliche Rente oder Riester
Das Fazit für Beamte, die über ihre zu erwartende Pension hinaus vorsorgen und noch Renten aus freiwilligen Beiträgen erzielen wollen, lautet:

- freiwillige Beiträge zur gesetzlichen Rente für pensionsnahe Beamte (ab dem 50. oder 55. Lebensjahr),
- freiwillige Beiträge zur Riester-Rente für pensionsferne Beamte (bis zum 50. Lebensjahr),
- freiwillige Beiträge zur Rürup-Rente und Privatrente aus privater Rentenversicherung nur in Sonderfällen.

POLIZEI
12117

FRÜHER IN DEN RUHESTAND?

Früher in Rente oder Pension – das lockt viele! Am besten ohne Abschläge wie bei der neu eingeführten Rente ab 63 nach 45 Versicherungsjahren. Andere möchten länger in ihrem Beruf bleiben oder sich einen Nebenjob suchen, um Rente oder Pension aufzubessern. Was Sie dabei beachten sollten, erfahren Sie in diesem Kapitel.

WIE LANGE SOLL ICH NOCH ARBEITEN?

Viele freuen sich auf ihren letzten Arbeitstag. Sie möchten so früh wie möglich aufhören zu arbeiten, um ihre Zeit mit Familie, Freunden und Hobbys zu genießen. Andere haben keine Lust mehr auf ihren alten Arbeitsplatz, können sich aber vorstellen, im Rentenalter noch einmal etwas Neues zu beginnen und neben Pension oder Rente Geld zu verdienen. Wieder andere finden ihren Job so spannend und die Kollegen so nett, dass sie lieber weiterarbeiten und den Pensions- oder Rentenbeginn nach hinten verlegen möchten.

Aber was bedeutet das eigentlich finanziell? Besonders wenn Sie früher in den Ruhestand gehen möchten, sollten Sie genau rechnen, ob Sie sich das leisten können, und prüfen, welchen Weg Sie dafür wählen. Vielleicht haben Sie ja Anspruch auf eine der Möglichkeiten, die es Ihnen erlaubt, ohne Abschläge früher in Rente zu gehen? Oder Sie vereinbaren mit Ihrem Arbeitgeber Altersteilzeit? Oder Sie bessern Frühpension oder Frührente auf, indem Sie nebenbei arbeiten. Dabei müssen Sie aber Hinzuverdienstgrenzen beachten, sonst werden Pension oder Rente gekürzt. Besonders bei Angestellten kann das schnell passieren, bei Beamten sind die Regelungen etwas großzügiger.

Denken Sie bei Ihren Entscheidungen daran: Etwa 80 Prozent Ihres Nettoendgehalts sollten Sie im Ruhestand zur Verfügung haben, um Ihren Lebensstandard zu halten. Mehr dazu siehe Seite 15.

Wichtig: Vergessen Sie nicht, dass auch Steuern und Sozialabgaben an Ihrer Rente beziehungsweise Pension zehren.

OHNE ABSCHLAG FRÜHER IN RENTE ODER PENSION

Selbstverständlich gehen Sie abschlagsfrei in Rente oder Pension, wenn Sie bis zur Regelaltersgrenze arbeiten. Ohne Renten- oder Pensionsabschlag bleiben Sie aber auch, wenn Sie eine Altersteilzeit vereinbart haben, die erst mit Erreichen der Regelaltersgrenze endet (siehe Seite 145). Alle abschlagsfreien Frührenten sind wenigen Gruppen vorbehalten, die ganz bestimmte Voraussetzungen erfüllen müssen. Prüfen Sie anhand der Checkliste rechts, ob Sie zu einer dieser Gruppen gehören.

Abschlagsfrei in Rente ab 63 Jahren bei 45 Jahren Wartezeit

Bis zum Jahr 2011 konnten alle Arbeitnehmer nach Vollendung ihres 65. Lebensjahres in Rente gehen. Seit dem Jahr 2012 steigt die Regelaltersgrenze aber schrittweise an. Wer Jahrgang 1964 oder jünger ist, kann dann erst mit 67 Jahren ohne Abschlag in den Ruhestand (siehe Tabelle Seite 10).

Anders ist das für alle, die besonders lange Wartezeiten vorweisen können. Seit der Rentenreform vom 1. Juli 2014 können besonders langjährig Versicherte, die 45 Jahre Wartezeiten gesammelt haben, bereits ab 63 Jahren abschlagsfrei in Rente gehen. Vorher mussten auch sie mindestens bis zum 65. Lebensjahr arbeiten.

Fehlen Ihnen an Ihrem 63. Geburtstag nur ein paar Monate zu den 45 Versicherungsjahren, erhalten Sie die abschlagsfreie Rente auf Antrag einige Monate später. Einen guten Überblick über die Anzahl der

CHECKLISTE OHNE ABSCHLÄGE FRÜHER IN RENTE ODER PENSION?

Für Angestellte:

- ✔ Rente ab 63 Jahren für besonders langjährig Versicherte nach 45 Pflichtbeitragsjahren (schrittweise Heraufsetzung des Eintrittsalters auf 65 Jahre für die Jahrgänge 1953 bis 1964)
- ✔ Rente ab 63 Jahren für schwerbehinderte Angestellte
- ✔ Rente ab 63 Jahren für erwerbsgeminderte Angestellte

Für Beamte:

- ✔ Pension mit 65 Jahren für besonders lang Dienende nach 45 Beitrags- oder Dienstjahren
- ✔ Pension ab 63 Jahren für schwerbehinderte Beamte
- ✔ Pension ab 63 Jahren für dienstunfähige Beamte
- ✔ Pension für Polizei- und Justizvollzugsbeamte ab der besonderen gesetzlichen Altersgrenze von 62 Jahren

Praxisfrage: Rente mit 63 nach Arbeitslosigkeit

Ich war früher zweimal arbeitslos, insgesamt rund zwei Jahre. Werden diese Zeiten auf die 45 Jahre angerechnet?

Zeiten für Arbeitslosengeld I ab 2001 oder für das vor 2001 gezahlte Arbeitslosengeld (aber nicht für die frühere Arbeitslosenhilfe oder Arbeitslosengeld II) sind grundsätzlich Pflichtbeitragszeiten. Diese Zeiten werden auf die Wartezeit von 45 Jahren angerechnet, wenn sie mindestens zwei Jahre vor dem Rentenbeginn liegen. Ältere Angestellte bekamen ab 2001 höchstens für zwei Jahre Arbeitslosengeld I, bevor dann Arbeitslosengeld II (Hartz IV) gezahlt wurde.
Das können Sie tun: Prüfen Sie, ob es bei Ihnen vor 2001 Zeiten der Arbeitslosigkeit gab, in denen Sie Arbeitslosengeld erhalten haben. Sie müssen die Anrechnung dieser Zeiten beantragen, sofern bei der Deutschen Rentenversicherung oder der Agentur für Arbeit entsprechende Nachweise nicht mehr vorhanden sind. Im Zweifel legen Sie eine eidesstattliche Versicherung über diese Zeiten der Arbeitslosigkeit vor, die als Lücken in Ihrem Versicherungsverlauf auftreten.

bisher erreichten Versicherungsjahre bietet Ihnen der Versicherungsverlauf in der zuletzt übersandten Rentenauskunft der Deutschen Rentenversicherung.

Zu den anrechenbaren Versicherungsjahren für die abschlagsfreie Rente ab 63 Jahren zählen:

- Pflichtbeitragsjahre,
- Zeiten der Arbeitslosigkeit mit Arbeitslosengeld I oder dem früheren Arbeitslosengeld (also nicht Zeiten mit Arbeitslosengeld II beziehungsweise Hartz IV oder der früheren Arbeitslosenhilfe), falls diese Zeiten mindestens zwei Jahre vor dem Rentenbeginn liegen,
- Zeiten mit freiwilligen Beiträgen, wenn mindestens 18 weitere Jahre mit Pflichtbeiträgen vorliegen. Freiwillige Beiträge in den letzten zwei Jahren vor Rentenbeginn werden nicht berücksichtigt,

Praxisfrage: Rente mit 63, Zugangsalter

Ich bin 1956 geboren und seit 1974 als Angestellte im öffentlichen Dienst tätig. Kann ich mit 63 Jahren ohne Abschläge in Rente gehen?

Tatsächlich trifft die abschlagsfreie Rente mit 63 Jahren punktgenau nur auf die Geburtsjahrgänge 1951 und 1952 zu, die frühestens ab dem 1. Juli 2014 nach 45 Beitragsjahren mit 63 Jahren in Rente gehen. Für alle jüngeren Jahrgänge erhöht sich das Zugangsalter stufenweise.
In Ihrem Fall (Jahrgang 1956) sind es 63 Jahre und 8 Monate (siehe Tabelle rechts). Voraussetzung ist aber immer, dass bis dahin auch tatsächlich 45 Beitragsjahre erreicht wurden. Das ist bei Ihnen der Fall, da Sie bereits 1974 in den öffentlichen Dienst eingetreten sind.

- Berücksichtigungszeiten wegen Kindererziehung bis zu zehn Jahren pro Kind.

Der Kreis der Berechtigten für die neue abschlagsfreie Rente ab 63 Jahren nach 45 Versicherungsjahren ist also viel größer, als üblicherweise angenommen wird. Insbesondere wird häufig unterschlagen, dass auch Zeiten mit freiwilligen Beiträgen ebenso wie Berücksichtigungszeiten wegen Kindererziehung bis zu zehn Jahren pro Kind (siehe Seite 35) angerechnet werden können.

Andererseits glauben viele, dass alle nach 45 Versicherungsjahren in den Genuss der „Rente mit 63" kommen. Dies ist aber falsch. Nur die Jahrgänge 1951 und 1952 können tatsächlich bereits mit 63 in Rente gehen. Denn auch bei dieser Rentenart wird das Zugangsalter sukzessive angehoben, wie die Tabelle auf Seite 135 zeigt.

Der Ansturm auf die Rente mit 63 ist groß. Bis Ende August 2014 hatten bereits über 110 000 gesetzlich Rentenversicherte der Jahrgänge 1951 und 1952 einen entsprechenden Antrag bei der Deutschen Rentenversicherung gestellt. Wer die abschlagsfreie Rente bereits ab 1. Juli 2014 genießen wollte, musste den

ZUGANGSALTER FÜR DIE ABSCHLAGSFREIE RENTE MIT 63

Auch das Zugangsalter für die abschlagsfreie Rente mit 63 nach 45 Jahren Wartezeit steigt an.

Geburtsjahr	Zugangsalter
1951 und 1952	63 Jahre
1953	63 Jahre und 2 Monate
1954	63 Jahre und 4 Monate
1955	63 Jahre und 6 Monate
1956	63 Jahre und 8 Monate
1957	63 Jahre und 10 Monate
1958	64 Jahre
1959	64 Jahre und 2 Monate
1960	64 Jahre und 4 Monate
1961	64 Jahre und 6 Monate
1962	64 Jahre und 8 Monate
1963	64 Jahre und 10 Monate
ab 1964	65 Jahre

Antrag bis Ende September 2014 gestellt haben.

Die Bundesregierung rechnete anfangs lediglich mit 100 000 Neurentnern, die als besonders langjährig Versicherte nach 45 Beitragsjahren tatsächlich abschlagsfrei mit 63 Jahren in Rente gehen. Nach neueren Schätzungen der Bundesregierung könnten es aber auch bis 240 000 sein, die bis Ende 2014 einen Antrag auf abschlagsfreie Rente mit 63 Jahren stellen.

Davon entfallen schätzungsweise rund drei Viertel auf Männer und nur ein Viertel auf Frauen. Bei den Männern handelt es sich vorwiegend um vergleichsweise gut verdienende Facharbeiter oder Angestellte ohne Studium, die bereits ab spätestens

Praxisfrage: Rente mit 63 und Zusatzrente

Ich habe die Voraussetzungen für eine abschlagsfreie gesetzliche Rente ab 63 Jahren erfüllt. Bekomme ich dann auch eine abschlagsfreie Zusatzrente?

Ja, sofern Sie beispielsweise zur VBL (Versorgungsanstalt des Bundes und der Länder) als der bei weitem größten Zusatzversorgungskasse gehören. Laut VBL-Information vom 17. Juli 2014 hat die abschlagsfreie gesetzliche Rente ab 63 nach 45 Versicherungsjahren auch Auswirkungen auf die Betriebsrente aus der VBLklassik, also die VBL-Zusatzrente. Das heißt: Bekommen Sie Ihre gesetzliche Rente abschlagsfrei, trifft dies auch auf die VBL-Zusatzrente als Betriebsrente wegen Alters aus der VBLklassik zu.

Auch die anderen 24 Zusatzversorgungskassen im öffentlichen und kirchlichen Dienst zahlen Ihnen eine abschlagsfreie Zusatzrente, sofern Sie ab 63 Jahren auf 45 Versicherungsjahre in der gesetzlichen Rentenversicherung kommen.

Das können Sie tun: Grundsätzlich beginnt Ihre Zusatzrente mit dem Beginn der Rente aus der gesetzlichen Rentenversicherung. Den Anspruch auf Zusatzrente weisen Sie durch Vorlage des Rentenbescheids der Deutschen Rentenversicherung nach. Handelt es sich laut Rentenbescheid um eine abschlagsfreie gesetzliche Rente, steht Ihnen auch die abschlagsfreie Zusatzrente zu.

Praxisfrage: Rente mit 63 nach Altersteilzeit

Ich bin 1953 geboren und möchte 2016 nach über 45 Beitragsjahren abschlagsfrei mit 63 in Rente gehen, da dann auch meine Altersteilzeit endet. Geht das?

Wer eine Altersteilzeit vereinbart hat, die mit 63 Jahren endet und damit vor der Regelaltersgrenze, kann ab Jahrgang 1953 die abschlagsfreie Rente noch nicht mit 63 Jahren erhalten, sondern beispielsweise erst ab 63 Jahren und 2 Monaten beim Jahrgang 1953. Sie sind nicht gezwungen, exakt mit 63 Jahren in Rente zu gehen, wenn der Altersteilzeitvertrag dann endet.
Das können Sie tun: Prüfen Sie, ob Sie bereits am Ende der Altersteilzeit mit 63 Jahren auf die geforderten 45 Pflichtbeitragsjahre kommen. Dabei zählen die Jahre in der Freistellungsphase voll mit (siehe auch Ihr Versicherungsverlauf der letzten Rentenauskunft). Die beiden Monate vom Ende der Altersteilzeit mit 63 bis zum Rentenbeginn mit 63 Jahren und 2 Monaten müssen Sie finanziell überbrücken. Das sollten Sie unbedingt tun, denn sonst hätten Sie bei der Altersrente für langjährig Versicherte, die Sie mit 63 in Anspruch nehmen können, einen lebenslangen Abschlag von 9,3 Prozent.
Außer einem kurzfristigen Minijob mit monatlich 450 Euro oder einer eher unwahrscheinlichen Weiterarbeit im Einvernehmen mit Ihrem Arbeitgeber bietet sich zur Überbrückung eventuell Arbeitslosengeld I an. Sie sollten sich dann spätestens drei Monate vor Ihrem 63. Geburtstag arbeitssuchend melden. Ob im Falle der kurzfristigen Arbeitslosigkeit tatsächlich Arbeitslosengeld gezahlt wird, ist nicht sicher.
Grundsätzlich gilt eine Sperrzeit von zwei Monaten, da das Ende der Altersteilzeit als Kündigung des Beschäftigungsverhältnisses durch den Angestellten angesehen werden kann. Bei Vorliegen von wichtigen Gründen (zum Beispiel

Abschluss des Altersteilzeitvertrages auf Drängen des Arbeitgebers) kann die Sperrzeit nach einem Urteil des Bundessozialgerichts vom 21. Juli 2009 (Az, B 7 AL 6/08 R) auf sechs Wochen verkürzt werden oder sogar ganz entfallen.
Das Arbeitslosengeld I wird nach der Altersteilzeit allerdings nur relativ gering ausfallen, da statt des Vollzeitentgelts von beispielsweise 3 000 Euro nur das Teilzeitentgelt von 1 500 Euro bei durchschnittlich halber Beschäftigung (zum Beispiel drei Jahre Vollzeitbeschäftigung und anschließend Freistellungsphase von drei Jahren) zugrunde gelegt wird. Verheiratete können mit einem Arbeitslosengeld I von knapp 700 Euro pro Monat rechnen.
Kalkulieren Sie auch vorsichtigerweise ein, dass Sie in den fehlenden zwei Monaten keinen Job finden und kein Arbeitslosengeld I erhalten. Sie sollten daher genügend finanzielle Mittel haben, um diese beschäftigungslose Zeit anders zu überbrücken. Denken Sie auch daran, dass Sie Ihre gesetzliche Kranken- und Pflegeversicherung in der Überbrückungszeit mit eigenen Beiträgen fortführen.

18 Jahren berufstätig waren oder ihre Berufsausbildung begonnen hatten. Diese „Früheinsteiger" können dann später als Frührentner ab 63 Jahren abschlagsfrei wieder aus dem Berufsleben aussteigen.

Eine Frühverrentungswelle nach Kündigung des Arbeitsverhältnisses mit 61 Jahren und unmittelbar darauf folgenden zwei Jahren Arbeitslosigkeit soll laut Rentenreformgesetz dadurch verhindert werden, dass zwei Jahre vor Rentenbeginn eingetretene Zeiten der Arbeitslosigkeit nicht auf die geforderten 45 Versicherungsjahre angerechnet werden. Es sei denn, die Arbeitslosigkeit wird durch Liquidation oder Insolvenz des Betriebes verursacht.

Der wissenschaftliche Dienst des Bundestages hält dies für verfassungswidrig wegen der Unvereinbarkeit mit dem Gleichheitsgebot von Artikel 3 des Grundgesetzes, da eine solche „Ausnahme von der Ausnahme" betriebsbedingte Kündigungen nicht mit einschließe und dadurch unfreiwillig in die Arbeitslosigkeit entlassene Arbeitnehmer benachteilige. Die Bundesregierung will darüber hinaus im Jahr 2018 prüfen, wie viele Menschen tatsächlich von der Neuregelung Gebrauch gemacht.

Über die zu erwartende durchschnittliche Höhe der abschlagsfreien Rente ab 63 Jahren kann man zurzeit nur spekulieren. Die gesetzliche Rente lag beispielsweise im Jahr 2012 für besonders langjährig versicherte Männer nach mindestens 45 Beitragsjahren bei 1 411 Euro, was in etwa 50 Entgeltpunkten entsprach. Da Durchschnittsverdiener mit 45 Beitragsjahren in der gesetzlichen Rentenversicherung auch exakt 45 Entgeltpunkte erhalten, wird es sich bei den besonders langjährig versicherten Männern im Jahr 2012 zum weitaus größeren Teil um Besserverdiener handeln.

Aber auch Frauen mit mehreren Kindern könnten von der abschlagsfreien Rente ab 63 Jahren profitieren, da Kindererziehungszeiten von bis zu zehn Jahren pro Kind angerechnet werden. Wenn eine überwiegend berufstätige Frau beispielsweise drei Kinder in den Jahren 1980 bis 1985 geboren hat, werden ihr demnach insgesamt 15 Jahre auch für die Zeit ohne Erwerbstätigkeit angerechnet (von der Geburt des ersten Kindes bis zum zehnten Jahr nach der Geburt des dritten Kindes). Daher benötigt sie nur 30 reine Pflichtbeitragsjahre, um auf 45 Versicherungsjahre zu kommen. Allerdings dürfen sich Pflichtbeitragsjahre und Zeiten der Kindererziehung dann nicht überschneiden.

Ursprünglich gab es Pläne, die abschlagsfreie Rente ab 63 Jahren für Angestellte auszuschließen, die bereits einen Altersteilzeitvertrag bis 63 Jahre abgeschlossen hatten. Diese Pläne wurden aber später wieder aufgegeben. Daher können Sie den Antrag auf eine abschlagsfreie Rente ab 63 Jahren auch umgehend nach Beendigung ihres Altersteilzeitvertrages und Vollendung des 63. Lebensjahres stellen, wenn Sie die entsprechenden Voraussetzungen erfüllen.

Abschlagsfrei in Pension für besonders lang dienende Beamte

Da es bei Beamten wegen der Befreiung von der Sozialversicherungspflicht keine Pflichtversicherungsjahre oder Beitragsjahre geben kann, ist dort von besonders langjährig dienenden Beamten die Rede, sofern die abschlagsfreie Pension nach 45 Dienstjahren überhaupt eingeführt wird. Bisher können Beamte aber, auch wenn sie die Voraussetzungen erfüllen, erst mit 65 Jahren und nicht wie Angestellte bereits ab 63 Jahren abschlagsfrei in Pension gehen. Für Bundesbeamte und Beamte in Bundesländern wie Nordrhein-Westfalen und Baden-Württemberg ist die abschlagsfreie Pension mit 65 Jahren beispielsweise mittlerweile möglich. Das Gleiche gilt für die Bundesländer Bremen, Hamburg, Hessen und Thüringen.

In Bayern können besonders lang dienende Beamte nach 45 Dienstjahren auf Antrag bereits nach Vollendung des 64. Lebensjahres ohne Versorgungs- oder Pensionsabschlag in den Ruhestand gehen. Zu den Dienstjahren zählen beispielsweise bei Bundesbeamten alle ruhegehaltfähigen Dienstzeiten (also zum Beispiel auch Studienzeiten mit zwei Jahren und 125 Tagen) und eventuelle Pflichtbeitragsjahre in der gesetzlichen Rentenversicherung.

Die Hoffnung auf eine künftige generelle abschlagsfreie Pension mit bereits 63 Jahren nach 45 Dienstjahren analog zur Rente mit 63 Jahren ist relativ gering. Dienstjahre für Beamte sind nicht mit Versicherungsjahren für Arbeitnehmer, in denen Pflichtbeiträge gezahlt wurden, vergleichbar. Schließlich erwirbt der Beamte seine Pensionsansprüche, ohne eigene Beiträge zu zahlen.

Bayern verweigert die Einführung der abschlagsfreien Pension ab 63 Jahren, da es dort bereits die abschlagsfreie Pension mit 64 Jahren gibt und alle Jahrgänge ab 1959 damit sogar besser fahren.

Die Bundesländer Baden-Württemberg und Nordrhein-Westfalen haben bereits angekündigt, dass sie die abschlagsfreie Pension ab 63 Jahren nach 45 Dienstjahren aus finanziellen Gründen nicht einführen wollen. Auch das Bundesinnenministerium lehnt eine solche Regelung ab, wie sie vom Deutschen Beamtenbund gefordert wird.

Es ist aber nicht auszuschließen, dass es in einigen Bundesländern künftig doch zu einer abschlagsfreien Pension ab 63 Jahren nach 45 Dienstjahren kommt. Allerdings würden davon nur Beamte des einfachen und mittleren Dienstes profitieren, da Beamte des gehobenen und höheren Dienstes schon aufgrund des von ihnen geforderten Hochschulstudiums 45 Dienstjahre nicht einmal bis zum 65. Lebensjahr erreichen können.

Abschlagsfrei ab 63 Jahren für schwerbehinderte Angestellte und Beamte

Was leicht übersehen wird: Die abschlagsfreie Rente ab 63 Jahren gibt es bereits für schwerbehinderte Menschen. Im Jahr 2012 waren es immerhin rund 76 000 Rentner und damit 12 Prozent der Neurentner, die als Schwerbehinderte die abschlagsfreie Rente mit 63 Jahren (Jahrgang 1949) erhielten oder eine Schwerbehindertenrente vor 63 Jahren mit Rentenabschlägen in Kauf nahmen.

Für schwerbehinderte Menschen, die vor 1955 geboren sind, bleibt es sogar bei der abschlagsfreien Altersgrenze von 63 Jahren, wenn sie bereits am 1. Januar 2007 als Schwerbehinderte anerkannt waren und vor diesem Datum Altersteilzeit mit ihrem Arbeitgeber vereinbart hatten.

Ab Jahrgang 1952 erhöht sich das Zugangsalter für die abschlagsfreie Schwerbehindertenrente schrittweise bis auf 64 Jahre beim Jahrgang 1958 und weiter bis auf 65 Jahre ab Jahrgang 1964, wie aus der Tabelle rechts hervorgeht.

Wer als schwerbehindert gilt

Die Altersrente für schwerbehinderte Menschen setzt zunächst einmal voraus, dass der Angestellte oder Beamte im Renten- oder Versorgungsrecht als schwerbehindert gilt. Dies ist immer der Fall, wenn der Grad der Behinderung (GdB) mindestens 50 beträgt. Dieser GdB von mindestens 50 muss durch Vorlage eines Schwerbehindertenausweises nachgewiesen werden.

SCHWERBEHINDERTENAUSWEIS BEANTRAGEN

Die Anerkennung als Schwerbehinderter können Sie unter Vorlage von entsprechenden ärztlichen Bescheinigungen (zum Beispiel bei einer Krebserkrankung oder nach einem Herzinfarkt) bei dem für Sie zuständigen Versorgungsamt beantragen. Nach Prüfung Ihres Antrags erhalten Sie dann einen Schwerbehindertenbescheid und einen entsprechenden Ausweis, der Auskunft über den Grad Ihrer Behinderung gibt.

RENTE OHNE ABSCHLAG FÜR SCHWERBEHINDERTE

Schwerbehinderte dürfen nach einer Wartezeit von 35 Jahren abschlagsfrei in Rente. Auch das Zugangsalter für diese Rente wird angehoben.

Geburtsjahr bzw. -monat	Zugangsalter
1951	63 Jahre
Januar 1952	63 Jahre und 1 Monat
Februar 1952	63 Jahre und 2 Monate
März 1952	63 Jahre und 3 Monate
April 1952	63 Jahre und 4 Monate
Mai 1952	63 Jahre und 5 Monate
Juni bis Dezember 1952	63 Jahre und 6 Monate
1953	63 Jahre und 7 Monate
1954	63 Jahre und 8 Monate
1955	63 Jahre und 9 Monate
1956	63 Jahre und 10 Monate
1957	63 Jahre und 11 Monate
1958	64 Jahre
1959	64 Jahre und 2 Monate
1960	64 Jahre und 4 Monate
1961	64 Jahre und 6 Monate
1962	64 Jahre und 8 Monate
1963	64 Jahre und 10 Monate
ab 1964	65 Jahre

Wartezeit von 35 Jahren

Für die abschlagsfreie Schwerbehindertenrente ab 63 Jahren müssen Sie eine Warte- oder Versicherungszeit von 35 Jahren nachweisen. Im Gegensatz zur Pflichtbeitragszeit von 45 Jahren bei der abschlagsfreien Rente ab 63 Jahren für nicht schwerbehinderte Menschen werden dabei sämtliche rentenrechtlichen Zeiten angerechnet – und nicht nur Pflichtbeitragszeiten einschließlich Zeiten mit Arbeitslosengeld I sowie Berücksichtigungszeiten wegen Kindererziehung von bis zu zehn Jahren pro Kind.

Für die Wartezeiten werden folgende Zeiten anerkannt:

- Pflichtbeitragszeiten,
- Zeiten mit freiwilligen Beiträgen,
- Anrechnungszeiten (zum Beispiel schulische Ausbildungszeiten),
- Berücksichtigungszeiten (zum Beispiel wegen Kindererziehung bis zu zehn Jahre pro Kind),
- Zeiten aus dem Versorgungsausgleich,
- Zeiten aus dem Rentensplitting unter Ehegatten oder eingetragenen Lebenspartnern.

In aller Regel werden schwerbehinderte Angestellte im öffentlichen Dienst diese Wartezeit von 35 Jahren bis zum vollendeten 63. Lebensjahr problemlos erfüllen. In Zeiten, in denen Sie als Angestellter ausnahmsweise nicht pflichtversichert sind (zum Beispiel bei einer vorübergehenden selbstständigen Tätigkeit), sollten Sie freiwillige Beiträge zur gesetzlichen Rente zahlen. Ein Mindestbeitrag von zurzeit 85,05 Euro im Monat – dies entspricht 18,9 Prozent von 450 Euro – reicht. Mit freiwilligen Beiträgen können Sie auf diese Weise eventuelle Lücken bequem schließen.

Schwerbehinderte Beamte

Schwerbehinderte Beamte mit einem Behinderungsgrad (GdB) von mindestens 50 können eine abschlagsfreie Pension teilweise noch mit 63 Jahren erhalten, wie zum Beispiel in Nordrhein-Westfalen. Allerdings wird in den meisten Bundesländern analog zur Schwerbehindertenrente der Angestellten auch diese besondere Altersgrenze ab Jahrgang 1952 stufenweise angehoben, bis sie ab Jahrgang 1964 dann 65 Jahre beträgt (siehe Tabelle Seite 141).

Da ständig neue Beamtenversorgungsgesetze für Bund und Länder erlassen werden, können sich die Regelungen aber künftig ändern. Es ist damit zu rechnen, dass es eines Tages für alle schwerbehinderten Bundes-, Landes- und Kommunalbeamten die gleiche schrittweise Anhebung des Zugangsalters von 63 Jahren bei den Jahrgängen bis 1951 auf 65 Jahre bei allen Jahrgängen ab 1964 geben wird.

Abschlagsfrei ab 63 Jahren für Erwerbsgeminderte

Wer wegen voller oder teilweiser Erwerbsminderung vorzeitig in Rente geht, muss in aller Regel Rentenabschläge bis zu 10,8 Prozent in Kauf nehmen. Der Grund: Die meisten Erwerbsgeminderten müssen bereits vor dem vollendeten 60. Lebensjahr ihre Arbeit aus Krankheitsgründen aufgeben.

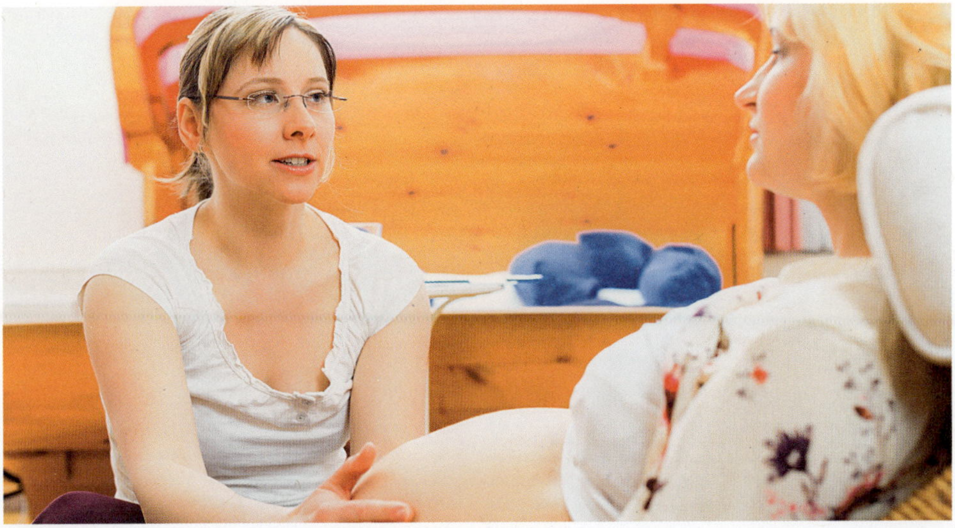

Wer bis Ende 2011 die Erwerbsminderungsrente zum 63. Lebensjahr bezog, konnte diese noch abschlagsfrei erhalten. Für jedes spätere Jahr des Rentenbeginns erhöht sich die Altersgrenze für eine abschlagsfreie Erwerbsminderungsrente.

Wenn die Erwerbsminderungsrente beispielsweise erst im Jahr 2015 beginnt, liegt die Altersgrenze bei 63 Jahren und 9 Monaten. Bis zum Jahr 2018 erhöht sie sich um jeweils einen Monat und danach bis zum Jahr 2024 um jeweils zwei Monate. Ab dem Jahr 2024 gibt es die abschlagsfreie Erwerbsminderungsrente erst nach dem vollendeten 65. Lebensjahr.

Um Erwerbsgeminderte nicht schlechter zu stellen als Schwerbehinderte oder besonders langjährig Versicherte mit einer abschlagsfreien Rente ab 63 Jahren, gibt es von dieser Regelung eine Ausnahme. Sofern der Erwerbsgeminderte die 35 Jahre Pflichtbeitrags- und Berücksichtigungszeiten (ab 2024 40 Jahre) erfüllt, bleibt es ab 2012 bei der damaligen Altersgrenze von 63 Jahren.

Die Voraussetzungen für die Erwerbsminderungsrente sind:

- eine Wartezeit von fünf Jahren und
- mindestens drei Pflichtbeitragsjahre innerhalb der letzten fünf Jahre vor Eintritt der Erwerbsminderung („3 in 5" Regel).

Wer auch diese Voraussetzungen nicht erfüllt, kann lediglich Anspruch auf Grundsicherung wegen voller Erwerbsminderung haben. Dies gilt selbstverständlich auch, falls die tatsächlich gezahlte Erwerbsminderungsrente unter dem Regelsatz für die Grundsicherung liegt. In diesem Fall wird die Differenz zwischen Regelsatz plus angemessenen Wohnkosten und Erwerbsminderungsrente als zusätzliche Grundsicherung gezahlt.

Abschlagsfrei mit 63 Jahren für dienstunfähige Beamte

In einigen Bundesländern wie Nordrhein-Westfalen, Hessen und Thüringen erhalten auch dienstunfähige Beamte mit 63 Jahren eine abschlagsfreie Pension, sofern sie bei Eintritt in den Ruhestand wegen Dienstunfähigkeit zum vollendeten 63. Lebensjahr bereits 40 Dienstjahre zurückgelegt haben.

Beim Bund und in den meisten anderen Bundesländern erhöht sich jedoch die

Altersgrenze für eine abschlagsfreie Pension wegen Dienstunfähigkeit schrittweise von 63 auf 65 Jahre.

Sonstige abschlagsfreie Pensionen für Beamte
Die Regelaltersgrenze für Beamte wurde für alle Bundesbeamten und die meisten Landesbeamten wie in der gesetzlichen Rentenversicherung schrittweise von 65 Jahren (für die Jahrgänge bis 1946) auf 67 Jahre (für alle Jahrgänge ab 1964) erhöht. Nur für die Beamten in Berlin und Rheinland-Pfalz gilt zurzeit weiterhin die Regelaltersgrenze von 65 Jahren. Laut Statistischem Bundesamt gingen 31 Prozent aller Beamten im Jahr 2012 mit der alten Regelaltersgrenze von 65 Jahren in den Ruhestand.

Sofern wie in Berlin und Rheinland-Pfalz immer noch die Regelaltersgrenze von 65 Jahren gilt und Beamte in diesen Bundesländern mit Vollendung des 65. Lebensjahres in Pension gehen, erhalten sie selbstverständlich ihre Pension ohne Versorgungsabschlag.

POLIZISTEN UND JUSTIZVOLLZUGSBEAMTE

Für Polizei- und Justizvollzugsbeamte gilt eine besondere gesetzliche Altersgrenze, die meist zwei Jahre unter der Regelaltersgrenze liegt. Daher konnten die Jahrgänge bis 1946 meist noch mit 60 Jahren ohne Abschlag vorzeitig in Pension gehen. Auch diese besondere gesetzliche Altersgrenze wird in den meisten Bundesländern schrittweise heraufgesetzt und beträgt ab Jahrgang 1964 dann 62 Jahre.

Im Jahr 2012 waren es noch 13 Prozent aller Beamten (also durchweg Polizei- und Justizvollzugsbeamte), die nach Erreichen der besonderen gesetzlichen Altersgrenze von 60 Jahren in Pension gingen.

Polizei- und Justizvollzugsbeamte oder auch Beamte des Einsatzdienstes der Feuerwehr erhalten neben ihrer abschlagsfreien Pension nach Erreichen der besonderen gesetzlichen Altersgrenze einen einmaligen Ausgleichsbetrag in Höhe des fünffachen Monatsgehalts, höchstens aber 4 091 Euro.

Dieser steuerfreie Ausgleichsbetrag wird bei Pensionsbeginn in einer Summe gezahlt. Er soll als Ausgleich dafür dienen, dass der Beamte 40 Dienstjahre und damit die Höchstpension von 71,75 Prozent des Bruttoendgehalts nicht erreicht und außerdem zu einem früheren Zeitpunkt die Versorgungslücke zwischen Endgehalt und Pension schließen muss.

Wird die besondere gesetzliche Altersgrenze auf Antrag des Beamten hinausgeschoben, verringert sich der Ausgleichsbetrag um jeweils ein Fünftel für jedes Dienstjahr, das über das vollendete 60. beziehungsweise 62. Lebensjahr hinaus geleistet wird.

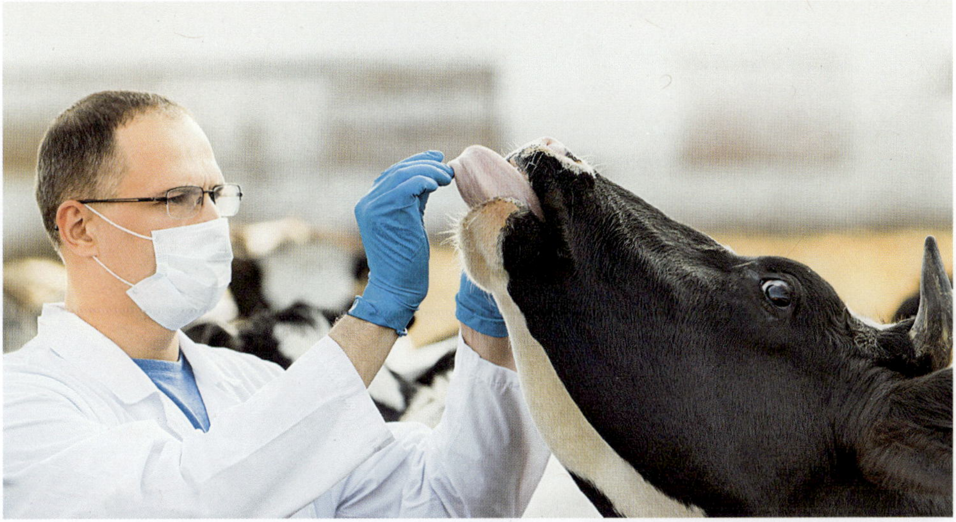

ALTERSTEILZEIT: KÖNIGSWEG FÜR RENTNER UND PENSIONÄRE

Die attraktiven Modelle der Altersteilzeit sind der Königsweg in einen vorzeitigen Ruhestand. Frühestens ab dem 55. Lebensjahr können Sie sich für eine besondere Form der Teilzeitbeschäftigung entscheiden, die entweder bis zur Regelaltersgrenze oder bis zu einer von Ihnen gewählten anderen Altersgrenze reicht.

Rund 90 Prozent der „Altersteilzeitler" entscheiden sich für das Blockmodell. Dabei wird die mit Ihrem öffentlichen Arbeitgeber oder Dienstherrn vertraglich vereinbarte Altersteilzeit auf zwei zeitliche Blöcke verteilt. Auf die erste Phase der Vollzeitbeschäftigung folgt eine meist ebenso lange Freistellungsphase, in der Sie nicht mehr beschäftigt sind. Während der gesamten Altersteilzeit erhalten Sie jedoch ein Bruttogehalt von beispielsweise 70 Prozent, da der öffentliche Arbeitgeber das halbe Gehalt entsprechend aufstockt.

Bei einer bis Ende 2009 angetretenen Altersteilzeit gelten noch besonders günstige Konditionen, da die Arbeitnehmer oder Beamten während ihrer gesamten Altersteilzeit noch mit 83 Prozent ihres bisherigen Nettogehalts rechnen können.

Bei der Berechnung der gesetzlichen Rente und Zusatzrente für Angestellte im öffentlichen Dienst wird so getan, als ob sie während ihrer gesamten Altersteilzeit 90 Prozent ihres Bruttogehalts bezogen hätten. Das heißt: Ihre Altersteilzeit wird zu neun Zehnteln in der Altersversorgung für Angestellte des öffentlichen Dienstes anerkannt. Dies zieht daher nur eine geringe Kürzung der späteren gesetzlichen Rente und Zusatzrente oder Beamtenpension nach sich. Bei Beamten fließt die Altersteilzeit mit höchstens 90 Prozent eines Dienstjahres in die Pensionsberechnung ein.

Neue Altersteilzeit für Angestellte

Ab 2010 haben sich die Konditionen für Neuabschlüsse zur Altersteilzeit von Beschäftigten im öffentlichen Dienst verschlechtert. Bei Angestellten werden unterschiedliche Regelungen bezüglich des Entgeltes und der Aufstockungsleistungen

Praxisfrage: Nebenjob bei Altersteilzeit

Ich möchte in der Freistellungsphase einen kleinen Job annehmen. Geht das?

Prinzipiell ja. Sie dürfen in der Freistellungsphase einen Nebenjob annehmen. Anders als Frührentner oder Frühpensionäre (siehe Seite 158) müssen Sie dabei auch keine Hinzuverdienstgrenzen beachten. Allerdings sollten Sie zunächst Ihren Arbeitsvertrag oder die Nebentätigkeitsrichtlinien für Beamte prüfen. Es kann sein, dass Sie sich einen Nebenjob von Ihrem Arbeitgeber oder Dienstherrn genehmigen lassen müssen.

in den verschiedenen Varianten der Altersteilzeitmodelle angewandt (zum Beispiel Blockmodell). So wurde beispielsweise für die Angestellten beim Bund und den Kommunen ein bis Ende 2016 gültiger Tarifvertrag über flexible Altersteilzeitregelungen für ältere Beschäftigte (TV FlexAZ) vereinbart.

Tarifbeschäftigte Angestellte im öffentlichen Dienst können eine Altersteilzeit nur noch ab Vollendung des 60. Lebensjahres und nach einer vorhergehenden mindestens fünfjährigen Vollzeitbeschäftigung in Anspruch nehmen. Sie können eine Altersteilzeit spätestens drei Monate vor Eintritt in das Altersteilzeitarbeitsverhältnis beantragen, jedoch frühestens ein Jahr vor der Dreimonatsfrist. Sind beide Parteien einverstanden, kann man von diesen Fristen auch abweichen. Immer aber müssen Sie die Altersteilzeit schriftlich beantragen. Das Altersteilzeitarbeitsverhältnis muss mindestens bis zum regulären Eintritt in den Ruhestand aufrechterhalten werden.

Im Blockmodell erfolgt die Zahlung des Gehalts aus dem halbierten Entgelt sowie einem Zuschlag von 20 Prozent darauf, sodass Sie insgesamt 70 Prozent des Bruttogehalts während der gesamten Altersteilzeit erhalten. Die Beiträge zur gesetzlichen Rentenversicherung werden jedoch weiterhin aus 90 Prozent des Bruttogehalts berechnet.

Ältere Beschäftigte können sich auch für das sogenannte FALTER-Modell entscheiden und damit eine spezielle Altersteilzeit (FALTER ist die Abkürzung für

„flexible Altersarbeitszeit") vereinbaren, die ihnen einen schrittweisen Übergang vom Berufsleben in den Ruhestand ermöglicht. Der Übergang wird allmählich in Form einer Teilzeitbeschäftigung vollzogen. So können Beschäftigte auch nach dem Renteneintrittsalter noch am Berufsleben teilnehmen. Beim FALTER-Modell richtet sich das Gehalt nach der tariflichen Vereinbarung gemäß Tarifvertrag und den Bestimmungen über eine Teilrente aus der gesetzlichen Rentenversicherung.

Das FALTER-Modell bewirkt letztlich ein Hinausschieben des Renteneintritts um höchstens zwei Jahre, wenn jeweils zwei Jahre vor und zwei Jahre nach Erreichen der Regelaltersgrenze eine Teilzeitbeschäftigung ausgeübt wird.

Neue Altersteilzeit für Beamte

Noch wesentlich komplizierter sind die neuen Altersteilzeitregelungen für Beamte. Auch hier gelten für eine zwischen 2010 und Ende 2017 begonnene Altersteilzeit deutlich ungünstigere Konditionen als früher, sofern überhaupt noch eine Altersteilzeit für Bundes-, Landes- und Kommunalbeamte möglich ist.

Die Bundesländer Berlin, Brandenburg, Mecklenburg-Vorpommern, Saarland sowie Thüringen beispielsweise haben Altersteilzeitregelungen über 2010 hinaus grundsätzlich nicht fortgesetzt. Die übrigen Bundesländer und der Bund haben die Möglichkeiten der Altersteilzeit zumindest deutlich eingeschränkt. Damit wird die einst so hoch gepriesene Altersteilzeit für Beamte immer mehr zum Auslaufmodell.

REGELUNG NACH QUOTE

Für den Bund wird ab 2011 nur noch Altersteilzeit innerhalb einer Quote von 2,5 Prozent der Beamten der obersten Dienstbehörden einschließlich ihrer Geschäftsbereiche bewilligt. Ist diese Quote bereits ausgeschöpft oder stehen dem Antrag auf Altersteilzeit dienstliche Belange entgegen, ist eine Bewilligung der Altersteilzeit ausgeschlossen.

Zudem ist die Bewilligung an ganz enge Voraussetzungen gebunden. Wer als Bundesbeamter einen Antrag auf Altersteilzeit mit Beginn vor 2017 stellt, muss das 60. Lebensjahr vollendet haben und in den letzten fünf Jahren vor Beginn der Altersteilzeit mindestens drei Jahre teilzeitbeschäftigt gewesen sein. Außerdem muss er in einem festgelegten Restrukturierungs- oder Stellenabbaubereich beschäftigt sein. Gezahlt werden 70 Prozent des letzten Nettogehalts, ruhegehaltfähig sind weiterhin neun Zehntel der Altersteilzeit.

In Bayern gelten für eine ab 2010 begonnene Altersteilzeit ähnliche Vorgaben wie beim Bund. Landes- und Kommunalbeamte in Bayern müssen das 60. Lebensjahr (58. Lebensjahr bei Schwerbehinderten) vollendet haben. Eine Bewilligung von Altersteilzeit ist nur zu 60 Prozent der in den letzten fünf Jahren vor Beginn der Altersteilzeit durchschnittlich geleisteten Arbeitszeit möglich, wenn dienstliche Belange nicht entgegenstehen.

Besonders restriktiv ist die Regelung in Baden-Württemberg, wo die Altersteilzeit seit 2011 nur noch für schwerbehinderte Beamte nach vollendetem 55. Lebensjahr im Umfang von 60 Prozent der bisherigen Arbeitszeit möglich ist, höchstens jedoch 60 Prozent der Arbeitszeit, die in den letzten zwei Jahren vor Beginn der Altersteilzeit durchschnittlich geleistet wurde. Statt früher 83 Prozent werden nur noch 80 Prozent des Nettogehalts gezahlt. Zudem wird die Altersteilzeit nur noch zu sechs Zehnteln im Gegensatz zu neun Zehnteln bei Beginn vor 2010 als ruhegehaltfähige Dienstzeit anerkannt.

In Nordrhein-Westfalen gilt die Anrechnung zu neun Zehnteln als ruhegehaltfähige Dienstzeit noch für alle Beamten, die ihre Altersteilzeit bis spätestens Ende 2012 angetreten haben. Bei einer ab 2013 und vor 2017 angetretenen Altersteilzeit der Landes- und Kommunalbeamten in Nordrhein-Westfalen (nicht auf Schwerbehinderte beschränkt) werden nur noch acht Zehntel als ruhegehaltfähig anerkannt. Zwar werden wie in Baden-Württemberg 80 Prozent des Nettogehalts gezahlt, allerdings muss die Altersteilzeit im Umfang von 65 Prozent der bisherigen Arbeitszeit geleistet werden.

Für Lehrer in Nordrhein-Westfalen sind die Konditionen noch ungünstiger. Eine Altersteilzeit kann praktisch nur noch spätestens zum 1. August 2015 beginnen. Anträge sind nur für die im Zeitraum vom 2. August 1952 bis 1. August 1955 geborenen Lehrer möglich. Auch für sie gilt die Einschränkung: Altersteilzeit im Umfang von 65 Prozent der bisherigen Arbeitszeit, 80 Prozent des bisherigen Nettogehalts während der Altersteilzeit und ebenfalls Anrechnung von acht Zehnteln auf die ruhegehaltfähige Dienstzeit.

Der Vorteil der Altersteilzeit

Haben Sie sich wie fast alle Altersteilzeitler für das Blockmodell entschieden, beziehen Sie in der Freistellungsphase noch ein reduziertes Gehalt. Sie arbeiten zwar nicht mehr bei Ihrem Arbeitgeber oder Dienstherrn, gelten aber noch bis zum Ende der Freistellungsphase als Beschäftigter im öffentlichen Dienst und nicht als Rentner. Obwohl Sie beispielsweise drei Jahre lang nicht mehr arbeiten, bekommen Sie dennoch am Ende dieser dreijährigen Freistellungsphase und bei gleichzeitigem Erreichen der Regelaltersgrenze Ihre gesetzliche Rente und Zusatzrente ohne Rentenabschlag. Beamte erhalten dann ihre Pension ohne Versorgungs- oder Pensionsabschlag.

Die erst mit Erreichen der Regelaltersgrenze endende Altersteilzeit bietet somit einen recht attraktiven Vorruhestand ohne Abschlag. Infolge der Freistellungsphase setzen Sie sich praktisch schon einige Jahre vorher „zur Ruhe" und müssen dennoch keinen Renten- oder Pensionsabschlag befürchten.

ALTERNATIVE SABBATJAHR

In einigen Bundesländern, wie beispielsweise in Nordrhein-Westfalen, kann ein Sabbatjahr das letzte Jahr vor dem Ruhestand sein. Das heißt, auch ein Sabbatjahr kann infrage kommen, wenn Sie abschlagsfrei ein Jahr früher in Pension gehen möchten. Erkundigen Sie sich am besten beim Landesamt für Besoldung, welche Regelungen aktuell in Ihrem Bundesland gelten. Mehr zum Sabbatjahr siehe Seite 198.

MIT ABSCHLAG FRÜHER IN RENTE ODER PENSION

Viele Angestellte und Beamte wollen auch dann früher in Rente oder Pension gehen, wenn sie dafür Renten- oder Pensionsabschläge in Kauf nehmen müssen. Wenn Sie das in Betracht ziehen, sollten Sie genau rechnen, ob Ihr Budget als späterer Rentner oder Pensionär das zulässt. Ab Jahrgang 1964 kann der Abschlag immerhin bis zu 14,4 Prozent der Rente oder Pension ausmachen. Angestellte im öffentlichen Dienst sollten auch beachten, dass ihre Zusatzrente dann ebenfalls niedriger ausfällt (siehe Seite 67).

Sofern Sie es sich leisten können und die erforderlichen Voraussetzungen erfüllen, muss aber die Rente oder Pension mit 63 Jahren auch künftig kein Wunschtraum bleiben. Schwerbehinderte oder Erwerbsgeminderte können auch bereits mit 60 Jahren oder davor in Rente oder Pension gehen, wenn sie dafür einen Abschlag von 10,8 Prozent hinnehmen. Prüfen Sie anhand der Checkliste rechts, ob Sie die Voraussetzungen für eine Frührente oder -pension mit Abschlag erfüllen.

Mit Abschlag ab 63 Jahren nach 35 Jahren Wartezeit

Im Jahr 2012 gingen laut Deutscher Rentenversicherung rund 113 000 Arbeitnehmer ab 63 Jahren in Rente und nahmen dafür Rentenabschläge in Kauf. Dies war jeder Sechste von insgesamt rund 650 000 Neurentnern im selben Jahr.

Darunter sind vor allem langjährig Versicherte, die auf mindestens 35 Versicherungsjahre bis zum vorzeitigen Rentenbeginn kommen. Zur Wartezeit von 35 Jahren zählen außer den Pflichtbeitragszeiten beispielsweise auch Zeiten mit freiwilligen Beiträgen, Anrechnungszeiten für Schul- und Hochschulausbildung bis zu einer Höchstgrenze von acht Jahren sowie Berücksichtigungszeiten wegen Kindererziehung von bis zu zehn Jahren pro Kind.

CHECKLISTE MIT ABSCHLAG FRÜHER IN RENTE ODER PENSION?

Für Angestellte:

- ✔ Rente ab 63 Jahren für langjährig Versicherte mit rentenrechtlichen Zeiten von 35 Jahren
- ✔ Rente ab 60 Jahren für schwerbehinderte Angestellte (siehe Seite 153)
- ✔ Rente vor 63 Jahren für erwerbsgeminderte Angestellte

Für Beamte:

- ✔ Pension ab 63 Jahren für Beamte
- ✔ Pension ab 60 Jahren für schwerbehinderte Beamte (siehe Seite 153)
- ✔ Pension vor 63 Jahren für dienstunfähige Beamte

Fast alle langjährig Versicherten haben bereits zum vollendeten 63. Lebensjahr die Wartezeit von 35 Jahren erfüllt und können daher bereits zu diesem Zeitpunkt mit Abschlägen in Rente gehen. Für jeden Monat, den sie vorzeitig in den Ruhestand eintreten, beträgt der Rentenabschlag 0,3 Prozent.

So berechnen sich Rentenabschläge

Beispiel: Wer zum Jahrgang 1952 gehört und im Jahr 2015 mit 63 Jahren in Rente geht, muss einen Rentenabschlag in Höhe von 9 Prozent der gesetzlichen Rente in Kauf nehmen. Die Berechnung dazu sieht für eine gesetzliche Bruttorente von 1 500 Euro wie folgt aus:

Vorgezogene Monate

Regelaltersgrenze für Jahrgang 1952	65 Jahre und 6 Monate
– Rentenbeginn mit	63 Jahren
= vorgezogene Monate	30

Rentenabschlag in Prozent

30 Monate	
x 0,3 %	
= Rentenabschlag	9 %

Gesetzliche Rente nach Abschlag

Rente ohne Abschlag	1 500 €
– 9 % Abschlag von 1 500 Euro	135 €

= gesetzliche Rente nach Abschlag 1 365 €

In der Tabelle rechts sind alle möglichen Rentenabschläge von 7,2 Prozent (Jahrgänge bis 1948) bis zu 14,4 Prozent (Jahrgänge ab 1964) aufgeführt, sofern die gesetzliche Rente tatsächlich bereits mit 63 Jahren beginnt.

Der Rentenabschlag für langjährig Versicherte macht somit maximal 14,4 Prozent der gesetzlichen Rente für die Jahrgänge ab 1964 bei einem Rentenbeginn mit 63 Jahren aus. Lediglich bei der Zusatzrente im öffentlichen Dienst darf der Rentenabschlag für vorgezogene Altersrenten grundsätzlich nicht über 10,8 Prozent hinausgehen.

Sonderfall: Rente mit 62 Jahren und 10,8 Prozent Abschlag

Für langjährig Versicherte, die vor 1955 geboren sind und vor 2007 Altersteilzeit vereinbart haben, wird die Regelaltersgrenze von 65 Jahren nicht angehoben. Die Geburtsjahrgänge 1948 bis 1954 können bei einer Altersteilzeitvereinbarung vor 2007 zudem noch bereits mit 62 Jahren mit einem Rentenabschlag von 10,8 Prozent in Rente gehen. Diese Vertrauensschutzregelung kann letztmalig für den Jahrgang 1954 mit Rentenbeginn in 2016 zutreffen.

Abschläge durch Ausgleichsbetrag abkaufen

Falls Sie den Rentenabschlag auf null bringen wollen, kann dies nur durch Zahlung eines Ausgleichsbetrages an die Deutsche Rentenversicherung erfolgen. Wenn Sie Ihre Rentenabschläge auf diese Weise abkaufen wollen, müssen Sie einen Antrag bei der Deutschen Rentenversicherung stellen und sich dort den Ausgleichsbetrag ausrechnen lassen.

HÖHE DER RENTENABSCHLÄGE MIT 63 JAHREN

Weil die Regelaltersgrenze steigt, müssen jüngere Versicherte einen höheren Abschlag hinnehmen, wenn sie mit 63 Jahren in Rente gehen.

Geburtsjahr / -monat	vorgezogene Monate *	Abschlag mit 63 Jahren
bis 1948	24	7,2 %
Januar 1949	25	7,5 %
Februar 1949	26	7,8 %
März bis Dezember 1949	27	8,1 %
1950	28	8,4 %
1951	29	8,7 %
1952	30	9,0 %
1953	31	9,3 %
1954	32	9,6 %
1955	33	9,9 %
1956	34	10,2 %
1957	35	10,5 %
1958	36	10,8 %
1959	38	11,4 %
1960	40	12,0 %
1961	42	12,6 %
1962	44	13,2 %
1963	46	13,8 %
ab 1964	48	14,4 %

*) Regelaltersgrenze minus 63 Jahre

Als erste Orientierung mag die folgende kleine Übersicht für die Zahlung eines Ausgleichsbetrages im Jahr 2014 zum Ausgleich von unterschiedlich hohen Rentenabschlägen in Höhe von 8,7 Prozent (Jahrgang 1951, der in 2014 mit 63 Jahren in Rente geht) dienen.

So viel müssen Sie einzahlen, wenn Sie einen Rentenabschlag ausgleichen wollen:

- Bei 100 Euro Monatsrente: 25 642 Euro
- Bei 150 Euro Monatsrente: 38 463 Euro
- Bei 175 Euro Monatsrente: 44 874 Euro

Beispiel: Ein am 5. Oktober 1951 geborener Angestellter geht nach 38 Pflichtbeitragsjahren ab 1. November 2014 mit 63 Jahren vorzeitig in Rente. Seine gesetzliche Bruttorente beträgt 1 500 Euro vor Abschlag. Davon geht ein Rentenabschlag in Höhe von 130,50 Euro ab, sodass die gesetzliche Rente nach Abschlag auf 1 369,50 Euro sinkt.

Er müsste einen Ausgleichsbetrag von 33 463 Euro zahlen, um den Abschlag auszugleichen. Das mag auf den ersten Blick sehr hoch erscheinen. Bedenken Sie aber, dass Sie bei Zahlung dieses einmaligen Betrages lebenslang eine um monatlich 130,50 Euro höhere gesetzliche Rente erhalten. Bei einer angenommenen Rentenbezugsdauer von 22 Jahren für die Zeit vom 63. bis zum 85. Lebensjahr kommt bereits eine Rentensumme von 34 452 Euro zusammen. Kommende Rentensteigerungen sind dabei nicht berücksichtigt.

Außerdem können Sie den Ausgleichsbetrag zumindest teilweise steuerlich absetzen. Die spätere Besteuerung im Rentenalter wird in aller Regel geringer ausfallen als die Steuerersparnis.

Sie können die um monatlich 130,50 oder jährlich 1 566 Euro höhere gesetzliche Rente als Sofortrente für einen Einmalbeitrag von 33 463 Euro ansehen und daraus einen garantierten jährlichen Rentensatz von anfangs 4,68 Prozent ableiten. Eine höhere Sofortrente wird Ihnen kein Einmalbeitrag für die Rürup-Rente oder eine Rente aus der privaten Rentenversicherung mit Hinterbliebenenschutz wie in der gesetzlichen Rentenversicherung bieten können. Nachteilig ist lediglich der Abzug eines Beitrags von bis zu 10,5 Prozent für die gesetzliche Kranken- und Pflegeversicherung für gesetzlich Krankenversicherte (siehe Seite 169).

Wenn Sie jedoch ausnahmsweise privat krankenversichert sind, erhalten Sie noch einen Zuschuss in Höhe von 7,3 Prozent der gesetzlichen Rente. In diesem Fall ist die Sofortrente aus der gesetzlichen Rentenversicherung nahezu unschlagbar.

TIPP: AUSRECHNEN LASSEN
Lassen Sie sich von der Deutschen Rentenversicherung ausrechnen, wie hoch Ihr Ausgleichsbetrag wäre. Wenn Sie einen höheren Betrag zur Verfügung haben, etwa weil eine Kapitallebensversicherung ausgezahlt wurde, und Sie ihn in eine Rente investieren möchten, ist der Ausgleichsbetrag für die gesetzliche Rente derzeit eine attraktive Option.

Mit Abschlag vor 63 Jahren für Schwerbehinderte

Schwerbehinderte Menschen, die nach Erfüllung der 35-jährigen Wartezeit vor dem vollendeten 63. Lebensjahr in Rente gehen wollen, müssen ebenfalls mit Rentenabschlägen rechnen. Je nach Geburtsjahr ist eine vorzeitige Rente zwischen 60 Jahren (Jahrgänge bis 1951) und 62 Jahren (Jahrgänge ab 1964) möglich. Beim jeweils frühestmöglichen Rentenbeginn macht der Abschlag dann 10,8 Prozent aus. Auch dieser Rentenabschlag kann wie bei der Rente mit 63 Jahren für langjährig Versicherte durch einen Ausgleichsbetrag abgekauft werden.

Im Jahr 2012 gingen 76 000 schwerbehinderte Menschen vorzeitig in Rente. Die Schwerbehindertenrenten machten rund 12 Prozent aller Zugänge bei den Altersrenten aus. In den weitaus meisten Fällen kam es dabei zu Rentenabschlägen, da die Schwerbehindertenrente vor dem 63. Lebensjahr bezogen wurde. Der früheste vorzeitige Beginn für eine Schwerbehindertenrente liegt je nach Geburtsjahr zwischen 60 und 62 Jahren und führt dann zu dem maximalen Rentenabschlag von 10,8 Prozent (siehe Tabelle auf der folgenden Seite 154).

Versicherte, die vor 1955 geboren sind, vor 2007 als Schwerbehinderte anerkannt waren und vor 2007 Altersteilzeit vereinbart haben, sind von der Anhebung der Altersgrenzen nicht betroffen. Sie können also weiterhin mit bereits 60 Jahren die Schwerbehindertenrente erhalten, allerdings ebenfalls nur mit einem Abschlag von 10,8 Prozent.

Mit Abschlag vor 63 Jahren für Erwerbsgeminderte

Im Jahr 2012 gab es unter den rund 830 000 Neurentnern insgesamt fast 180 000 Rentner wegen voller oder teilweiser Erwerbsminderung. Immerhin knapp 22 Prozent aller Neurentner waren demnach Erwerbsminderungsrentner.

Da die Erwerbsminderung meist bereits vor dem vollendeten 60. Lebensjahr eintritt, liegt der Rentenabschlag in diesen Fällen bei 10,8 Prozent. Dagegen wehren sich insbesondere die Sozialverbände und fordern eine Abschaffung dieses Rentenabschlags. Das Bundessozialgericht hat jedoch entschieden, dass die Einführung von Rentenabschlägen bis zu 10,8 Prozent der Erwerbsminderungsrente rechtens ist.

Der maximale Rentenabschlag von 10,8 Prozent war bei Beginn der Erwerbsminderungsrente vor 2012 immer fällig, falls der Rentenbeginn vor oder zum 60. Lebensjahr erfolgte. Bei neu gezahlten Erwerbsminderungsrenten ab 2012 erhöht sich dieses spezielle Zugangsalter schrittweise bis auf 62 Jahre für Neurenten ab dem Kalenderjahr 2024. Wer im Jahr 2015 mit 60 Jahren und 9 Monaten Erwerbsminderungsrente beantragt, muss ebenfalls den vollen Abschlag von 10,8 Prozent in Kauf nehmen.

Höhere Zurechnungszeit für Erwerbsminderungsrenten

Über die Berechtigung dieses Rentenabschlags von 10,8 Prozent bei Erwerbsminderungsrenten wird künftig sicherlich weiter gestritten. Ein völlig anderer Punkt ist die sogenannte Zurechnungszeit. Das ist

FRÜHESTER RENTENBEGINN FÜR SCHWERBEHINDERTE

Auch bei Schwerbehinderten steigt das frühestmögliche Zugangsalter. Sie können dann 36 Monate früher mit einem Abschlag von 10,8 Prozent in Rente gehen.

Geburtsjahr	frühester Rentenbeginn*
bis 1951	60 Jahre
Januar 1952	60 Jahre, 1 Monat
Februar 1952	60 Jahre, 2 Monate
März 1952	60 Jahre, 3 Monate
April 1952	60 Jahre, 4 Monate
Mai 1952	60 Jahre, 5 Monate
Juni bis Dezember 1952	60 Jahre, 6 Monate
1953	60 Jahre, 7 Monate
1954	60 Jahre, 8 Monate
1955	60 Jahre, 9 Monate
1956	60 Jahre, 10 Monate
1957	60 Jahre, 11 Monate
1958	61 Jahre
1959	61 Jahre, 2 Monate
1960	61 Jahre, 4 Monate
1961	61 Jahre, 6 Monate
1962	61 Jahre, 8 Monate
1963	61 Jahre, 10 Monate
ab 1964	62 Jahre

*) mit Rentenabschlag von 10,8 Prozent

die Zeit, die allen, die Rente wegen einer Erwerbsminderung beziehen, zusätzlich zu den Beitragszeiten auf ihrem Rentenkonto von der eingetretenen Erwerbsminderung bis zu einem bestimmten Lebensjahr angerechnet wird, und so die Rente erhöht. Bisher galt die Regelung, dass eine Zurechnungszeit vom Eintritt der Erwerbsminderung bis zum 60. Lebensjahr berechnet wird. Für jedes Jahr der Zurechnungszeit wurden Entgeltpunkte angesetzt, die im Rahmen einer komplizierten Gesamtleistungsbewertung ermittelt und somit auf die gesetzliche Rente angerechnet werden. Vereinfacht ausgedrückt: Pro Jahr an Zurechnungszeit wird der jährliche Durchschnitt der Entgeltpunkte aus der gesamten bisherigen Versicherungsdauer zugrunde gelegt.

Bei neuen Erwerbsminderungsrenten ab dem 1. Juli 2014 wird die Zurechnungszeit auf einen Schlag um zwei Jahre erhöht, sie geht also bis zum 62. Lebensjahr statt zum 60. Lebensjahr wie bisher. Folge: Die Erwerbsminderungsrenten werden für alle, die vor Vollendung des 62. Lebensjahres wegen voller oder teilweiser Erwerbsminderung in Rente gehen, angehoben. Schätzungsweise erhöht sich dadurch die Rente im Durchschnitt um rund 40 Euro pro Monat. Wer vor dem 60. Lebensjahr wegen voller Erwerbsminderung vorzeitig in Rente geht und bis dahin immer so viel verdient hat wie der Durchschnitt der Arbeitnehmer, kann mit rund 56 Euro mehr pro Monat rechnen. Durchschnittsverdiener mit einer Erwerbsminderungsrente ab dem 61. Lebensjahr erhalten monatlich 28 Euro mehr.

Es wird künftig eine Günstigerregelung geben, wonach die letzten vier Jahre vor Eintritt der Erwerbsminderung bei der Berechnung nicht berücksichtigt werden sollen, wenn dies zu einer niedrigeren Erwerbsminderungsrente führen würde.

Ob die um zwei Jahre höhere Zurechnungszeit im Falle der Erwerbsminderung auf die Zusatzversorgung im öffentlichen Dienst und die Beamtenversorgung wirkungsgleich übertragen wird, ist völlig offen. Bis Herbst 2014 wurde darüber nicht einmal öffentlich diskutiert.

Auslaufmodelle: Altersrente für Frauen und wegen Arbeitslosigkeit oder nach Altersteilzeit

Die Altersrente für Frauen und die Altersrente wegen Arbeitslosigkeit oder nach Altersteilzeitarbeit sind schon seit längerem Auslaufmodelle, da es sie für die Jahrgänge ab 1952 nicht mehr gibt. Im Jahr 2014 werden die letzten Versicherten des Jahrgangs 1951 mit 63 Jahren und 7,2 Prozent Abschlag in Rente gehen. Der geringe finanzielle Vorteil für diese kleine Personengruppe besteht darin, dass sie im Vergleich zu den langjährig Versicherten des gleichen Jahrgangs 1,5 Prozentpunkte weniger an Rentenabschlag ertragen müssen.

Ein weiterer Vorteil kann die geringere Mindestwartezeit von nur 15 Jahren statt der bei langjährig Versicherten geforderten Wartezeit von 35 Jahren sein. Frauen haben aber auch in der Vergangenheit nur dann von der früheren sogenannten Frauenaltersrente ab 60 Jahren profitiert, wenn sie im Zeitraum zwischen dem 40. Geburtstag und dem Rentenbeginn ab

60 Jahren mehr als zehn Jahre (exakt mindestens 121 Monate) mit Pflichtbeiträgen nachweisen konnten.

Für die kleine Gruppe der Frauen des Jahrgangs 1951 mit Rentenbeginn ab 63 Jahren in 2014 würden also 121 Monate mit Pflichtbeiträgen für die Zeit vom 40. bis zum 63. Geburtstag reichen. Somit müssten sie in rund 44 Prozent dieses Zeitraums pflichtversichert beschäftigt gewesen sein.

Bei der Altersrente wegen Arbeitslosigkeit oder nach Altersteilzeitarbeit müssen mindestens 52 Wochen Arbeitslosigkeit nach Vollendung des Alters von 58 Jahren und 6 Monaten oder mindestens 24 Monate in Altersteilzeit vorgelegen haben. Zudem müssen innerhalb der letzten zehn Jahre vor Rentenbeginn mindestens acht Jahre mit Pflichtbeiträgen belegt sein.

Für Angestellte im öffentlichen Dienst dürfte die Gefahr, vor Rentenbeginn arbeitslos zu werden, so gut wie ausgeschlossen sein. Und auch die Altersrente nach einer Altersteilzeit von mindestens 24 Monaten vor Rentenbeginn mit 63 Jahren wird nur eine verschwindend kleine Gruppe aus dem Geburtsjahrgang 1951 noch beantragen. Nur noch die im Dezember 1951 Geborenen könnten dann von dem für sie auf 7,2 Prozent begrenzten Rentenabschlag profitieren.

Früher in Pension mit Versorgungsabschlag
Der Versorgungs- oder Pensionsabschlag bei Frühpensionierung entspricht dem Rentenabschlag bei Frühverrentung. Grundsätzlich müssen auch Beamte einen Versorgungsabschlag von monatlich 0,3 Prozent oder jährlich 3,6 Prozent für den Zeitraum, den sie früher in Pension gehen, in Kauf nehmen. Bei der Berechnung ist zu beachten, dass der Versorgungsabschlag immer vom Ruhegehalt vor Abschlag und nicht vom Ruhegehalts- oder Pensionssatz abgezogen wird.

So berechnet sich die Pension nach Versorgungsabschlag

Beispiel: Ein 1951 geborener Beamter beantragt im Jahr 2014 mit 63 Jahren und 5 Monaten zwei Jahre vor seiner Regelaltersgrenze von 65 Jahren und 5 Monaten die Frühpension. Sein Ruhegehalt vor Abschlag beträgt 2 500 Euro.

Versorgungsabschlag in Prozent

0,3 %	
x 24 Monate	
= Versorgungsabschlag	7,2 %

Pension nach Abschlag

Ruhegehalt vor Abschlag	2 500 €
– 7,2 % Versorgungsabschlag	180 €
= Pension nach Abschlag	**2 320 €**

Würde der Beamte im Beispielfall bereits mit 63 Jahren in den Ruhestand treten, stiege der Versorgungsabschlag auf 8,7 Prozent (= 3,6 % x 29 Monate) oder 217,50 Euro.

Versorgungsabschläge nicht verfassungswidrig
Wichtig: Wer im Pensionsalter von 63 Jahren nach 40 Dienstjahren bereits den höchstmöglichen Ruhegehaltssatz von

71,75 Prozent erreicht, muss sich dennoch den relativ hohen Versorgungsabschlag von 8,7 Prozent gefallen lassen. Dies ist laut Urteil des Bundesverfassungsgerichts vom 20. Juni 2006 (Az. 2 BvR 361/03) verfassungsgemäß. Danach kommt es bei der Frühpensionierung mit beispielsweise 63 Jahren nicht auf die bis dahin abgeleisteten Dienstjahre an. In dem vom Bundesverfassungsgericht entschiedenen Fall hatte der Beamte bereits fast 42 Dienstjahre erreicht. Dennoch musste er den Pensionsabschlag von damals 3,6 Prozent in Kauf nehmen.

Laut Urteil der Verfassungsrichter hat ein Beamter aufgrund des lebenslangen Dienst- und Treueverhältnisses sein ganzes Arbeitsleben bis zum Erreichen der gesetzlichen Altersgrenze in den Dienst des Staates zu stellen. Verkürzt der Beamte dieses Arbeitsleben auf eigenen Antrag, muss er auch die Kürzung seiner Pension hinnehmen. Der Versorgungsabschlag und damit die Kürzung der Pension bleiben zudem lebenslang bestehen und fallen nicht mit dem späteren Erreichen der Regelaltersgrenze weg.

Frühpensionierungen in der Praxis

Folgende Fälle für Frühpensionierungen mit Versorgungsabschlag sind denkbar:

- Pension mit Erreichen der allgemeinen Antragsaltersgrenze von 63 Jahren (Abschlag von 7,2 Prozent bei Jahrgängen bis 1946 mit schrittweiser Erhöhung bis zu 14,4 Prozent ab Jahrgang 1964),
- Pension mit Erreichen der besonderen Antragsaltersgrenze von 60 bis 62 Jahren für schwerbehinderte Beamte (Abschlag von maximal 10,8 Prozent für Jahrgänge bis 1951 und Pensionierung mit 60 oder bei Jahrgängen ab 1964 mit 62 Jahren),
- Pension bei Dienstunfähigkeit vor Vollendung des 63. Lebensjahres (Abschlag von maximal 10,8 Prozent bei eingetretener Dienstunfähigkeit bis zum vollendeten 60. Lebensjahr).

Die Versorgungsabschläge dürfen bei schwerbehinderten und dienstunfähigen Beamten also nicht über 10,8 Prozent des Ruhegehalts hinausgehen. Der höchstmögliche Abschlag von 14,4 Prozent wird nur fällig, wenn ein ab 1964 geborener Beamter mit 63 Jahren in Pension geht.

Im Prinzip werden also die Abschlagsregelungen für Rentner wirkungsgleich auf die Beamtenpensionäre übertragen. Unterschiede bestehen nur in Detailfragen wie bei den Versorgungsabschlägen im Falle der Frühpensionierung wegen Dienstunfähigkeit.

Darüber hinaus sind die unterschiedlichen Regelungen für eine Frühpension bei Bundes-, Landes- und Kommunalbeamten zu beachten. Insbesondere zwischen den Bundesländern kann es dabei durchaus zu Abweichungen kommen.

Wer als Beamter früher in Pension gehen und genau über die Höhe der Versorgungs- oder Pensionsabschläge Bescheid wissen will, sollte vorher unbedingt eine Auskunft bei der für ihn zuständigen Versorgungsstelle (zum Beispiel Landesamt für Besoldung und Versorgung NRW für in Nordrhein-Westfalen tätige Landes- und Kommunalbeamte) einholen.

HINZUVERDIENST: RENTE ODER PENSION AUFBESSERN

Ob des Geldes wegen oder weil es ihnen Spaß macht, weiter aktiv zu sein: Immer mehr Rentner und Pensionäre arbeiten auch im Ruhestand und verdienen sich so etwas nebenbei. Aber was wird davon auf Rente oder Pension angerechnet? In diesem Punkt weichen die Regeln für ehemalige Angestellte und für ehemalige Beamte stark voneinander ab.

Wenn Rentner nebenbei arbeiten

Bei allen, die früher in Rente gehen, tut sich eine besonders große Rentenlücke auf. Da liegt es nahe zu überlegen, ob sich die Rente nicht durch einen Job aufbessern lässt. Ein angestellter Geschichtslehrer, dem der Stress in der Schule zu viel wird, könnte beispielsweise überlegen, früher in Rente zu gehen und historische Stadtführungen zu machen, um sich etwas hinzuzuverdienen.

Ein Minijob bis 450 Euro im Monat hat keinen Einfluss auf seine Rente. Zwei Monate im Jahr sind auch bis zu 900 Euro erlaubt, ohne dass die Rente sinkt. Verdient er aber als Frührentner regelmäßig mehr, kann es sein, dass seine Rente gekürzt wird: Er bekommt dann nur eine Teilrente. Wie stark die Rente gekürzt wird, hängt davon ab, wie viel er hinzuverdient und wie hoch sein Gehalt als Angestellter vor dem Renteneintritt war. Je mehr es in den drei vorhergehenden Jahren als Angestellter betragen hat, desto mehr darf er jetzt hinzuverdienen.

Ein ehemaliger Durchschnittsverdiener bekommt beispielsweise, wenn er in seinem Nebenjob als Frührentner zwischen 450 Euro und 1 078,35 Euro (alte Bundesländer) verdient, eine 2/3-Teilrente. Seine Rente wird also um ein Drittel gekürzt. Liegt sein Zuverdienst darüber, wird die Rente um die Hälfte gekürzt. Hat er einen lukrativen Nebenjob und verdient mehr als 2 073,75 Euro, bekommt er nur noch ein Drittel. In den neuen Bundesländern liegen die Grenzen mit 994,68 Euro (2/3-Teilrente), 1 453,76 Euro (1/2-Teilrente) und 1 912,84 Euro (1/3-Teilrente) niedriger.

Da für die Jobeinkünfte neben der Frührente auch Beiträge an die Rentenkasse fließen, sammeln Frührentner weiter Entgeltpunkte für ihr Rentenkonto. Davon können sie profitieren, sobald sie die Regelaltersgrenze erreicht haben.

KEINE KÜRZUNG AB REGELALTERSGRENZE

Rentner, die die Regelaltersgrenze erreicht haben, sind klar im Vorteil. Sie können ohne Einschränkungen hinzuverdienen und müssen keine Rentenkürzung befürchten. Ab der Regelaltersgrenze haben Sie trotz Nebenjob immer Anspruch auf eine volle Rente statt einer bisherigen Teilrente. Falls Sie als Frührentner gearbeitet haben, sollten Sie spätestens drei Monate nach Erreichen der Altersgrenze einen Antrag auf Vollrente stellen. Ermittelt der Rentenversicherer dann die Rentenhöhe, berücksichtigt er die zusätzlich erworbenen Ansprüche: Die Rente fällt höher aus.

TIPP **Hinzuverdienstgrenzen ausrechnen lassen**

Wenn Sie als Frührentner mehr als 450 Euro hinzuverdienen wollen, sollten Sie sich am besten vorher in einer Beratungsstelle der Rentenversicherung ausrechnen lassen, welche Verdienstgrenzen aktuell für Sie gelten. Im Rentenbescheid finden Sie die Werte für die erste Zeit nach Rentenbeginn.

Wenn Sie die Regelaltersgrenze erreicht haben, müssen Sie von Ihrem Hinzuverdienst auch keine Beiträge mehr zur Rentenkasse und zur Arbeitslosenversicherung abführen. Gesetzlich krankenversicherte Rentner müssen dann allerdings den vollen Beitrag von bis zu 17,2 Prozent des Arbeitseinkommens für die gesetzliche Kranken- und Pflegeversicherung allein tragen.

Nur geringfügige Arbeitseinkommen bis zu 138,25 Euro im Monat (das sind 5 Prozent der monatlichen Bezugsgröße, die im Jahr 2014 bei 2 765 Euro liegt) bleiben beitragsfrei. Wird diese Bagatellgrenze überschritten, müssen Sie den vollen Beitrag für den Hinzuverdienst ab dem ersten Euro zahlen.

Wenn Pensionäre nebenbei arbeiten

Wer neben seiner Beamtenpension noch Erwerbseinkommen (also Einkommen aus Arbeitnehmertätigkeit oder selbstständiger Tätigkeit) bezieht, muss – ähnlich wie ein Rentner – auf spezielle Hinzuverdienstgrenzen achten. Sofern diese Hinzuverdienstgrenze überschritten wird, wird das Erwerbseinkommen auf die Pension angerechnet mit der unangenehmen Folge, dass diese gekürzt wird.

Frühpensionäre, die wegen Schwerbehinderung oder Dienstunfähigkeit vorzeitig in den Ruhestand getreten sind, durfen über die Beamtenpension hinaus nur bis zu 450 Euro monatlich (Geringfügigkeitsgrenze für Minijobs ab 2013) hinzuverdienen.

Für alle anderen Frühpensionäre gilt das Bruttoendgehalt als Höchstgrenze für die Summe aus Pension und Erwerbseinkommen. Wer beispielsweise mit 63 Jahren auf eigenen Antrag in Pension geht und einen Versorgungsabschlag in Kauf nimmt, kann die finanzielle Lücke zwischen Endgehalt und seiner Pension nach Abschlag mit einem zusätzlichen Erwerbseinkommen schließen. Bis zum Erreichen der Regelaltersgrenze würde er dann mit der Summe aus Pension und Erwerbseinkommen faktisch genauso viel Geld verdienen wie vorher als aktiver Beamter.

Anders als in der gesetzlichen Rentenversicherung gilt die Höchstgrenze Endgehalt für Pensionäre auch nach Erreichen der Regelaltersgrenze, sofern sie Erwerbseinkommen aus einer „Verwendung im öffentlichen Dienst" beziehen („Verwendungseinkommen"). Erteilt also beispielsweise ein Lehrer, der nach Erreichen der Regelaltersgrenze pensioniert wurde,

weiterhin stundenweise Unterricht an seiner Schule, kann er anrechnungsfrei nur den Unterschied zwischen Endgehalt und Pension hinzuverdienen. Geht das zusätzliche Monatsgehalt darüber hinaus, wird seine Pension gekürzt.

Erwerbseinkommen aus einer Tätigkeit in der Privatwirtschaft bleiben für Pensionäre nach Erreichen der Regelaltersgrenze grundsätzlich anrechnungsfrei. Sie könnten also wie Rentner unbegrenzt hinzuverdienen, ohne eine Kürzung ihrer Pension befürchten zu müssen.

Anders als ein freiwillig in der gesetzlichen Krankenkasse versicherter Rentner müssen Sie als privat krankenversicherter Pensionär auch keine zusätzlichen Beiträge auf Ihre Erwerbseinkommen an Ihre private Krankenversicherung bezahlen.

SPÄTER IN RENTE ODER PENSION

Jeder hat Verständnis für einen Angestellten oder Beamten, der früher in Rente oder Pension gehen will. Auf ein gewisses Erstaunen stoßen jedoch relativ häufig diejenigen, die über die Regelaltersgrenze hinaus weiterarbeiten, also später in Rente oder Pension gehen. Tatsächlich steigt aber die Zahl derjenigen, die über die Regelaltergrenze hinaus arbeiten.

Kein Arbeitnehmer ist gezwungen, einen Rentenantrag zu stellen, sobald er die Regelaltersgrenze erreicht hat. In bestimmten Fällen sieht aber der Arbeitsvertrag ein Ende der Beschäftigung mit dem vollendeten 65. Lebensjahr oder dem Erreichen der Regelaltersgrenze ohne Ausnahmen vor. Klagen von Angestellten oder Beamten, die über die Regelaltersgrenze hinaus weiterarbeiten wollten, wurden bisher von den zuständigen Gerichten zurückgewiesen.

Wenn Angestellte länger arbeiten

Wenn Sie mit Ihrem Arbeitgeber die Fortsetzung Ihrer Tätigkeit über die Regelaltersgrenze hinaus vereinbaren, verschieben Sie damit automatisch den Rentenbeginn und stellen Ihren Rentenantrag einfach später. Sie werden in der gesetzlichen Rentenversicherung mit einem Rentenzuschlag von monatlich 0,5 Prozent beziehungsweise jährlich 6 Prozent für den Zeitraum belohnt, den Sie über die Regelaltersgrenze hinaus weiterarbeiten.

Beispiel: Wenn ein im Jahr 1950 geborener Versicherter bis zum 66. Lebensjahr weiterarbeitet, erhöht sich seine spätere Rente um 4 Prozent (= 0,5 Prozent pro Monat x 8 Monate von der Regelaltersgrenze 65 Jahre und 4 Monate bis zum 66. Lebensjahr). Bei einer Weiterarbeit bis zum 67. Lebensjahr läge der Rentenzuschlag sogar bei glatten 10 Prozent.

Hinzu kommt ein weiterer erfreulicher Effekt: Da Sie und Ihr Arbeitgeber weiter Pflichtbeiträge in die gesetzliche Rentenversicherung einzahlen, erhöht das Ihre persönlichen Entgeltpunkte und damit Ihre spätere gesetzliche Rente vor Berücksichtigung des Rentenzuschlags.

Wenn Beamte länger arbeiten

Auch Beamte können auf Antrag über die Regelaltersgrenze hinaus bis zu drei Jahre weiterarbeiten, falls ein dienstliches Interesse vorliegt. In Baden-Württemberg ist ab Anfang 2011 beispielsweise eine freiwillige Weiterarbeit über die gesetzliche Altersgrenze hinaus möglich, sofern der Höchstpensionssatz von 71,75 Prozent des letzten Bruttogehalts noch nicht erreicht wurde. Ist dieser Höchstsatz aber bereits erreicht, erhält der freiwillig weiterarbeitende Beamte einen Zuschlag von 10 Prozent auf sein laufendes Gehalt.

Dieser Gehaltszuschlag soll die Beamten dafür entschädigen, dass es in der Beamtenversorgung bei einer Weiterarbeit im Gegensatz zur gesetzlichen Rentenversicherung keinen Zuschlag auf die spätere Pension gibt. Die Beamtenversorgungsgesetze kennen nur Versorgungs- oder Pensionsabschläge bei Frühpensionierungen.

SOZIALABGABEN UND STEUERN SPAREN

Sozialabgaben und Steuern schmälern die Einkünfte sowohl während des Berufslebens als auch später im Ruhestand. Es kommt daher darauf an, sie sowohl in der Aktiv- als auch in der Rentenphase im Auge zu behalten. Für Angestellte und Beamte gelten allerdings unterschiedliche Vorgaben. Diese sollten Sie kennen, damit Sie es Ihnen gelingt, Beiträge zur Kranken- und Pflegekasse sowie Steuern so niedrig wie möglich zu halten – vor allem im Alter.

SOZIALABGABEN UND STEUERN IM BERUFSLEBEN

Als Angestelltem im öffentlichen Dienst werden Ihnen bei jeder Gehaltsabrechnung der Arbeitnehmeranteil zur Sozialversicherung sowie die Arbeitnehmerumlage zur Zusatzversorgung im öffentlichen Dienst abgezogen.

Aktuell machen diese Abzüge für die gesetzliche Kranken-, Pflege-, Renten- und Arbeitslosenversicherung und die Umlage zur Zusatzversorgung West insgesamt 21,71 Prozent Ihres Bruttogehalts aus. Bei einem Bruttogehalt von monatlich 3000 Euro werden also beispielsweise 651,30 Euro im Jahr 2014 allein für Sozialabgaben fällig.

Der Arbeitnehmeranteil zur gesetzlichen Arbeitslosenversicherung in Höhe von derzeit 1,5 Prozent des Bruttogehalts sowie die Arbeitnehmerumlage für die Zusatzversorgung des öffentliches Dienstes in den alten Bundesländern von 1,41 Prozent des Bruttogehalts können Sie grundsätzlich nicht von der Steuer absetzen. Sie müssen diesen Betrag in Höhe von beispielsweise 87,30 Euro bei einem Bruttogehalt von 3000 Euro also selbst aus Ihrem versteuerten Einkommen begleichen.

Steuerersparnis bei Beiträgen zur Kranken- und Pflegeversicherung

Anders sieht dies bei den Beiträgen zur Kranken- und Pflegeversicherung aus. Seit 2010 bleiben Beiträge zur gesetzlichen Kranken- und Pflegeversicherung nahezu steuerfrei. Im Jahr 2014 liegt die Beitragsbemessungsgrenze, bis zu der Krankenversicherungsbeiträge fällig werden, bei einem Bruttogehalt von monatlich 4050 Euro. Der Arbeitnehmeranteil zur gesetzlichen Krankenversicherung beträgt entsprechend höchstens 332,10 Euro (8,2 Prozent von 4050 Euro). Von diesem Beitrag werden pauschal 4 Prozent, also höchstens 13,28 Euro, für darin enthaltenes Krankengeld abgezogen, sodass maximal 318,82 Euro steuerlich abzugsfähig sind.

Der Arbeitnehmeranteil zur gesetzlichen Pflegeversicherung beträgt 2014 höchstens 41,51 Euro oder 1,025 Prozent von 4050 Euro bei Arbeitnehmern mit mindestens einem Kind beziehungsweise höchstens 51,64 Euro oder 1,275 Prozent bei kinderlosen Arbeitnehmern.

So viel ist vom Beitrag zur gesetzlichen Krankenversicherung abzugsfähig

Grundbeitrag (maximal 295,65 € in 2014)	7,3 %
+ Zusatzbeitrag (maximal 36,45 € in 2014)	0,9 %
= Gesamtbeitrag (maximal 332,10 € in 2014)	**8,2 %**

Davon steuerlich abzugsfähig

96,0 % von maximal 332,10 €

Maximal steuerlich abzugsfähig 318,82 €

Beamte sind typischerweise privat krankenversichert, da sie keine Arbeitnehmer sind und daher keine Arbeitnehmeranteile zur gesetzlichen Kranken- und Pflegeversicherung zahlen. Nicht verheiratete Beamte müssen sich zu 50 Prozent bei der privaten Krankenkasse versichern, da der Dienstherr eine Beihilfe in Höhe von 50 Prozent der beihilfefähigen Krankheitskosten übernimmt.

Der Beitrag zur privaten Krankenversicherung hängt nicht vom Bruttogehalt des Beamten, sondern von einer Reihe persönlicher Faktoren ab:

- vom Eintrittsalter (je jünger, desto niedriger),
- vom Geschlecht – für alle, die vor 2013 eingetreten sind (dann sind die Beiträge für Frauen höher als für Männer),
- vom Gesundheitszustand beim Eintritt in die private Krankenkasse,
- von der Anzahl der mitversicherten Familienmitglieder (zum Beispiel Ehegatte mit 30er-Tarif wegen Beihilfesatz von 70 Prozent oder Kinder mit 20er-Tarif wegen Beihilfesatz von 80 Prozent),
- von den Tarifen der privaten Krankenkasse,
- vom Zusatzbeitrag für ergänzende Zusatztarife (zum Beispiel Kostenersatz für besondere zahntechnische Laborleistungen, für Zuschläge bei Einbettzimmer und Chefarztbehandlung, Kur- und Sanatoriumsaufenthalt).

Grundsätzlich können Beamte nur den Teil des Beitrags zur privaten Krankenversicherung steuerlich absetzen, der auf die mit der gesetzlichen Krankenversicherung vergleichbaren Grundleistungen entfällt, wie sie im Basistarif der privaten Krankenkasse enthalten sind.

Steuerersparnis bei Beiträgen zur gesetzlichen Rentenversicherung
Seit 2005 können Arbeitnehmer ihren gezahlten Arbeitnehmeranteil zur gesetzlichen Rentenversicherung steuerlich in bestimmten Stufen abziehen. Dies geschieht immer automatisch durch den Arbeitgeber, der den steuerlich abzugsfähigen Arbeitnehmeranteil bereits bei der monatlichen Lohnsteuerberechnung berücksichtigt.

Der steuerlich abzugsfähige Anteil steigt von 20 Prozent im Jahr 2005 auf beispielsweise 60 Prozent im Jahr 2015 und 80 Prozent im Jahr 2020. Pro Jahr werden somit zusätzliche vier Prozentpunkte berücksichtigt, bis ab dem Jahr 2025 der volle Arbeitnehmeranteil zur gesetzlichen Rentenversicherung von der Steuer befreit ist (siehe Tabelle rechts).

Wer beispielsweise im Jahr 2015 als Angestellter ein Jahresbruttogehalt von 45 000 Euro verdient, kann 60 Prozent des Arbeitnehmeranteils zur gesetzlichen Rentenversicherung in Höhe von 4 525,50 Euro steuerlich geltend machen, also immerhin 2 551,50 Euro. Bei einem persönlichen Steuersatz von 35 Prozent könnte er somit 893 Euro an Steuern sparen.

Steuerersparnis bei freiwilligen Beiträgen zur gesetzlichen Rente
Beamte können nach einer Gesetzesänderung im August 2010 freiwillige Beiträge zur gesetzlichen Rente leisten. Die Beitragshöhe können sie frei wählen zwischen dem Mindestbeitrag von monatlich 85,05 Euro und dem Höchstbeitrag von 1 124,55 Euro pro Monat (siehe Seite 119).

STEUERFREIER ANTEIL BEI PFLICHTBEITRÄGEN ZUR GESETZLICHEN RENTE

Arbeitnehmer können jedes Jahr mehr von ihren Beiträgen zur gesetzlichen Rente steuerlich absetzen.

Jahr	steuerlich abzugsfähig für Arbeitnehmer*
2014	56 %
2015	60 %
2016	64 %
2017	68 %
2018	72 %
2019	76 %
2020	80 %
2021	84 %
2022	88 %
2023	92 %
2024	96 %
ab 2025	100 %

*) Arbeitnehmeranteil zur gesetzlichen Rentenversicherung (z. B. 9,45 % in 2014)

STEUERERSPARNIS BEI FREIWILLIGEN BEITRÄGEN

So viel ist bei freiwilligen Beiträgen zur gesetzlichen Rente und zur Rürup-Rente steuerlich abzugsfähig.

Jahr	steuerlich abzugsfähig bei freiwilligen Beiträgen
2014	78 %
2015	80 %
2016	82 %
2017	84 %
2018	86 %
2019	88 %
2020	90 %
2021	92 %
2022	94 %
2023	96 %
2024	98 %
ab 2025	100 %

Für diese freiwilligen Beiträge gelten andere Steuerregeln als für die Arbeitnehmeranteile von Angestellten. Sie waren im Jahr 2010 zu 70 Prozent steuerlich abzugsfähig, 2015 sind es 80 Prozent. Erst ab dem Jahr 2025 können die freiwilligen Beiträge wie die Arbeitnehmeranteile zur gesetzlichen Rentenversicherung zu 100 Prozent steuerlich berücksichtigt werden (siehe Tabelle links).

Den Steuerersparnissen im Berufsleben stehen selbstverständlich Steuerzahlungen in der späteren Rentenphase gegenüber (siehe Seite 177).

Steuerersparnis bei Rürup-Beiträgen

Beiträge für eine Rürup-Rentenversicherung sind in der gleichen Höhe steuerlich abzugsfähig wie freiwillige Beiträge zur gesetzlichen Rentenversicherung (siehe Tabelle links).

Grundsätzlich können auch Angestellte im öffentlichen Dienst und Beamte einen Rürup-Vertrag abschließen. Einen Mindest- oder Höchstbeitrag gibt es zwar nicht. Allerdings ist die Höchstgrenze für die steuerliche Förderung zu beachten. Danach können Rürup-Beiträge zusammen mit eventuellen freiwilligen Beiträgen zur gesetzlichen Rente höchstens bis zu 20 000 Euro bei Alleinstehenden oder 40 000 Euro bei Verheirateten abzüglich 18,9 Prozent des Jahresbruttogehalts abgesetzt werden.

Das Jahresbruttogehalt wird beispielsweise im Jahr 2014 bis zu 71 400 Euro (Beitragsbemessungsgrenze in der gesetzlichen Rentenversicherung) berücksichtigt. Also müssten bei Spitzenverdienern 13494,60 Euro von den 20000 oder 40000 Euro abgezogen werden, sodass noch ein effektiver Förderbetrag von 6505,40 Euro bei Alleinstehenden oder 26505,40 Euro bei Verheirateten verbleibt.

Die steuerpflichtigen Anteile der späteren Rürup-Rente steigen im gleichen Verhältnis wie bei der gesetzlichen Rente (siehe Seite 177).

Sozialabgaben- und steuerfreie Beiträge bei der Entgeltumwandlung

Die Entgeltumwandlung als wichtigste Form der betrieblichen Altersvorsorge ist nur möglich für Arbeitnehmer, also beispielsweise für Angestellte im öffentlichen Dienst. Beamten wird sie grundsätzlich verwehrt.

Im Jahr 2014 sind monatliche Beiträge bis zu 238 Euro (= 4 Prozent der Beitragsbemessungsgrenze von 5950 Euro) komplett von Sozialabgaben und Steuern befreit. Die Beitragsersparnis macht bei einem Arbeitnehmeranteil zur Sozialversicherung in Höhe von 20 Prozent bereits knapp 48 Euro aus. Wenn dann noch ein persönlicher Steuersatz von 30 Prozent dazukommt, sinkt der monatliche Nettobeitrag, den Sie als Angestellter leisten, bereits auf die Hälfte, also auf höchstens 119 Euro.

In der Beitragsphase ist die Entgeltumwandlung wegen der hohen staatlichen Förderung besonders attraktiv. Den Vorteilen der Abgaben- und Steuerfreiheit in der Beitragsphase stehen aber nicht zu unterschätzende Abzüge in der nachfolgenden Rentenphase gegenüber:

- voller Beitrag zur gesetzlichen Kranken- und Pflegeversicherung von aktuell bis zu 17,8 Prozent der Betriebsrente, falls der Rentner gesetzlich krankenversichert ist
- volle Besteuerung der nach Abzug des Beitrags zur gesetzlichen Kranken- und Pflegeversicherung verbleibenden Betriebsrente
- da die Beträge zur Entgeltumwandlung sozialabgabenfrei sind, fließen in der Beitragsphase entsprechend geringere Beiträge zur gesetzlichen Rentenversicherung. Dadurch fällt die gesetzliche Rente etwas niedriger aus.

Trotz der genannten Nachteile wird sich die Entgeltumwandlung für Angestellte im öffentlichen Dienst lohnen, wenn aufgrund der niedrigen Verwaltungskosten und einer erfolgreichen Anlagepolitik der jeweiligen Pensionskasse eine deutlich über dem Garantiezins von 1,75 Prozent liegende Rendite für die Angestellten erzielt wird (siehe auch Seite 69).

Leider geben die öffentlichen Arbeitgeber die von ihnen gesparten Arbeitgeberanteile zur Sozialversicherung in Höhe von rund 20 Prozent des umgewandelten Beitrags nicht in Form eines Zuschusses an ihre Angestellten weiter. Wenn es künftig aber doch geschieht, wäre die Betriebsrente per Entgeltumwandlung den Privatrenten eindeutig überlegen.

Zulagen und Steuerersparnisse bei Riester-Beiträgen

Für Riester-Verträge erhalten Sie staatliche Zulagen: eine Grundzulage von jährlich maximal 154 Euro und Kinderzulagen von jährlich bis zu 300 Euro pro Kind für nach 2008 geborene Kinder und 185 Euro, wenn das Kind vor 2008 geboren ist. In der Beitragsphase sind Riester-Verträge besonders attraktiv, wenn die Summe der Zulagen (Grundzulage und Kinderzulagen) hoch ausfällt, also für Familien mit mehreren Kindern.

Die Zulagen sind aber nur der eine Teil der Förderung. Der andere Teil ist der Steuervorteil, den der Staat zusätzlich gewährt: Er erkennt Ihre Beiträge zur Riester-Rente und die Zulagen bis zu 2 100 Euro im Jahr als Sonderausgaben an. Das wirkt sich besonders bei höheren Einkommen aus. Hierbei kommt im Regelfall zu den Zulagen eine zusätzliche Steuerersparnis hinzu, was Riester-Verträge auch für Besserverdiener interessant macht. Das Finanzamt errechnet, ob Ihnen über die Zulagen hinaus noch Steuererleichterungen zustehen.

ZULAGEN BEANTRAGEN

Denken Sie daran, die Riester-Zulagen zu beantragen. Wer dies aus Nachlässigkeit vergisst, verschenkt bares Geld. Das Finanzamt zieht bei der Steuerberechnung nämlich die Zulage auch dann ab, wenn sie dem Riester-Sparer überhaupt nicht gutgeschrieben wurde.

Wie die Betriebsrente durch Entgeltumwandlung wird die Riester-Rente später voll besteuert. Ein Beitrag zur gesetzlichen Kranken- und Pflegeversicherung fällt bei der privat abgeschlossenen Riester-Rente nicht an, sofern der Rentner in der Krankenversicherung der Rentner (KVdR) pflichtversichert ist. Freiwillig krankenversicherte Riester-Rentner werden jedoch zur Kasse gebeten, wenn die Riester-Rente zusammen mit anderen Alterseinkünften unter der Beitragsbemessungsgrenze von monatlich 4 050 Euro (im Jahr 2014) liegen sollte.

Von einer betrieblichen Riester-Rente ist in der Regel abzuraten, da außer bei privat krankenversicherten Rentnern immer der volle Beitrag zur gesetzlichen Kranken- und Pflegeversicherung abzuführen ist.

Keine Steuervorteile bei Beiträgen in private Rentenversicherungen

Beiträge für private Renten- oder Kapitallebensversicherungen, die ab 2005 abgeschlossen wurden, sind grundsätzlich nicht mehr steuerlich abzugsfähig.

Als ein gewisser Ausgleich für die fehlende Steuerfreiheit in der Beitragsphase ist die nur geringe Besteuerung der Privatrente in der Rentenphase zu sehen. Steuerpflichtig ist dann nur der Ertrags- oder Zinsanteil der Privatrente in Höhe von beispielsweise nur 18 Prozent, wenn der Privatrentner beispielsweise mit 65 Jahren zum ersten Mal die Rente bezieht (siehe Seite 181).

Bei einer ab 2005 abgeschlossenen Kapitallebensversicherung wird die Differenz zwischen der Ablaufleistung, also dem Kapital, das Sie ausgezahlt bekommen, und der Beitragssumme nach einer Versicherungsdauer von mindestens zwölf Jahren nur zur Hälfte mit dem persönlichen Steuersatz versteuert. Dieser geringfügige Steuervorteil fällt aber kaum ins

Gewicht, wenn der Vertrag nur gering verzinst wird und hohe Kosten an der Rendite zehren. Genau das ist bei neuen Verträgen der Fall: Sie rentieren sich in der Regel schlichtweg nicht. Praktisch wird die Kapitallebensversicherung im klassischen Sinne bei einer anhaltenden Niedrigzinsphase dadurch zu einem Auslaufmodell.

Nur für vor 2005 abgeschlossene private Rentenversicherungen und Kapitallebensversicherungen gibt es noch Steuervorteile. Bis zum Jahr 2019 sind die Beiträge im Rahmen der Vorsorgeaufwendungen bis zu bestimmten Grenzen noch steuerlich abzugsfähig. Die höchstens abzugsfähigen Vorsorgeaufwendungen machen in diesen Altfällen beispielsweise im Jahr 2014 noch 7602 Euro bei Verheirateten aus und sinken bis 2019 auf 4602 Euro, da sie sich in jedem nachfolgenden Jahr um jeweils 600 Euro vermindern.

Darüber hinaus ist die volle Ablaufleistung für vor 2005 abgeschlossene Kapitallebensversicherungen bei Erfüllung der Voraussetzungen (zum Beispiel Versicherungsdauer mindestens zwölf Jahre mit Ablauf frühestens zum 60. Geburtstag) weiterhin steuerfrei.

SOZIALABGABEN IM RUHESTAND

Gesetzlich krankenversicherte Angestellte unterschätzen häufig die Sozialabgaben im Ruhestand. Sie gehen oft davon aus, dass sie nur den halben Beitrag zur gesetzlichen Krankenversicherung in Höhe von zurzeit 8,2 Prozent (einschließlich Sonderbeitrag von 0,9 Prozent) ihrer Renten zu zahlen haben.

Dies ist aber nicht so. Bei Betriebsrenten ist beispielsweise der volle Beitrag zur gesetzlichen Krankenversicherung in Höhe von 15,5 Prozent fällig (ab 2015 sinkt er auf 14,6 Prozent). Zudem kommt noch der volle Beitrag zur gesetzlichen Pflegeversicherung in Höhe von derzeit 2,05 bis 2,3 Prozent der Renten hinzu.

Einen Überblick über die Sozialabgaben im Alter für gesetzlich versicherte Rentner bietet die Tabelle „Mit diesen Abgaben müssen gesetzlich Versicherte Rentner rechnen" auf Seite 172/173.

Die meisten Rentner sind in der gesetzlichen Krankenversicherung pflichtversichert (KVdR als Krankenversicherung der Rentner). Sie zahlen Beiträge zur gesetzlichen Kranken- und Pflegeversicherung in Höhe von bis zu 10,5 Prozent der Bruttorente (zurzeit 8,2 Prozent für die gesetzliche Krankenversicherung und 2,3 Prozent für die gesetzliche Pflegeversicherung bei kinderlosen Rentnern). Diese Beiträge behält die Deutsche Rentenversicherung gleich ein. Die Rente, die sie überwiesen bekommen, setzt sich also aus der Bruttorente minus dem Beitrag zur gesetzlichen Kranken- und Pflegeversicherung zusammen.

INFO Wer ist als Rentner in der Krankenkasse pflichtversichert?

Pflichtversicherte Rentner müssen deutlich weniger Abzüge hinnehmen als Rentner, die nur freiwillig in der Krankenkasse der Rentner versichert sind (siehe Tabelle Seite 172). Aber wer ist pflichtversichert?

Pflichtversichert sind alle, die in der zweiten Hälfte ihres Arbeitslebens mindestens 90 Prozent der Zeit in der gesetzlichen Krankenkasse versichert waren. Es spielt keine Rolle, ob sie in dieser Zeit Pflichtbeiträge gezahlt haben oder beispielsweise als gut verdienender Angestellter freiwillig in der gesetzlichen Krankenkasse Mitglied waren. Auch Phasen, in denen ein Ehepartner über den anderen familienversichert ist, sind unproblematisch.

Die freiwillige Versicherung trifft zum Beispiel Rentner, die während ihres Berufslebens zu lange privat krankenversichert waren.

Wer zu den wenigen Rentnern gehört, die in der gesetzlichen Krankenversicherung nur freiwillig versichert sind (siehe Kasten oben), erhält auf Antrag einen Zuschuss zur gesetzlichen Krankenkasse in Höhe von 7,3 Prozent der Bruttorente. Dadurch stellt er sich hinsichtlich der Krankenkassenbeiträge zumindest bei der gesetzlichen Rente nicht schlechter als ein in der gesetzlichen Krankenkasse pflichtversicherter Rentner.

Privat krankenversicherte Rentner oder Pensionäre müssen keine Sozialabgaben auf ihre gesetzliche Rente zahlen. Sie erhalten wie freiwillig in der gesetzlichen Krankenkasse versicherte Rentner auf Antrag einen Zuschuss zu ihrer privaten Krankenversicherung in Höhe von 7,3 Prozent der Bruttorente. Ihr Beitrag zur privaten Krankenversicherung ist unabhängig von der Höhe ihrer Einnahmen. Er kann im Alter sehr hoch ausfallen und zu einer großen Belastung werden.

Zuschuss und Beihilfe: Geänderte Regelungen

Wenn Beamtenpensionäre oder ihre Ehegatten eine gesetzliche Rente mit einem Zuschuss zur privaten Krankenversicherung erhalten, konnte früher ab einem bestimmten Grenzbetrag (zum Beispiel monatlich 41 Euro Zuschuss beim Bund und in zehn Bundesländern) eine Kürzung des Beihilfesatzes erfolgen. Nach Änderung der Bundesbeihilfeverordnung (BBhV) vom 26. Juli 2014 gilt dies jedoch nicht mehr. Dies bedeutet für ehemalige Bundesbeamte und ihre Ehegatten: Der Zuschuss zur privaten Krankenversicherung wirkt sich erfreulicherweise nicht mehr negativ auf den Beihilfesatz aus.

Die meisten Bundesländer haben diese Regelung bereits in ihre eigenen Beihilfevorschriften übernommen. In Thüringen gilt die Erleichterung beispielsweise bereits ab 1. Juli 2014. In Nordrhein-Westfalen soll es aber laut Landesamt für Besoldung und Versorgung NRW auch nach dem 1. Juli 2014 noch immer den Grenzbetrag von 90 Euro geben. Dies hat zur Folge, dass bei Zuschüssen von 90 Euro und mehr der Beihilfesatz von 70 auf 60 Prozent gesenkt wird. Dagegen kann man sich zurzeit nur wehren, indem man bei der Deutschen Rentenversicherung einen Antrag auf Zahlung eines Zuschusses von maximal 89,99 Euro stellt.

TIPP: SICHERHEITSHALBER NACHFRAGEN

Erkundigen Sie sich als privat krankenversicherter Rentner unbedingt bei Ihrer Beihilfestelle, welche Regelung hinsichtlich Zuschuss und Beihilfe aktuell für Sie gilt.

Hohe Sozialabgaben auf die Betriebsrente

Seit 2004 müssen Betriebsrentner auf ihre Versorgungsbezüge den vollen Beitragssatz zur gesetzlichen Krankenversicherung abführen, vorher war es nur der halbe Beitragssatz. Gleichzeitig müssen sie auch den vollen Beitrag zur gesetzlichen Pflegeversicherung zahlen, sodass der Gesamtbeitrag bei kinderlosen Betriebsrentnern auf derzeit 17,8 Prozent der Bruttobetriebsrente steigt.

Ebenfalls seit 2004 wird der volle Beitragssatz auch auf Kapitalauszahlungen aus betrieblichen Direktversicherungen erhoben. Dabei werden zunächst die Kapitalauszahlungen rechnerisch auf 120 Monate, also 10 Jahre, umgelegt. Und auf Grundlage dieser fiktiven monatlichen Betriebsrente werden danach die Beiträge zur Kranken- und Pflegekasse berechnet.

So berechnen sich die hohen Sozialabgaben bei Kapitalauszahlung

Beispiel: Kapitalauszahlung 60 000 Euro, jährlich 6 000 Euro bei fiktiver Verteilung auf zehn Jahre und monatlich 500 Euro.

monatliche Kapitalauszahlung	500 €
x 0,178 (17,8 %)	
monatlicher Beitrag	**89 €**

Summe der Beiträge an Kranken- und Pflegekasse über zehn Jahre bei gleichbleibenden Beitragssätzen:

120 x 89 €	
= Beiträge über 10 Jahre	10 680 €

Auszahlungen vor 2004 waren sozialabgabenfrei. Erst seit der Anfang 2004 in Kraft getretenen Gesundheitsreform mit den entsprechenden Gesetzesänderungen ist die Beitragsbelastung für Betriebsrentner deutlich gestiegen.

ZUSATZRENTE IMMER VOLL BEITRAGSPFLICHTIG

Die auf Pflichtbeiträgen beruhende Zusatzrente aus der Zusatzversorgung des öffentlichen Dienstes ist seit 2004 immer voll beitragspflichtig, sofern der Zusatzrentner gesetzlich krankenversichert ist.

Nur Kleinbetragsrenten in Höhe von monatlich derzeit 138,25 Euro (1/20 der monatlichen Bezugsgröße von 2 765 Euro in 2014) sind von Sozialabgaben befreit.

ABGABEN FÜR GESETZLICH KRANKENVERSICHERTE RENTNER

Der allgemeine Beitragssatz für die gesetzliche Krankenversicherung liegt derzeit bei 15,5 Prozent, wird 2015 aber auf 14,6 Prozent sinken. Freiwillig Versicherte zahlen oft einen reduzierten Satz, der dann von 14,9 auf 14 Prozent fällt. Dazu können die Kassen einen einkommensabhängigen Zusatzbeitrag erheben. Oben drauf kommen stets die Beiträge für die Pflegeversicherung.

Einkommen	Das zahlen Pflichtversicherte in der Krankenversicherung der Rentner (KVdR)	Das zahlen Rentner, die freiwillig[3] gesetzlich krankenversichert sind
Gesetzliche Rente (Alters-, Hinterbliebenen- und Erwerbsminderungsrente)	Fällig werden 15,5 Prozent der Bruttorente. 8,2 Prozent werden vor Auszahlung der Rente abgezogen, die restlichen 7,3 Prozent übernimmt automatisch die Deutsche Rentenversicherung.[1]	Fällig werden 15,5 Prozent der Bruttorente. 8,2 Prozent zahlt der Rentner auf jeden Fall selbst, die restlichen 7,3 Prozent kann er als Zuschuss von der Deutschen Rentenversicherung erhalten, wenn er den Antrag dafür stellt.[1]
Versorgungsbezüge: zum Beispiel Betriebsrente aus einer Direktversicherung (also auch die Zusatzrente im öffentlichen Dienst), Pensionen, eine über den Arbeitgeber abgeschlossene Riester-Rente sowie Leistungen aus einem berufsständischen Versorgungswerk	**Rente:** 15,5 Prozent der Leistung, wenn sie höher als 138,25 Euro monatlich ist.[1][2] **Einmalzahlung:** Sie wird auf 120 Monate umgelegt. Ergibt sich ein Wert von mehr als 138,25 Euro im Monat, sind zehn Jahre lang 15,5 Prozent Krankenkassenbeitrag zu zahlen.[1][2]	**Rente:** 15,5 Prozent der Leistung.[1] **Einmalzahlung:** Sie wird auf 120 Monate umgelegt. Der Rentner zahlt zehn Jahre lang 15,5 Prozent des monatlichen Werts – unabhängig von dessen Höhe.[1]
Riester-Rente	Keine Beiträge zur Kranken- und Pflegeversicherung.	14,9 Prozent der Leistung.[1]
Rürup-Rente	Keine Beiträge zur Kranken- und Pflegeversicherung.	14,9 Prozent der Leistung.[1]
Rente aus der gesetzlichen Unfallversicherung	Keine Beiträge zur Kranken- und Pflegeversicherung.	14,9 Prozent der Leistung.[1]
Rente aus einer privaten Rentenversicherung	Keine Beiträge zur Kranken- und Pflegeversicherung.	14,9 Prozent der Leistung.[1]
Auszahlung aus der privaten Kapitallebensversicherung	Keine Beiträge zur Kranken- und Pflegeversicherung.	Die Auszahlung wird auf 120 Monate umgelegt. Der Rentner zahlt zehn Jahre lang 14,9 Prozent des Monatswerts.[1]

Einkommen	Das zahlen Pflichtversicherte in der Krankenversicherung der Rentner (KVdR)	Das zahlen Rentner, die freiwillig[3] gesetzlich krankenversichert sind
Einkommen aus angestellter Beschäftigung	**Verdienst bis 450 Euro im Monat:** Der Arbeitgeber überweist für den jobbenden Rentner pauschal Sozialabgaben. **Verdienst über 450 Euro im Monat:** Der jobbende Rentner wird als Arbeitnehmer versicherungspflichtig. Er zahlt für den Verdienst anteilig Beiträge zur Kranken- und Pflegeversicherung, als Frührentner auch zur Arbeitslosen- und Rentenversicherung.	**Verdienst bis 450 Euro im Monat:** Der Arbeitgeber übernimmt für den jobbenden Rentner die Beiträge zur Krankenversicherung. Beiträge zur Pflegeversicherung zahlt dieser jedoch aus eigener Tasche. **Verdienst über 450 Euro im Monat:** Der Angestellte wird aufgrund seiner Beschäftigung als Arbeitnehmer versicherungspflichtig und zahlt für den Verdienst anteilig Beiträge zur Kranken- und Pflegeversicherung, als Frührentner auch zur Renten- und Arbeitslosenversicherung.[1]
Arbeitseinkommen: Gewinn aus einer selbstständigen Tätigkeit	Liegt der Gewinn bei über 138,25 Euro monatlich, sind darauf Abgaben zu zahlen.[1][2]	14,9 Prozent des Gewinns.[1]
Einkünfte aus Kapitalvermögen (z. B. Zinsen, Dividenden, Gewinne aus Wertpapierverkäufen)	Keine Beiträge zur Kranken- und Pflegeversicherung.	14,9 Prozent der Einkünfte: Einkünfte sind Kapitaleinnahmen minus Werbungskosten. Ohne Nachweis werden pauschal 51 Euro als Werbungskosten abgezogen.[1]
Mieteinkünfte	Keine Beiträge zur Kranken- und Pflegeversicherung.	14,9 Prozent der Einkünfte (Mieteinnahmen minus Werbungskosten).[1]

1) Für die gesetzliche Pflegeversicherung zahlen Rentner mit Kindern und kinderlose Rentner, die vor 1940 geboren wurden, 2,05 Prozent Beitrag. Alle anderen zahlen 2,3 Prozent. 2) Auch wenn pflichtversicherte Rentner mit der Summe aus ihren Versorgungsbezügen und dem Arbeitseinkommen ihrer selbstständigen Tätigkeit den Wert von 138,25 Euro monatlich überschreiten, müssen sie dafür Beiträge zur gesetzlichen Kranken- und Pflegeversicherung zahlen. 3) Beiträge werden maximal bis zur Beitragsbemessungsgrenze fällig. Sie liegt derzeit bei 4 050 Euro im Monat. **Quelle:** GKV-Spitzenverband

Praxisfrage: Krankenkassenbeiträge zur Betriebsrente

Ich finde die hohe Beitragsbelastung auf die Betriebs- und Zusatzrente ungerecht. Gilt sie ohne Ausnahme?

Eine Ausnahme bei den Krankenkassenbeiträgen gibt es nach dem Urteil des Bundesverfassungsgerichts vom 28. September 2010 (Az. 1 BvR 1660/08) nur für sogenannte gemischte Direktversicherungen. Dies sind Kapitallebensversicherungen oder private Rentenversicherungen, die nur eine Zeitlang als betriebliche Altersversorgung geführt wurden (zum Beispiel in Form der Entgeltumwandlung) und die der Angestellte nach Ausscheiden aus dem Betrieb privat als normale private Rentenversicherung weitergeführt hat.
Sofern bei der weitergeführten Direktversicherung der ehemalige Arbeitnehmer als Versicherungsnehmer eingetragen wird und nicht mehr der alte Arbeitgeber, ist die auf diesen Teil entfallende Renten- oder Kapitalzahlung später nicht beitragspflichtig. Die Krankenkassen müssen in diesem Fall die Rente oder die Kapitalauszahlung in einen beitragspflichtigen Teil für den ersten Zeitraum (betriebliche Altersvorsorge mit dem Arbeitgeber als Versicherungsnehmer) und einen beitragsfreien Teil für den zweiten Zeitraum (private Altersvorsorge mit dem Arbeitnehmer als Versicherungsnehmer) aufteilen.
Lange Zeit bestand die Hoffnung, dass es auch für Angestellte im öffentlichen Dienst eine analoge Regelung gibt. Doch mittlerweile liegen dazu Urteile des Bundessozialgerichts vor: Da ihre Zusatzversorgung des öffentlichen Dienstes und ihre freiwillige betriebliche Altersvorsorge (zum Beispiel als Entgeltumwandlung) über eine Pensionskasse abgeschlossen werden und nicht als Direktversicherung, müssen sie die Kröte schlucken und mit den hohen Krankenkassenbeiträgen leben.

Das können Sie tun: Wenn Sie vorübergehend aus dem öffentlichen Dienst ausscheiden, können Sie zumindest eine freiwillige Betriebsrente (zum Beispiel VBLextra) mit eigenen Beiträgen weiterführen und sich als Versicherungsnehmer im Vertrag eintragen lassen. Zu einem Neuabschluss mit veränderten und meist verschlechterten Konditionen muss es also nicht kommen.
Gleiches dürfte dann für die freiwillige betriebliche Altersvorsorge bei der betrieblichen Riester-Rente gelten. Wenn Sie den Vertrag nach Ausscheiden aus dem öffentlichen Dienst weiterführen, verwandelt er sich de facto in eine private Riester-Rente, sofern Sie sich als Versicherungsnehmer eingetragen lassen.

Liegt die Betriebsrente aber nur einen Cent über dieser Grenze, ist der volle Beitrag auf die gesamte Betriebsrente fällig.

Sozialabgaben auf Arbeitseinkommen

Auch auf Arbeitseinkommen müssen gesetzlich krankenversicherte Rentner Sozialabgaben leisten. Der volle Beitragssatz für die gesetzliche Krankenversicherung sinkt lediglich von 15,5 auf derzeit 14,9 Prozent bei Arbeitseinkommen aus selbstständiger Tätigkeit, ab 2015 beträgt er noch 14 Prozent. Hinzu kommt der übliche volle Beitragssatz zur gesetzlichen Pflegeversicherung von 2,05 bis 2,3 Prozent. Insgesamt werden also derzeit bis zu 17,2 Prozent der Bruttoarbeitseinkommen aus selbstständiger Tätigkeit fällig und müssen an die gesetzliche Krankenkasse abgeführt werden. Lediglich der Arbeitnehmeranteil zur gesetzlichen Renten- und Arbeitslosenversicherung entfällt bei Rentnern mit Arbeitseinkommen, wenn sie die Regelaltergrenze erreicht haben.

Liegt der monatliche Gewinn beziehungsweise Überschuss bei höchstens 138,25 Euro, entfällt der Beitrag. Allerdings gilt diese Kleinbetragsgrenze für die Summe aus Betriebsrente und Arbeitseinkommen aus selbstständiger Tätigkeit. Ehemalige Angestellte im öffentlichen Dienst werden diese 138,25 Euro üblicherweise aber bereits mit ihrer Zusatzrente aus dem öffentlichen Dienst überschreiten, sodass der volle Beitrag an die Krankenkasse zu zahlen ist.

Bei einer sozialversicherungspflichtigen Arbeitnehmertätigkeit mit einem Lohn über 450 Euro zieht der Arbeitgeber dem Rentner den Arbeitnehmeranteil zur gesetzlichen Kranken- und Pflichtversicherung in Höhe von bis zu 9,35 Prozent des Arbeitslohns ab.

Übernimmt der Rentner einen Minijob mit einem Verdienst bis monatlich 450 Eu-

Praxisfrage: Freiwillig gesetzlich Krankenversicherte

Ich habe als freiwillig gesetzlich krankenversicherter Rentner sehr hohe Alterseinkünfte. In welcher Reihenfolge werden sie zur Beitragszahlung herangezogen?

Liegen die gesamten Alterseinkünfte über der Beitragsbemessungsgrenze in der gesetzlichen Kranken- und Pflegeversicherung von 4050 Euro im Monat (Stand 2014), werden sie bei freiwillig gesetzlich Krankenversicherten in folgender Reihenfolge zur Beitragspflicht herangezogen:

1. Gesetzliche Rente
2. Versorgungsbezüge (Betriebsrenten, Zusatzrenten im öffentlichen Dienst, Renten aus der berufsständischen Versorgung, Ruhegehälter von Beamten)
3. Arbeitseinkommen (Löhne und Gehälter aus nichtselbstständiger Tätigkeit oder Gewinne aus unternehmerischer Tätigkeit)
4. Einkünfte aus Vermietung und Verpachtung (Überschuss der Mieteinnahmen über die Werbungskosten)
5. Einkünfte aus Kapitalvermögen (zum Beispiel Zinseinkünfte)
6. Sonstige Einnahmen (zum Beispiel Rürup-Rente, Riester-Rente, Privatrente aus der privaten Rentenversicherung)

Sofern beispielsweise Ihre Einkünfte bereits ohne die Rürup-Rente über der Grenze von 4050 Euro im Monat liegen, bleibt diese sozialabgabenfrei. Andernfalls müssen Sie darauf bis zu 17,2 Prozent an Beiträgen zur gesetzlichen Kranken- und Pflegeversicherung zahlen.

ro, bleibt dieser Minijoblohn beitrags- und im Übrigen auch steuerfrei. Der Rentner mit Minijob erhält maximal 450 Euro dem nach brutto für netto ausgezahlt und muss dies nicht in seiner Einkommensteuererklärung angeben.

Riester-Rente, Rürup-Rente und Rente aus privater Rentenversicherung

Riester-Renten, Rürup-Renten und Privatrenten aus der privaten Rentenversicherung fließen Rentnern beitragsfrei zu, sofern sie in der Krankenversicherung der Rentner pflichtversichert sind.

Ein völlig anderes Bild ergibt sich, wenn Sie zu den Rentnern gehören, die nur freiwillig in der gesetzlichen Krankenversicherung versichert sind. In diesem Fall werden von diesen Renten bis zu 17,2 Prozent als voller Beitrag für die gesetzliche Kranken- und Pflegeversicherung abgezogen, sofern die Summe aller Alterseinkünfte einschließlich dieser zusätzlichen Renten und von eventuellen Zins- und Mieteinkünften unter der Beitragsbemessungsgrenze von monatlich 4 050 Euro im Jahr 2014 liegt.

Private Riester-Renten, Rürup-Renten und Renten aus einer privaten Rentenversicherung lohnen sich also nicht, falls Sie freiwillig in der gesetzlichen Krankenversicherung versichert sind.

STEUERN IM RUHESTAND

Auch Rentner sind nicht von Steuern befreit. Nur in seltenen Fällen werden frühere Angestellte des öffentlichen Dienstes als Rentner gar keine Steuern zahlen müssen, weil ihr steuerpflichtiges Alterseinkommen unter dem Grundfreibetrag liegt. Das ist beispielsweise bei alleinstehenden Neurentnern im Jahr 2014 nur der Fall, wenn die Monatsrente unter 1 236 Euro liegt und sie keine weiteren steuerpflichtigen Einnahmen haben. Zu diesen steuerpflichtigen Einnahmen zählt beispielsweise auch ihre Zusatzrente.

Noch unwahrscheinlicher ist dies bei allen, die in einem Beamtenverhältnis standen. Ihre Beamtenpension wird bis auf einen relativ geringen Versorgungsfreibetrag voll besteuert.

Rentner und Pensionäre sollten daher darauf achten, ihre Steuern auch im Alter so weit wie möglich zu minimieren.

Steuern auf die gesetzliche Rente

Jeder Rentner dürfte mittlerweile wissen, dass die gesetzliche Rente grundsätzlich steuerpflichtig ist. Die steuerpflichtigen Anteile steigen von 50 Prozent im Jahr 2005 für eine bis 2005 beginnende gesetzliche Rente über 70 Prozent im Jahr 2015 bis zu 80 Prozent bei einem Rentenbeginn im Jahr 2020, also um jeweils zwei Prozentpunkte pro Jahr.

STEUERFREIE ANTEILE DER GESETZLICHEN RENTE

Wie viel von der gesetzlichen Rente steuerfrei bleibt, hängt davon ab, wann Sie in den Ruhestand gehen. Das gilt auch für die Auszahlungen aus einer Rürup-Rente.

Ruhestandsbeginn	Steuerfreier Rentenanteil	Ruhestandsbeginn	Steuerfreier Rentenanteil
2005 und früher	50 %	2023	17 %
2006	48 %	2024	16 %
2007	46 %	2025	15 %
2008	44 %	2026	14 %
2009	42 %	2027	13 %
2010	40 %	2028	12 %
2011	38 %	2029	11 %
2012	36 %	2030	10 %
2013	34 %	2031	9 %
2014	32 %	2032	8 %
2015	30 %	2033	7 %
2016	28 %	2034	6 %
2017	26 %	2035	5 %
2018	24 %	2036	4 %
2019	22 %	2037	3 %
2020	20 %	2038	2 %
2021	19 %	2039	1 %
2022	18 %	2040 und später	0 %

Erst ab dem Jahr 2021 steigt der steuerpflichtige Rentenanteil nur noch um jeweils einen Prozentpunkt pro Jahr, bis schließlich bei einem Rentenbeginn ab 2040 die gesetzliche Rente voll zu versteuern ist und nur noch eine Werbungskostenpauschale von 102 Euro im Jahr von der voll steuerpflichtigen gesetzlichen Rente abgezogen wird.

Im Umkehrschluss heißt das: Die noch steuerfreien Anteile der gesetzlichen Rente sinken von beispielsweise 30 Prozent bei allen, die im Jahr 2015 in Rente gehen, auf 20 Prozent bei Rentenbeginn 2020 und dann um jeweils einen Prozentpunkt pro Jahr weiter, bis die Steuerfreiheit der gesetzlichen Rente bei einem Rentenbeginn ab 2040 vollständig der Vergangenheit angehört (siehe Tabelle links). Wer früher in Rente geht, profitiert somit von einem höheren steuerfreien Anteil.

Beispiel: Ein im Oktober 1952 geborener Angestellter geht mit 63 Jahren ab November 2015 vorzeitig nach 45 Beitragsjahren abschlagsfrei in Rente. Von seiner gesetzlichen Bruttorente in Höhe von beispielsweise 1 500 Euro bleiben 30 Prozent, also 450 Euro, steuerfrei. Der Rest von 1 050 Euro wäre zu versteuern. Allerdings können gesetzlich krankenversicherte Angestellte davon noch ihren Beitrag zur Kranken- und Pflegeversicherung abziehen, also beispielsweise 153 Euro (= 10,2 Prozent von 1 500 Euro Bruttorente bei Rentnern mit Kind), sodass letztlich nur monatlich 897 Euro zur Einkommensteuer herangezogen werden.

Ginge dieser Angestellte erst nach Erreichen der Regelaltersgrenze von 65 Jahren und 6 Monaten ab Mai 2018 in Rente, läge der steuerfreie Rentenanteil nur bei 24 Prozent. Er müsste also 6 Prozent mehr von der gesetzlichen Rente versteuern. Weil er länger gearbeitet hat, fiele diese dann höher aus. Würde die Rente dadurch beispielsweise auf 1 600 Euro steigen, blieben davon trotz einer um 100 Euro höheren Bruttorente nur 384 Euro steuerfrei. Nach Abzug des Beitrags zur gesetzlichen Kranken- und Pflegeversicherung müsste er noch monatlich 1 053 Euro versteuern.

Den Steuerfreibetrag, der dann bis zum Lebensende gilt, ermittelt das Finanzamt im Jahr nach der ersten Rentenzahlung.

RENTENSTEIGERUNGEN SIND VOLL STEUERPFLICHTIG

Nur der steuerfreie Anteil der ersten Jahresrente wird für die gesamte Rentendauer festgeschrieben. Das bedeutet, künftige Rentensteigerungen sind voll steuerpflichtig.

Auch dazu ein Beispiel: Ein Angestellter geht 2015 in Rente und erhält eine gesetzliche Bruttorente von monatlich 1 500 Euro. Davon bleiben nur 30 Prozent, also 450 Euro, steuerfrei. Liegen die künftigen Rentensteigerungen bei 1 oder 2 Prozent pro Jahr und beträgt die gesamte Rentenbezugsdauer 20 Jahre, werden Rentensteigerungen von insgesamt rund 38 000 oder 82 000 Euro komplett versteuert, während insgesamt 360 000 Euro zum festen Satz von 70 Prozent steuerpflichtig

STEUERFREIER ANTEIL DER PENSION

Der Versorgungsfreibetrag für Beamte wird sukzessive abgeschmolzen.

Ruhestandsbeginn	Steuerfreier Anteil der Pension (Euro)	Ruhestandsbeginn	Steuerfreier Anteil der Pension (Euro)
2005 und früher	3 900	2023	1 326
2006	3 744	2024	1 248
2007	3 588	2025	1 170
2008	3 432	2026	1 092
2009	3 276	2027	1 014
2010	3 120	2028	936
2011	2 964	2029	858
2012	2 808	2030	780
2013	2 652	2031	702
2014	2 496	2032	624
2015	2 340	2033	546
2016	2 184	2034	468
2017	2 028	2035	390
2018	1 872	2036	312
2019	1 716	2037	234
2020	1 560	2038	156
2021	1 482	2039	78
2022	1 404	2040 und später	0

STEUERFREIER ANTEIL BEI PRIVATRENTEN

Bei Privatrenten ist umso mehr steuerfrei, je älter der Rentenbezieher bei Beginn der Rente ist. In welchem Kalenderjahr die Zahlung der Rente beginnt, spielt hingegen anders als bei der gesetzlichen Rente keine Rolle.

Alter bei Rentenbeginn	Steuerfreier Anteil
55 bis 56 Jahre	74 %
57 Jahre	75 %
58 Jahre	76 %
59 Jahre	77 %
60 bis 61 Jahre	78 %
62 Jahre	79 %
63 Jahre	80 %
64 Jahre	81 %
65 bis 66 Jahre	82 %
67 Jahre	83 %
68 Jahre	84 %
69 bis 70 Jahre	85 %

sind. Sie sollten daher bei Ihrer Steuerkalkulation auch die volle Besteuerung von künftigen Rentensteigerungen im Blick haben.

Steuern auf Beamtenpensionen

Jeder zweite ehemalige Beamte erhält noch eine gesetzliche Rente von durchschnittlich 400 Euro pro Monat, da er vor seiner Berufung in das Beamtenverhältnis als Angestellter in der Privatwirtschaft oder im öffentlichen Dienst tätig war. Selbstverständlich gelten für ihn dann die gleichen Steuerregeln für die gesetzliche Rente wie für Nur-Angestellte.

Der weitaus größte Teil der Altersversorgung entfällt aber bei Beamten mit gemischter Erwerbsbiografie (erst Angestell-

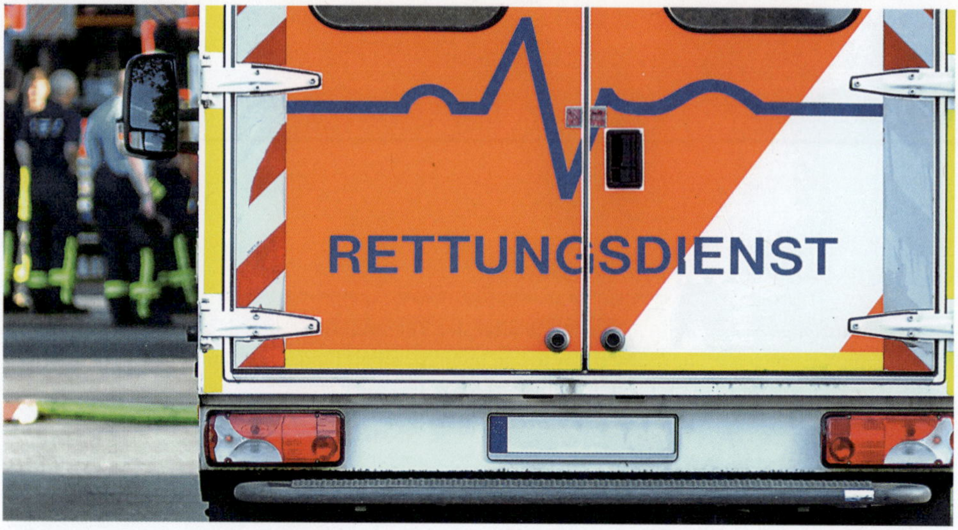

ter, dann Beamter) auf die Beamtenpension, die auch als „Ruhegehalt" oder steuerrechtlich als „Versorgungsbezug" bezeichnet wird.

Beamtenpensionen werden als Einkünfte aus nichtselbstständiger Tätigkeit ähnlich wie Löhne und Gehälter besteuert (siehe Seite 110). Statt des Arbeitnehmerpauschbetrags von jährlich 1 000 Euro steht Ihnen als Pensionär ein steuerfreier Versorgungsfreibetrag zu, der von anfangs 3 900 Euro im Jahr 2005 jedes Jahr weiter abgeschmolzen wird. Bei einem Pensionsbeginn 2015 beträgt er beispielsweise jährlich 2 340 Euro, bei Pensionsbeginn im Jahr 2020 sind es noch 1 560 Euro und nur noch 1 170 Euro, wenn die erste Pensionszahlung im Jahr 2025 erfolgt (siehe Tabelle Seite 180).

Ab dem Jahr 2040 gibt es keinen Versorgungsfreibetrag mehr, sondern nur noch die Werbungskostenpauschale von 102 Euro wie bei Rentnern.

Der Pensionär genießt den steuerlichen Versorgungsfreibetrag während der gesamten Pensionsdauer. Ähnlich wie beim steuerfreien Anteil der gesetzlichen Rente handelt es sich um einen Festbetrag, der sich nicht ändert. Nur die Pensionssteigerungen werden wie die Rentensteigerungen voll versteuert.

Steuern auf Privatrenten

Auf Renten aus privaten Rentenversicherungen fallen nur geringe Steuern an, da die vorher entrichteten Beiträge ab 2005 nicht mehr steuerlich abzugsfähig sind. Besteuert wird daher nur ein „Ertragsanteil" der Privatrente. Anders als bei der gesetzlichen Rente kommt es nicht auf das Kalenderjahr, sondern auf das Alter des Privatrentners bei Rentenbeginn an.

Konkret heißt das: Wer mit 65 Jahren zum ersten Mal eine Privatrente bezieht, muss nur 18 Prozent davon versteuern, 82 Prozent bleiben steuerfrei.

Beispiel: Monatliche Privatrente von 200 Euro, steuerpflichtig davon sind 36 Euro; die anteilige Steuer beträgt nur 9 Euro bei einem persönlichen Steuersatz von beispielsweise 25 Prozent.

Je älter der Versicherte bei Rentenbeginn ist, desto mehr bleibt steuerfrei. Bei 67-Jährigen sind es beispielsweise 83 Prozent und bei 70-Jährigen sogar 85 Prozent. Umgekehrt sinkt der Freibetrag, je

TIPP **Ratgeber zur Steuererklärung**

Was muss ich wo in der Steuererklärung eintragen? Was gehört in die Anlage R, was in die Anlage Vorsorgeaufwand? Das werden sich auch viele Pensionäre und Rentner fragen, die sich meist weiter durch die Steuerformulare kämpfen müssen. Hilfe bietet unser Ratgeber „Steuererklärung für Rentner und Pensionäre", den Sie jährlich aktualisiert im Buchhandel oder unter www.test.de/shop erhalten.

jünger der Rentenbezieher ist. 60-Jährige müssen beispielsweise 78 Prozent ihrer Privatrente versteuern und 55-Jährige 74 Prozent (siehe Tabelle Seite 181).

Die genannten Steuerregeln gelten nicht nur für Versicherungen, für die regelmäßig Beiträge eingezahlt wurden, sondern auch für Sofortrenten, die nach Einzahlung eines meist hohen zweistelligen Einmalbeitrages lebenslang fließen.

Steuern auf die umlagefinanzierte Zusatzrente im öffentlichen Dienst

Bis Ende 2007 wurden die umlagefinanzierten Zusatzrenten im Tarifgebiet West (zum Beispiel VBL-Zusatzrente West) steuerlich wie Privatrenten behandelt und nur mit ihrem Ertragsanteil besteuert, da die dafür während des Berufslebens aufgebrachten Umlagen nicht steuerlich abzugsfähig waren.

Seit dem Jahr 2008 werden die Umlagen in der Aktivphase aber stufenweise von der Steuer freigestellt. Zum Beispiel blieben von 2008 bis 2013 1 Prozent der Beitragsbemessungsgrenze in der gesetzlichen Rentenversicherung steuerfrei. Von 2014 bis 2019 sind es 2 Prozent, das heißt im Jahr 2014 bleiben monatlich 119 Euro (= 2 Prozent von 5950 Euro) steuerfrei.

Von 2020 bis 2024 steigt der steuerfreie Anteil der Umlage auf 3 Prozent und ab 2025 auf den Höchstsatz von 4 Prozent der Beitragsbemessungsgrenze.

Dafür wird die spätere Rente immer stärker besteuert. Jüngere Jahrgänge, die viele Jahre oder sogar Jahrzehnte von der schrittweisen Steuerfreistellung der Umlagen ab 2008 profitieren, wachsen immer mehr in die nachgelagerte und damit volle Besteuerung der umlagefinanzierten VBL-Zusatzrente West hinein.

Wer bereits in den nächsten Jahren eine umlagefinanzierte Zusatzrente von der VBL bezieht, wird keine oder nur ganz geringe Steuern darauf zahlen müssen. Der steuerpflichtige Ertragsanteil von beispielsweise 18 Prozent der Zusatzrente für 65-Jährige kann sich nur geringfügig um die teilweise steuerfrei gestellten Umlagen ab dem Jahr 2008 erhöhen. Eigene Berechnungen muss er jedoch nicht anstellen, da er von seiner Zusatzversorgungskasse (zum Beispiel der VBL) die entsprechende Steuerbescheinigung zur Vorlage bei seinem Finanzamt erhält.

Da Sie bei einer umlagefinanzierten VBL-Zusatzrente West vom steuerpflichtigen Ertragsanteil in Höhe von 18 Prozent der Zusatzrente plus eventuell steuerfrei gestellten Umlagen noch den Beitrag zur gesetzlichen Kranken- und Pflegeversicherung von bis zu 17,8 Prozent der Zusatzrente für Steuerzwecke abziehen können, scheidet eine Versteuerung nahezu aus.

Steuern auf Betriebsrenten und kapitalgedeckte Zusatzrenten im öffentlichen Dienst

Völlig anders sieht die Besteuerung von kapitalgedeckten Betriebsrenten aus. Die Betriebsrenten in der Privatwirtschaft sind fast immer kapitalgedeckt. Bei der Zusatzversorgung im öffentlichen Dienst, gilt dies aber nur für die VBL-Zusatzrente in den neuen Bundesländern und die Zusatzrente bei den meisten kommunalen oder auch kirchlichen Zusatzversorgungskassen.

Als Rentner zahlen Sie für die kapitalgedeckte Zusatzrente den vollen persönlichen Steuersatz, da die anteiligen Beiträge des Arbeitnehmers ebenso steuerfrei sind wie die Arbeitgeberbeiträge bis zur Höhe von 4 Prozent der Beitragsbemessungsgrenze.

Steuern bei einer Betriebsrente mit Entgeltumwandlung

Bei der freiwilligen Betriebsrente im Wege der Entgeltumwandlung gilt das Gleiche wie bei kapitalgedeckten Betriebsrenten (siehe vorhergehender Abschnitt). Da der Arbeitgeber als Versicherungsnehmer die vom Gehalt des Arbeitnehmers einbehaltenen Beträge an die Zusatzversorgungskasse überweist, muss der Angestellte im öffentlichen Dienst diese Betriebsrente später im Ruhestand voll versteuern. Schließlich konnte er den Beitrag während des Berufslebens (bis zu maximal 238 Euro monatlich im Jahr 2014) auch in vollem Umfang steuerlich abziehen.

Dies gilt analog für die betriebliche Riester-Rente, bei der die Summe aus Zulage und eventueller zusätzlicher Steuerersparnis mit einem vollen steuerlichen Abzug gleichzusetzen ist.

Steuern auf Riester-Rente und Rürup-Rente

Die Riester-Rente wird in der Rentenphase immer voll besteuert. Dies gilt für die betriebliche Riester-Rente ebenso wie für die private Riester-Rente, bei der Sie selbst als Versicherungsnehmer oder Riester-Sparer eingetragen sind.

Die Rürup-Rente wird indes wie die gesetzliche Rente besteuert, also nur mit dem jeweils steuerpflichtigen Anteil (siehe Tabelle Seite 178). Erst beim Rentenbezug ab 2040 wird die Rürup-Rente voll besteuert. Dies stellt im Übrigen dann einen steuerlichen Nachteil dar, wenn Beiträge in einen Rürup-Vertrag auch schon vor 2025 eingezahlt wurden. Denn diese Beiträge können nicht in voller Höhe steuerlich abgezogen werden, sondern nur bis zu bestimmten Sätzen (zum Beispiel 80 Prozent des im Jahr 2015 gezahlten Rürup-Beitrags).

Steuern auf Zins- und Mieteinkünfte

Selbstverständlich sind auch sonstige Alterseinkünfte, die nicht aus Renten und Pensionen stammen, grundsätzlich steuerpflichtig. Dabei handelt es sich in aller Regel um laufende Vermögenseinkünfte sowie um eventuelle steuerpflichtige Veräußerungsgewinne beim Verkauf von Teilen des Vermögens.

Zu den steuerpflichtigen Einkünften aus Kapitalvermögen und Vermietung zählen insbesondere:

- Zinseinkünfte aus Tages-, Fest- oder Spargeldern beziehungsweise aus festverzinslichen Wertpapieren oder Anteilen an Rentenfonds, Dividenden aus Aktien oder Anteilen an Aktienfonds,
- durch Verkauf realisierte Kursgewinne für ab 2009 gekaufte Wertpapiere,
- Mieteinkünfte aus vermieteten Immobilien sowie aus Anteilen an offenen oder geschlossenen Immobilienfonds,
- Einkünfte aus Anteilen an anderen geschlossenen Fonds (zum Beispiel Schiffsfonds).

Zins- und Dividendeneinkünfte sowie Veräußerungsgewinne für ab 2009 erworbene Wertpapiere werden allerdings nur mit der Abgeltungsteuer in Höhe von 25 Prozent zuzüglich Solidaritätszuschlag und eventueller Kirchensteuer besteuert, die von den Banken oder Investmentgesellschaften direkt an das Finanzamt abgeführt wird.

Zudem haben Sie einen Steuerfreibetrag, den Sparerpauschbetrag von jährlich 801 Euro für Alleinstehende und 1 602 Euro für Verheiratete. Sie können Ihrer Bank einen Freistellungsauftrag über diese Summe erteilen. Dann führt sie in dieser Höhe keine Abgeltungsteuer ab. Sie können auch mehreren Banken Freistellungsaufträge geben, diese dürfen allerdings insgesamt den Sparerpauschbetrag nicht überschreiten.

Bei vermieteten Immobilien ist nur der Überschuss der laufenden Mieteinnahmen über die Werbungskosten mit dem persönlichen Steuersatz zu versteuern. Zu den Werbungskosten zählen außer den Bewirtschaftungskosten und den Schuldzinsen für eventuell noch bestehende Hypothekendarlehen auch die Gebäudeabschreibungen (steuerlich AfA für „Absetzung für Abnutzung" genannt).

Sofern die Werbungskosten über den Mieteinnahmen liegen, kann der steuerliche Verlust aus Vermietung und Verpachtung mit positiven anderen Einkünften ausgeglichen werden, sodass er steuerlich nicht unter den Tisch fällt.

Steuerfreier Altersentlastungsbetrag

Der steuerfreie Altersentlastungsbetrag steht mindestens 65-jährigen Rentnern und Pensionären nur bei Alterseinkünften zu, die nicht zu den Renten und Pensionen zählen. Daher kommen für den Abzug des Altersentlastungsbetrages nur folgende zusätzliche Alterseinkünfte infrage:

- Zins- und Dividendeneinkünfte, die über dem Sparerpauschbetrag liegen (Einkünfte aus dem Kapitalvermögen),
- Mieteinkünfte (Einkünfte oder Gewinne aus Vermietung und Verpachtung),
- Arbeitseinkommen als Löhne oder Gewinne (Einkünfte aus selbstständiger oder nicht selbstständiger Tätigkeit).

Wer beispielsweise im Jahr 2015 mit 65 Jahren in den Ruhestand geht und zu-

STEUERFREIER ALTERSENTLASTUNGSBETRAG

Auch der Altersentlastungsbetrag wird sukzessive abgeschmolzen. Wer im Laufe des jeweiligen Kalenderjahres 65 Jahre alt wird, hat für Kapital- und andere Einkünfte Anspruch auf diesen Steuerfreibetrag.

65 Jahre im Laufe des Kalenderjahrs	Altersentlastungsbetrag max. (Euro)	65 Jahre im Laufe des Kalenderjahrs	Altersentlastungsbetrag max. (Euro)
2005	1 900	2023	646
2006	1 824	2024	608
2007	1 748	2025	570
2008	1 672	2026	532
2009	1 596	2027	494
2010	1 520	2028	456
2011	1 444	2029	418
2012	1 368	2030	380
2013	1 292	2031	342
2014	1 216	2032	304
2015	1 140	2033	266
2016	1 064	2034	228
2017	988	2035	190
2018	912	2036	152
2019	836	2037	114
2020	760	2038	76
2021	722	2039	38
2022	684	2040	0

sätzliche Alterseinkünfte außer Renten und Pensionen erzielt, kann einen Altersentlastungsbetrag von 24 Prozent der Bruttoeinnahmen, maximal 1 140 Euro jährlich, abziehen. Das Finanzamt berücksichtigt den Altersentlastungsbetrag automatisch, sofern die Voraussetzungen dafür vorliegen.

Bei allen Rentnern und Pensionären, die erst nach 2015 das 65. Lebensjahr vollenden, sinkt der Altersentlastungsbetrag schrittweise bis auf beispielsweise 760 Euro im Jahr 2020 oder nur noch 380 Euro im Jahr 2030 (siehe Tabelle links). Für alle Geburtsjahrgänge ab 1975 entfällt der Altersentlastungsbetrag völlig, da diese jüngeren Jahrgänge erst ab 2040 ihren 65. Geburtstag feiern.

Der steuerfreie Altersentlastungsbetrag bleibt auf Dauer unverändert. Nur der tatsächlich abzugsfähige Betrag kann sich in Abhängigkeit von der Höhe der zusätzlichen Alterseinkünfte ändern.

TIPP: EHEGATTEN KÖNNEN EINKÜNFTE VERLAGERN

Bei Verheirateten, die beide mindestens 65 Jahre alt und Rentner oder Pensionäre sind, kann jeder Ehegatte den steuerlichen Altersentlastungsbetrag beanspruchen, sofern er eigene sonstige Alterseinkünfte hat. Insofern macht es aus steuerlicher Sicht Sinn, hohe zusätzliche Alterseinkünfte des einen Ehegatten teilweise auf den anderen Ehegatten zu verlagern, wenn dieser keine oder wenig zusätzliche Alterseinkünfte hat.

Zusätzliche Steuersparmöglichkeiten im Alter
Auch Rentner und Pensionäre haben im Alter wie andere Steuerpflichtige noch zusätzliche Möglichkeiten, Steuern zu sparen. Dies setzt aber immer auch den Nachweis entstandener Kosten voraus. Dazu können beispielsweise folgende Kosten zählen:

- Lohnkostenanteile bei Handwerkerleistungen an Immobilien (20 Prozent der Lohnkosten, aber maximal 1 200 Euro pro Jahr werden direkt als Steuervergütung von der zu zahlenden Einkommensteuer abgezogen),
- außergewöhnliche Belastungen (dazu gehören Eigenanteile bei nicht von der Krankenkasse erstatteten Kosten, beispielsweise für Medikamente, Zuzahlungen für einen Krankenhausaufenthalt oder Zahnersatz, falls sie über der zumutbaren Eigenbelastung liegen),
- eventuell zusätzliche Versicherungsbeiträge (zum Beispiel für Privat- und Haftpflichtversicherungen, private Unfallversicherungen oder zusätzliche private Pflegeversicherungen, falls sie zusammen mit den Beiträgen zur gesetzlichen Kranken- und Pflegeversicherung oder zur privaten Kranken- und Pflegepflichtversicherung bestimmte Höchstgrenzen nicht überschreiten).

Grundsätzlich sind die Steuersparmöglichkeiten im Alter aber geringer als im aktiven Berufsleben, da beispielsweise Fahrtkosten zur Arbeitsstätte oder Beiträge zur Altersvorsorge wegfallen.

ADRESSEN

Internetportale zur gesetzlichen Rente
Ratgeber zur Rente, herausgegeben vom Bundesministerium für Arbeit und Soziales, kostenlos als Download unter www.bmas.bund.de (Website des Bundesministeriums für Arbeit und Soziales)

www.deutsche-rentenversicherung.de (Website der Deutschen Rentenversicherung mit Informationen über die gesetzliche Rente)

www.ihre-vorsorge.de (weitere Website der Deuschen Rentenversicherung)

Weitere nützliche Internetportale
www.test.de (Website der Stiftung Warentest)

www.vorsorgedurchblick.de (Website der Verbraucherzentrale Bundesverband e. V.)

LITERATUR

Pohlmann, Der Renten-Fahrplan, 2. Auflage 2014, Stiftung Warentest

Fischer/Siepe, Zusatzversorgung im öffentlichen Dienst, 1. Auflage 2011, dbb verlag

Private Altersvorsorge, 7. Auflage 2012, Stiftung Warentest

Minz, Praxis-Handbuch Beamtenversorgungsrecht, 4. Auflage 2014, Walhalla Verlag

Siepe, Finanziell sicher in Pension, 3. Auflage 2014, dbb verlag

Finanztest Spezial Rente planen, 2014

GLOSSAR

Abschlag: Renten- oder Pensionsabschlag bei vorzeitigem Ruhestand (Frühverrentung beziehungsweise -pensionierung). Die Höhe des Abschlags liegt bei 0,3 Prozent der Bruttorente/-pension für jeden Monat der vorgezogenen Leistungen. Der Abschlag gilt lebenslang, also für die gesamte Renten-/Pensionsdauer.

Aktueller Rentenwert: Monatlicher Rentenanspruch eines gesetzlich Rentenversicherten mit Durchschnittsverdienst für ein Beitragsjahr. Der Durchschnittsverdienst beträgt zum Beispiel rund 2905 Euro pro Monat im Jahr 2014. Der aktuelle Rentenwert wird jährlich zum 1. Juli neu festgelegt. Vom 1.7.2014 bis zum 30.6.2015 beträgt er zum Beispiel 28,61 Euro in den alten und 26,39 Euro in den neuen Bundesländern.

Altersfaktor: Faktor bei der neuen → Punkterente der Zusatzversorgung im öffentlichen Dienst. Er führt bei jüngeren Pflichtversicherten zu höheren, bei älteren zu niedrigeren Versorgungspunkten bei gleichem Einkommen im betreffenden Kalenderjahr. Die Altersfaktorentabelle berücksichtigt, dass bei jüngeren Versicherten der Rentenbeginn noch in ferner Zukunft liegt. Bei 30-Jährigen liegt daher der Altersfaktor zum Beispiel bei 2,0 und bei 55-Jährigen bei 1,0. Altersfaktoren werden auch zur Berechnung der Betriebsrente bei VBLextra verwandt.

Altersgeld: Versorgungsähnliches Geld, das durch die Mitnahme von Pensionsansprüchen beim freiwilligen Ausscheiden eines Beamten berechnet wird. Es beträgt zwischen 1,5247 und 1,79375 Prozent der altersgeldfähigen Dienstbezüge beim Ausscheiden pro altersgeldfähigem Dienstjahr (mindestens fünf beziehungsweise zehn Jahre vorausgesetzt). Zurzeit nur möglich für ausgeschiedene Bundesbeamte, Richter und Soldaten (ab Juli 2013) sowie ausgeschiedene Landes- und Kommunalbeamte in Niedersachsen (ab 1.1.2013) und in Baden-Württemberg (ab 1.1.2011).

Altersrente: Rente, die Versicherte ab einem bestimmten Alter erhalten. Andere Rentenarten sind → Erwerbsminderungsrente und → Hinterbliebenenrente. Arbeitet der Versicherte bis zur → Regelaltersgrenze, erhält er die Regelaltersrente. Außer der Regelaltersrente gibt es noch zeitlich vorgezogene Altersrenten, zum Beispiel für langjährig Versicherte oder Schwerbehinderte, in aller Regel aber lediglich mit Rentenabschlägen (Ausnahme für besonders langjährig Versicherte mit 45 Pflichtbeitragsjahren).

Altersteilzeit: Besondere Form der Teilzeitbeschäftigung, frühestens vom 55. Lebensjahr bis zur Altersgrenze. Die Altersteilzeit ist als Teilzeitmodell (zum Beispiel durchgängig mit der Hälfte der Arbeitszeit) oder als Blockmodell (zum Beispiel erst Vollbeschäftigungs-, dann Freistellungsphase) realisierbar. Das Altersteilzeitgehalt beträgt bei Bewilligungen bis Ende 2009 netto bis zu 83 Prozent des bei Vollzeitbeschäftigung zustehenden Nettogehalts. Altersteilzeit wird bei der Renten- und Pensionsberechnung zu 90 Prozent der bei Vollzeitbeschäftigung erreichbaren Entgeltpunkte oder Dienstjahre berücksichtigt. Neubewilligungen von Altersteilzeit sind weiterhin möglich, aber meist zu verschlechterten Bedingungen.

Altersvorsorgezulage: Staatliche Zulage für Altersvorsorgebeiträge zur → Riester-Rente. Sie setzt sich aus einer Grundzulage von jährlich maximal 154 Euro und einer Kinderzulage von jährlich maximal 185 Euro (beziehungsweise 300 Euro bei ab 2008 geborenen Kindern) zusammen.

Anrechnungszeiten: Zeiten, in denen keine Beiträge gezahlt werden (beitragsfreie Zeiten), die aber auf die Wartezeiten für vorgezogene Altersrenten angerechnet werden können und eventuell auch Rentenansprüche erhöhen oder erst entstehen lassen. Dazu gehören zum Beispiel Zeiten der schulischen Ausbildung, Schwangerschaft und Mutterschaft, Arbeitsunfähigkeit wegen Krankheit ohne Lohnfortzahlung oder Krankengeld, Arbeitslosigkeit.

Antragsaltersgrenze: Altersgrenze, zu der ein → langjährig Versicherter oder → besonders langjährig Versicherter auf eigenen Antrag hin vorzeitig in Rente geht. Die allgemeine Antragsaltersgrenze für langjährig Versicherte liegt zurzeit bei 63 Jahren und wird schrittweise erhöht bis auf 65 Jahre für alle Jahrgänge ab 1964. Bei Beamten liegt die allgemeine Antragsaltersgrenze am Ende des Monats, in dem der Beamte das 63. Lebensjahr vollendet. Für schwerbehinderte Beamte gilt die besondere Antragsaltersgrenze von 60 bis 62 Jahren.

Aufstockungsbeitrag: Eigener Beitrag eines geringfügig Beschäftigten (Minijobbers), um den pauschalen Arbeitgeberbeitrag von 15 Prozent des Minijoblohns bis zum regulären Pflichtbeitrag von zurzeit 18,9 Prozent aufzustocken. Durch diesen Pflichtbeitrag in voller Höhe entstehen erst Ansprüche auf → Erwerbsminderungsrente. Ansprüche auf → Altersrente erhöhen sich. Geringfügig Beschäftigte sollten die ab 1.1.2013 für Minijobs grundsätzlich eingeführte Versicherungspflicht nicht abwählen und daher den freiwilligen Eigenbeitrag von zurzeit 3,9 Prozent des Minijoblohns zahlen (bei einem 450-Euro-Job also aktuell nur 17,55 Euro pro Monat).

Ausgleichsbetrag: Einmalbeitrag in der gesetzlichen Rentenversicherung zum Ausgleich von Rentenabschlägen bei Frühverrentung oder von Rentenkürzungen durch → Versorgungsausgleich. Die Berechnung erfolgt anhand der im Jahr der Zahlung geltenden Richtwerte.

Beitragsbemessungsgrenze: Höchstgrenze, bis zu der ein Beitrag für die gesetzliche Rentenversicherung oder die gesetzliche Krankenversicherung berechnet wird. Für darüber hinausgehende Gehälter sind keine Beiträge zu zahlen. Im Jahr 2014 liegt die Beitragsbemessungsgrenze in der gesetzlichen Renten- und Arbeitslosenversicherung bei 5 950 Euro monatlich oder 71 400 Euro pro Jahr, in der gesetzlichen Kranken- und Pflegeversicherung bei 4 050 Euro monatlich beziehungsweise 48 600 Euro pro Jahr (alte Bundesländer).

Beitragserstattung: Erstattung der eigenen Beiträge zur gesetzlichen Rentenversicherung oder Zusatzversorgung im öffentlichen Dienst, wenn die fünfjährige → Wartezeit nicht erreicht wird. Die Erstattung der eigenen Beiträge durch die Deutsche Rentenversicherung oder die Zusatzversorgungskasse (zum Beispiel VBL) erfolgt nur auf Antrag des Pflichtversicherten.

Beitragsfreie Zeiten: Rentenrechtliche Zeiten, in denen keine Beiträge gezahlt werden, also weder Pflichtbeiträge noch freiwillige Beiträge. Trotz Beitragsfreiheit können diese Zeiten bei der Berechnung des Rentenanspruchs und der Ermittlung der → Wartezeit für vorgezogene Altersrenten berücksichtigt werden. Zu den beitragsfreien Zeiten zählen

→ Anrechnungszeiten, → Zurechnungszeiten und → Ersatzzeiten.

Beitragssatz: Prozentsatz zur Berechnung von Beiträgen zur gesetzlichen Rentenversicherung, Arbeitslosenversicherung, Krankenversicherung und Pflegeversicherung. Der Gesamtbeitragssatz in der gesetzlichen Rentenversicherung liegt im Jahr 2014 bei 18,9 Prozent, in der gesetzlichen Krankenversicherung bei 15,5 Prozent, in der gesetzlichen Pflegeversicherung bei 2,3 Prozent (2,05 Prozent für Versicherte mit mindestens einem Kind) und in der gesetzlichen Arbeitslosenversicherung bei 3 Prozent.

Berücksichtigungszeiten: Zeiten, in denen keine Rentenansprüche erworben werden, die aber bei der Ermittlung von → Wartezeiten für vorgezogene Altersrenten bei → besonders langjährig Versicherten berücksichtigt werden (zum Beispiel Zeiten der Kindererziehung bis zum vollendeten zehnten Lebensjahr eines Kindes).

Berufunfähigkeit: Der Schutz vor Berufsunfähigkeit über die gesetzliche Rente ist nicht üppig, vor allem für nach dem 1. Januar 1961 Geborene. Sie sollten sich unbedingt zusätzlich für den Fall der Berufsunfähigkeit absichern. Der Schutz kann oft in eine betriebliche Altersversorgung integriert werden. Fast immer ist es aber besser, dafür einen guten privaten Versicherungsvertrag zu wählen. Eine Ausnahme gilt aber, wenn in der betrieblichen Vorsorge ein Komplettschutz ohne oder mit vereinfachter Gesundheitsprüfung möglich ist.

Besonders langjährig Versicherte: In der gesetzlichen Rentenversicherung Pflichtversicherte mit mindestens 45 Pflichtbeitragsjahren. Bei Erfüllung dieser 45-jährigen → Wartezeit haben besonders langjährig Versicherte Anspruch auf eine abschlagsfreie Rente ab 63 Jahren. Diese Altersgrenze steigt schrittweise an bis auf 65 Jahre ab Jahrgang 1964.

Betriebliche Altersvorsorge: Altersvorsorge, die der Arbeitgeber für die Arbeitnehmer im Betrieb durchführt. Neben der arbeitgeberfinanzierten Altersvorsorge gibt es die ausschließlich arbeitnehmerfinanzierte Altersvorsorge (zum Beispiel bei → Entgeltumwandlung); für Arbeitnehmer im öffentlichen Dienst erfolgt die betriebliche Altersvorsorge durch die Zusatzversorgung für Pflichtversicherte und die Betriebsrente für freiwillig Versicherte. Bei der freiwilligen Betriebsrente für Angestellte im öffentlichen Dienst handelt es sich immer um eine → kapitalgedeckte Rente.

Betriebsrente: Rente, die im Rahmen der betrieblichen Altersvorsorge aufgebaut wird (zum Beispiel durch → Entgeltumwandlung oder die betriebliche → Riester-Rente). Die → Zusatzrente im öffentlichen Dienst ist eine besondere Form der Betriebsrente.

Deutsche Rentenversicherung: Träger der gesetzlichen Rentenversicherung und daher zuständig für die Berechnung und Zahlung der gesetzlichen Rente (früher Bundesversicherungsanstalt für Angestellte/BfA oder Landesversicherungsanstalten für Arbeiter/LVA).

Dienstunfähigkeit: Dauernde Unfähigkeit eines Beamten zur Erfüllung der Dienstpflichten infolge eines körperlichen Gebrechens oder wegen Schwäche der körperlichen oder geistigen Kräfte. Ein Beamter kann auch dann als dienstunfähig angesehen werden, wenn er infolge einer Erkrankung innerhalb eines Zeitraumes von 6 Monaten mehr als 3 Monate keinen Dienst getan hat und keine Aussicht besteht, dass er innerhalb weiterer 6 Monate wieder voll dienstfähig wird. Der Dienstvorgesetzte stellt die Dienstunfähigkeit aufgrund eines amtsärztlichen Gutachtens fest; die zuständige Behörde kann den Beamten daraufhin mit einer Zurruhesetzungsverfügung in den Ruhestand versetzen. Dienstunfähigkeit kann auch durch einen Dienstunfall verursacht werden. Bei Versetzung in den Ruhestand wegen Dienstunfähigkeit vor Vollendung des 63. Lebensjahres wird ein Versorgungsabschlag in Höhe von 3,6 Prozent pro Jahr vom Ruhegehalt abgezogen, maximal aber 10,8 Prozent.

Durchschnittsentgelt: Durchschnittliches Bruttogehalt aller in der gesetzlichen Rentenversicherung versicherten Arbeitnehmer. Es beträgt zum Beispiel monatlich rund 2 905 Euro beziehungsweise jährlich 34 857 Euro West im Jahr 2014. als vorläufiges Durchschnittsentgelt bis 31.12.2015.

Dynamische Rente: Jährliche Anhebung der laufenden Renten (Bestandsrenten). → Zusatzrenten und → Betriebsrenten werden zum 1. Juli eines jeden Jahres um 1 Prozent angehoben, gesetzliche Renten ebenfalls zum 1. Juli nach Beschluss von Bundestag und Bundesrat.

Entgeltpunkte: Zahlenwerte, die dem gesetzlich Rentenversicherten Jahr für Jahr gutgeschrieben werden. Ein Entgeltpunkt entspricht genau dem → Durchschnittsentgelt. Wer beispielsweise 50 Prozent mehr verdient hat als der Durchschnitt, erhält 1,5 Entgeltpunkte. Die Summe aller Entgeltpunkte unter Berücksichtigung von eventuellen Rentenabschlägen wird persönliche Entgeltpunkte genannt.

Entgeltumwandlung: Umwandlung von Entgelt beziehungsweise Gehalt in eine betriebliche Altersvorsorge. Bei der sozialabgaben- und steuerfreien Entgeltumwandlung dürfen 4 Prozent des Bruttogehalts, maximal 4 Prozent der → Beitragsbemessungsgrenze in der gesetzlichen Rentenversicherung (zum Beispiel monatlich 5 950 Euro oder jährlich 71 400 Euro West in 2014), in die Altersvorsorge investiert werden. Im Jahr 2014 lag der maximale Umwandlungsbetrag bei monatlich 238 Euro.

Ersatzzeiten: Zeiten, in denen der Versicherte aufgrund außergewöhnlicher Umstände daran gehindert war, Beiträge an die gesetzliche Rentenversicherung zu zahlen. Zu den Ersatzzeiten zählen Zeiten der politischen Verfolgung in der ehemaligen DDR, der Flucht und Vertreibung sowie des Kriegsdienstes und der Kriegsgefangenschaft.

Ertragsanteil der Rente: Steuerpflichtiger Anteil bei der → Zusatzrente im öffentlichen Dienst und einer klassischen Privatrente aus der privaten Rentenversicherung. Der Ertragsanteil dieser Renten liegt bei nur 18 Prozent für 65- beziehungsweise 66-jährige Rentner. Der pauschale Ertragsanteil soll den in der Rente enthaltenen Zinsanteil steuerlich erfassen, falls die Beiträge für diese Rente nicht steuerlich abgezogen werden konnten.

Erwerbsminderungsrente: Rente wegen teilweiser oder voller Erwerbsminderung. Volle Erwerbsminderung liegt vor bei einer Arbeitsfähigkeit von weniger als 3 Stunden pro Tag, teilweise Erwerbsminderung bei weniger als 6 Stunden. Bei vor dem vollendeten 62. Lebensjahr eingetretener Erwerbsminderung wird ab 1.7.2014 die Zeit vom Rentenbeginn bis zum 62. Lebensjahr als → Zurechnungszeit berücksichtigt. Der Rentenabschlag ist auf 10,8 Prozent der Bruttorente begrenzt. Die Rente bei teilweiser Erwerbsminderung beträgt die Hälfte der vollen Erwerbsminderungsrente.

Freiwillige Beiträge: Beiträge zur gesetzlichen Rente von Personen (zum Beispiel Beamten), die nicht pflichtversichert sind, aber ihre Rentenansprüche sichern oder erhöhen wollen. Sie sind sinnvoll, um den Anspruch auf eine gesetzliche Rente nach Erfüllung der fünfjährigen → Wartezeit zu sichern. Für pensionsnahe Beamte sind sie als Alternative zu freiwilligen Beiträgen zur privaten Rentenversorgung (Riester-Rente, Rürup-Rente oder Rente aus privater Rentenversicherung) empfehlenswert.

Grundsicherung: Staatliche Unterstützung im Alter oder bei Erwerbsminderung von Personen, deren Einkünfte und Vermögen nicht für den notwendigen Lebensunterhalt ausreichen. Die Höhe der Grundsicherung orientiert sich an den Bedarfssätzen für Langzeitarbeitslose (Hartz IV) und beträgt ab 2015 für einen Alleinstehenden 399 Euro im Monat plus Kosten für die Unterkunft.

Hinterbliebenenrente: Rente für Witwen, Witwer beziehungsweise eingetragene Lebenspartner sowie Halb- und Vollwaisen wegen Todes des Versicherten. Die Höhe der → Witwen- beziehungsweise Witwerrente sowie der → Waisenrente liegt zwischen maximal 60 Prozent (Witwen- beziehungsweise Witwerrente) und 10 Prozent (Halbwaisenrente) der Altersrente des Verstorbenen. Eigenes Einkommen wird in vielen Fällen auf die Hinterbliebenenrente angerechnet und kann zu deren Kürzung oder Wegfall führen.

Hinterbliebenenversorgung: Versorgung der Hinterbliebenen (Witwen/Witwer, beziehungsweise eingetragene Lebenspartner sowie Waisen) beim Tod eines Beamten oder Pensionärs. Zur Hinterbliebenenversorgung zählen vor allem das → Witwengeld und das → Waisengeld. Hinzu kommen die Bezüge für den Sterbemonat und das → Sterbegeld in Höhe des Zweifachen der Dienst- oder Anwärterbezüge. Eine Witwe mit Anspruch auf Witwengeld erhält im Falle einer Wiederverheiratung eine einmalige Witwenabfindung in Höhe des 24-fachen monatlichen Witwengeldes. Nicht witwengeldberechtigte Witwen und frühere Ehefrauen des verstorbenen Beamten oder Pensionärs können einen Unterhaltsbeitrag erhalten.

Hinzuverdienstgrenzen für Rentner: Rentner, die die jünger sind als 65 Jahre und sich neben ihrer gesetzlichen Rente noch etwas hinzuverdienen wollen, mussen dafür Grenzen beachten. Ist der Verdienst nicht höher als 450 Euro im Monat, erhalten sie ihre Rente in voller Höhe. Verdienen sie mehr, bekommen sie nicht mehr die volle Rente, sondern nur noch eine Teilrente, deren Höhe von ihrem Verdienst abhängt. Mit Beginn der → Regelaltersgrenze, die – je nach Geburtsjahrgang – zwischen 65 und 67 Jahren liegt, fallen die Hinzuverdienstgrenzen weg.

Höchstruhegehaltssatz: Höchstmöglicher Ruhegehaltssatz von aktuell 71,75 Prozent des Bruttoendgehalts eines Beamten. Beim Unfallruhegehalt aufgrund eines Dienstunfalls beträgt der Höchstruhegehaltssatz bis zu 75 Prozent (einfacher Dienstunfall) beziehungsweise 80 Prozent (qualifizierter Dienstunfall) der ruhegehaltfähigen Dienstbezüge.

Kann-Zeiten: Zeiten, die als ruhegehaltfähige Dienstzeiten bei Beamten berücksichtigt werden können. Dazu zählen Ausbildungszeiten und sonstige Zeiten als besondere förderliche Vordienstzeiten.

Kapitalgedeckte Renten: Renten, die durch Verzinsung der eingezahlten Beiträge entstehen und im Alter ausgezahlt werden (zum Beispiel freiwillige Betriebsrenten durch → Entgeltumwandlung,

→ Riester-Rente, → Rürup-Rente oder Privatrente aus privater Rentenversicherung). Diese Renten sind somit durch das verzinslich angesammelte Kapital des Beitragszahlers gedeckt. Im Gegensatz dazu stehen → umlagefinanzierte Renten – zum Beispiel gesetzliche Rente oder Zusatzrente im öffentlichen Dienst bei der VBL im Tarifgebiet West.

Kindererziehungszeiten bei der Rente: Zeiten für die Erziehung eines nach 1991 geborenen Kindes werden wie Pflichtbeitragszeiten gerechnet, und zwar mit drei Jahren pro Kind (bei vor 1992 geborenen Kindern künftig mit zwei Jahren). Pro Jahr entsteht ein Rentenanspruch von zurzeit 28,61 Euro im Westen und 26,39 Euro im Osten. Kindererziehungszeiten bis zum vollendeten zehnten Lebensjahr können als → Berücksichtigungszeiten auf die für vorzeitige Altersrenten geltenden → Wartezeiten angerechnet werden.

Kindererziehungszuschlag bei der Pension: Zeiten für die Erziehung eines nach 1991 geborenen Kindes führen zu einem Kindererziehungszuschlag. Der Kindererziehungszuschlag entfällt jedoch, sofern bereits vor Berücksichtigung der Kindererziehung das → Höchstruhegehalt erreicht wird. Bei vor 1992 geborenen Kindern wird die Kindererziehungszeit mit 6 Monaten (nach Einführung der sogenannten Mütterrente eventuell mit 12 Monaten) als → ruhegehaltfähige Dienstzeit berücksichtigt, sofern das Kind nach Berufung in das Beamtenverhältnis geboren und erzogen wurde.

Kontenklärung: Klärung aller für die gesetzliche Rente wichtigen Daten, insbesondere zum Versicherungsverlauf. Durch einen Antrag auf Kontenklärung können Lücken im bisherigen Versicherungsverlauf (zum Beispiel Ausbildungszeiten und Kindererziehungszeiten) geschlossen werden.

Krankenversicherung der Rentner (KVdR): Gesetzliche Krankenversicherung als Pflichtversicherung für Rentner, die als ehemalige Arbeitnehmer mindestens 9/10 der zweiten Hälfte ihres Erwerbslebens Mitglied in der gesetzlichen Krankenversicherung waren. In der gesetzlichen Krankenversicherung freiwillig Versicherte oder in der privaten Krankenversicherung versicherte Rentner erhalten auf Antrag von der Deutschen Rentenversicherung einen Zuschuss zur gesetzlichen Rente (zurzeit 7,3 Prozent der Bruttorente).

Landesamt für Besoldung und Versorgung (LBV): Zuständiges Amt für die Besoldung und Versorgung der Landesbeamten. Es zahlt die Gehälter der aktiven Beamten (Besoldung) und die Ruhegehälter der Pensionäre (Versorgungsbezüge) aus. Zudem erteilt es den → Versorgungs- beziehungsweise Festsetzungsbescheid, gegen den innerhalb eines Monats Widerspruch eingelegt werden kann.

Langjährig Versicherte: Versicherte, die eine → Wartezeit von 35 Jahren auf ihrem Rentenkonto haben. Sie können vorzeitig frühestens mit 63 Jahren in Rente gehen, müssen dafür aber Rentenabschläge in Kauf nehmen. → Besonders langjährig Versicherte mit einer Pflichtbeitragszeit von 45 Jahren können frühestens mit 63 Jahren abschlagsfrei in Rente gehen.

Mindestruhegehalt, -pension, -versorgung: Mindesthöhe eines → Ruhegehalts, das heißt der Pension. Diese Mindestpension beträgt mindestens 35 Prozent der → ruhegehaltfähigen Dienstbezüge oder, falls günstiger, 65 Prozent der jeweils ruhegehaltfähigen Dienstbezüge aus der Endstufe der Besoldungsgruppe A 4. Das Mindestpension liegt aktuell bei rund 1 500 Euro.

Muss-Zeiten: Zeiten, die in der Beamtenversorgung als → ruhegehaltfähige Dienstzeiten berücksichtigt werden müssen (zum Beispiel reine Beamtendienstzeit, Wehrdienst).

Nachgelagerte Rentenbesteuerung: Volle Besteuerung der Renten in der Rentenphase, da die gezahlten Beiträge vorher steuerlich voll abzugsfähig waren (zum Beispiel bei freiwilliger Betriebsrente durch → Entgeltumwandlung oder → Riester-Rente); gesetzliche Renten und → Rürup-Renten werden erst bei Rentenbeginn ab dem Jahr 2040 voll besteuert, da die gezahlten Beiträge erst im Jahr 2025 steuerlich voll abzugsfähig sind.

Nettorente: Rente nach Abzug von Beiträgen zur gesetzlichen Kranken- und Pflegeversicherung sowie von Steuern. Werden nur die Kranken- und Pflegeversicherungsbeiträge von der Bruttorente abgezogen, spricht man von Rentenzahlbetrag.

Pensionskasse: Von den → Zusatzversorgungskassen (zum Beispiel VBL) gewählte Einrichtung zur Durchführung der betrieblichen Altersvorsorge für die Arbeitnehmer im öffentlichen Dienst. Andere Durchführungswege für eine Betriebsrente sind: Direkt- oder Pensionszusage, Unterstützungskasse, Direktversicherung und Pensionsfonds. Die Pensionskassen unterliegen den strengen Vorschriften des Versicherungsvertragsgesetzes und werden von der BaFin (Bundesanstalt für Finanzdienstleistungsaufsicht) überwacht.

Pflichtbeiträge: Beiträge für Personen, die in der gesetzlichen Rentenversicherung pflichtversichert sind. Der von Arbeitnehmer und Arbeitgeber je zur Hälfte aufzubringende Beitrag zur gesetzlichen Rentenversicherung macht zurzeit 18,9 Prozent des Bruttogehalts aus. Beim Überschreiten der → Beitragsbemessungsgrenze in der Rentenversicherung (derzeit monatlich 5 950 Euro in den alten und 5000 Euro in den neuen Bundesländern) werden für die über diese Grenze hinausgehenden Gehaltsteile keine Pflichtbeiträge entrichtet.

Pflichtversicherte: Arbeitnehmer, die in der gesetzlichen Rentenversicherung und bei Angestellten im öffentlichen Dienst auch in der Zusatzversorgung des öffentlichen Dienstes pflichtversichert sind. Nur in der gesetzlichen Kranken- und Pflegeversicherung gibt es eine Versicherungspflichtgrenze (zum Beispiel monatlich 4 050 Euro im Jahr 2014 in den alten Bundesländern); bei Bruttogehältern oberhalb dieser Versicherungspflichtgrenze kann der Arbeitnehmer auf Antrag weiterhin in der gesetzlichen Krankenkasse pflichtversichert bleiben (sogenannte Antragspflichtversicherung) oder in die private Krankenkasse wechseln.

Punkterente: Rentenanwartschaften ab 2002 im Punktemodell. Es gilt: anteilige Punkterente für ein Jahr = 0,4 Prozent des zusatzversorgungspflichtigen Entgelts x vom Lebensalter abhängiger → Altersfaktor.

Regelaltersgrenze: Altersgrenze, die in der Regel für den Bezug einer abschlagsfreien gesetzlichen Altersrente erreicht sein muss. Bei allen Jahrgängen bis 1946 ist das vollendete 65. Lebensjahr Regelaltersgrenze. Für Versicherte der Jahrgänge 1947 bis 1963 wird die Regelaltersgrenze schrittweise angehoben: Für Versicherte der Jahrgänge ab 1964 liegt die neue Regelaltersgrenze bei 67 Jahren.

Rentenabschlag: Abschlag von der Rente bei Rentenbeginn vor Erreichen der → Regelaltersgrenze; Gründe für einen Rentenabschlag können die vorzeitige Altersrente für → langjährig Versicherte mit 63 Jahren, die Altersrente für Schwerbehinderte mit 60 Jahren oder die Erwerbminderungsrente bereits vor Vollendung des 62. Lebensjahres sein. Der Rentenabschlag beträgt 0,3 Prozent pro Monat beziehungsweise 3,6 Prozent pro Jahr vom tatsächlichen Rentenbeginn bis zur Regelaltersgrenze. Die Höhe des Rentenabschlags ist bei Schwerbehinderten- und Erwerbsminderungsrenten auf 10,8 Prozent der Bruttorente begrenzt.

Rentenanpassung: Jährliche Anpassung beziehungsweise Steigerung der gesetzlichen Rente zum 1. Juli eines jeden Jahres. Sie erfolgt über die Anhebung des → aktuellen Rentenwerts (zurzeit 28,61 Euro in den alten, 26,39 Euro in den neuen Bundesländern). Zusatzrenten im öffentlichen Dienst werden ebenfalls zum 1. Juli eines jeden Jahres angepasst, und zwar mit einer Steigerung um 1 Prozent pro Jahr.

Rentenantrag: Antrag auf Alters-, Erwerbsminderungs- oder Hinterbliebenenrente bei der Deutschen Rentenversicherung für die gesetzliche Rente und bei der zuständigen Zusatzversorgungskasse (zum Beispiel VBL) für die Zusatzrente im öffentlichen Dienst. Künftige Rentner sollten den schriftlichen Antrag ca. drei Monate vor Rentenbeginn auf Formblättern oder formlos stellen.

Rentenartfaktor: Rentenfaktor, der von der jeweiligen Rentenart (Altersrente, Erwerbsminderungsrente, Hinterbliebenenrente) abhängt. Bei → Altersrenten liegt der Rentenartfaktor bei 1,0 und bei Renten wegen teilweiser Erwerbsminderung beispielsweise bei 0,5. Große → Witwen- beziehungsweise Witwerrenten haben den Rentenartfaktor 0,55 beziehungsweise 0,6. Bei Halbwaisenrenten liegt er bei 0,2 und bei Vollwaisenrenten bei 0,1.

Rentenauskunft: Schriftliche Auskunft der Deutschen Rentenversicherung, die Versicherte im Alter von 55, 58 und 61 Jahren automatisch erhalten. Sie informiert über alle rentenrechtlichen Zeiten (Versicherungsverlauf) und die bisher erworbenen Rentenansprüche.

Rentenbeginn: Zeitpunkt, ab dem eine Rente gezahlt wird. Bei der Regelaltersrente erfolgt die erste Zahlung erst zum Ende des Monats, in dem die Rente beginnt (zum Beispiel 30.9.2014 bei Rentenbeginn am 1.9.2014 für einen am 5.5.1949 geborenen Angestellten nach Erreichen der → Regelaltersgrenze).

Rentenberater: Gerichtlich zugelassene Berater, die hauptsächlich in Fragen der gesetzlichen Rente auf Honorarbasis beraten.

Rentenbescheid: Schriftlicher Bescheid der Deutschen Rentenversicherung oder einer → Zusatzversorgungskasse (zum Beispiel VBL) über die tatsächliche Höhe der gesetzlichen Rente beziehungsweise der Zusatzrente sowie den Rentenbeginn.

Rentenlücke: Finanzielle Lücke im Alter (auch als Versorgungslücke bezeichnet). Sie wird aus der Differenz zwischen Versorgungsbedarf und Nettorenten berechnet. Bei ehemaligen Arbeitnehmern im öffentlichen Dienst kann die Rentenlücke aus der Differenz zwischen 80 Prozent des Nettoendgehalts und der Nettogesamtrente (gesetzliche Rente und Nettozusatzrente) berechnet werden. Diese Rentenlücke kann durch freiwillige → Betriebsrenten und Privatrenten geschlossen werden.

Rentenniveau: Im Rentenniveau zeigt sich das Verhältnis der durchschnittlichen gesetzlichen Rente zum Durchschnittsverdienst der Erwerbstätigen.

Das Bruttorentenniveau liegt im Jahr 2014 bei rund 45 Prozent und soll bis auf 40 Prozent im Jahr 2030 sinken. Von Nettorentenniveau spricht man, wenn die Nettorente eines Durchschnittsverdieners mit 45 Beitragsjahren in Prozent des Nettoendgehalts ausgedrückt wird. Berechnungen des künftigen Nettorentenniveaus sind wegen der schwer einzuschätzenden künftigen Abgaben- und Steuerbelastung nicht leicht durchführbar.

Rentenrechtliche Zeiten: Alle Zeiten, die für die Berechnung der gesetzlichen Rente von Bedeutung sind. Dazu zählen Beitragszeiten (mit → Pflichtbeiträgen und → freiwilligen Beiträgen), → beitragsfreie Zeiten (Anrechnungszeiten, Zurechnungszeiten, Ersatzzeiten) sowie → Berücksichtigungszeiten.

Rentensplitting: Seit 2002 können Ehepartner wählen, ob sie später einmal eine → Witwen- beziehungsweise Witwerrente in Anspruch nehmen wollen oder ob sie sich für ein Rentensplitting entscheiden. Gemeint ist damit die gleichmäßige Aufteilung ihrer Rentenansprüche. Dafür ist eine gemeinsame Erklärung der Ehepartner notwendig. Das Rentensplitting soll vor allem Frauen, die in der Regel weniger Rentenanwartschaften während einer Ehe erworben haben als ihre Ehemänner, künftig einen verstärkten eigenständigen Rentenanspruch sichern. Wenn sich die Ehepartner für das Rentensplitting entscheiden, entfällt der Anspruch auf eine Witwen- oder Witwerrente. Deshalb sollten sie sich vorher von ihrem Rentenversicherungsträger ausrechnen lassen, wie hoch die gesetzliche Altersrente nach einem Rentensplitting wäre und welche Hinterbliebenenrente sich jeweils ergeben würde, wenn das Rentensplitting nicht durchgeführt wird.

Riester-Rente: Mit einem Riester-Vertrag können sowohl Angestellte als auch Beamte staatlich gefördert fürs Alter vorsorgen. Es gibt die Förderung seit 2002. Die Sparer profitieren von → Altersvorsorgezulagen und eventuell zusätzlichen Steuerersparnissen. Gefördert werden Altersvorsorgebeiträge zuzüglich Zulagen bis zu 2 100 Euro jährlich bzw. 175 Euro monatlich. Zu unterscheiden sind die betriebliche Riester-Rente im Rahmen einer betrieblichen Altersversorgung und die private Riester-Rente. Es gibt Riester-Verträge nicht nur als Rentenversicherungen, sondern auch als Wohn-Riester für Eigenheimbesitzer sowie Riester-Banksparpläne und Riester-Fondssparpläne. Alle Riester-Verträge garantieren den Erhalt des eingezahlten Geldes inklusive der Zulagen zum Ende der Ansparphase.

Rürup-Rente: Mit Steuerersparnissen geförderte → kapitalgedeckte Rente nach dem Alterseinkünftegesetz von 2005 (sogenannte Basis-Rente). Beiträge zur Rürup-Rente sind im Rahmen von Höchstbeträgen je nach Beitragsjahr mit 60 Prozent (in 2005) bis zu 100 Prozent (in 2025) steuerlich abzugsfähig.

Ruhegehalt: Versorgungsbezüge eines Pensionärs (auch Beamtenpension genannt). Anspruch auf Ruhegehalt setzt eine mindestens fünfjährige → Wartezeit voraus und entsteht mit dem Beginn des Ruhestands. Die Berechnung des Ruhegehalts erfolgt auf der Grundlage der → ruhegehaltfähigen Dienstbezüge und der → ruhegehaltfähigen Dienstzeit. Beim Erreichen des Höchstruhegehaltssatzes und der Endstufe der Besoldungsgruppe, aus der das Ruhegehalt berechnet wird, bekommt der Ruhestandsbeamte das → Höchstruhegehalt.

Ruhegehaltfähige Dienstbezüge: Bemessungsgrundlage für das → Ruhegehalt (die Pension), da die Versorgung eines Pensionärs aus der Besoldung eines aktiven Beamten abgeleitet wird. Zu den ruhegehaltfähigen Dienstbezügen zählen das Grundgehalt, der Familienzuschlag der Stufe 1 und die sonstigen Dienstbezüge wie zum Beispiel ruhegehaltfähige Zulagen. In den meisten Fällen stimmen die ruhegehaltfähigen Dienstbezüge mit dem Endgehalt eines aktiven Beamten (ohne kinderbezogenen Familienzuschlag und ohne vermögenswirksame Leistungen) überein.

Ruhegehaltfähige Dienstzeit: Dienstzeit, die der Beamte vom Zeitpunkt der ersten Berufung in das Beamtenverhältnis an und nach Vollendung des 17. Lebensjahres im Beamtenverhältnis zurückgelegt hat und die für die Pension zählt. Außer dieser regelmäßigen ruhegehaltfähigen Dienstzeit sind auch die Zeit des Wehrdienstes und die → Zurechnungszeit ruhegehaltfähig. Zeiten im privatrechtlichen Arbeitsverhältnis im öffentlichen Dienst sollen als ruhegehaltfähig berücksichtigt werden (→ Soll-Zeiten). Ausbildungszeiten und sonstige Zeiten wie förderliche Vordienstzeiten können ruhegehaltfähige Dienstzeiten sein (→ Kann-Zeiten).

Ruhegehaltssatz: Prozentsatz der → ruhegehaltfähigen Dienstbezüge, der als Pension gezahlt wird. Ab 2012 liegt der → Höchstruhegehaltssatz bei 71,75 Prozent, für jedes Jahr der → ruhegehaltfähigen Dienstzeit beträgt der Steigerungssatz 1,79375 Prozent. Bei Eintritt in den Ruhestand wegen → Dienstunfähigkeit erfolgt eine vorübergehende Erhöhung des Ruhegehaltssatzes, wenn der Beamte bei Pensionsbeginn die fünfjährige → Wartezeit für eine Rente der gesetzlichen Rentenversicherung erfüllt und die Pflichtbeitragszeit nicht als ruhegehaltfähige Dienstzeit berücksichtigt wird.

Sabbatjahr: Besondere Form der Teilzeitbeschäftigung, wobei der aktive Beamte ein Jahr vom Dienst freigestellt wird, also eine Auszeit nimmt. Dem Sabbatjahr geht eine mehrjährige Phase der Vollzeitbeschäftigung (zum Beispiel drei Jahre) voraus, in der beispielsweise nur 75 Prozent der Dienstbezüge bezahlt werden. Im Sabbatjahr werden dann ebenfalls 75 Prozent der Dienstbezüge bezahlt, der Beihilfeanspruch bleibt erhalten. Einzelregelungen zum Sabbatjahr finden sich im Bundesbeamtengesetz und in den jeweiligen Landesbeamtengesetzen. In einigen Bundesländern (zum Beispiel Nordrhein-Westfalen) kann das Sabbatjahr auch das letzte Jahr vor dem Ruhestand sein.

Soll-Zeiten: Zeiten, die als → ruhegehaltfähige Dienstzeiten berücksichtigt werden sollen. Dazu zählen Zeiten im privatrechtlichen Arbeitsverhältnis sowie Zeiten im öffentlichen Dienst nach Vollendung des 17. Lebensjahres und vor der Berufung in das Beamtenverhältnis, sofern diese Tätigkeit zu der Beamtenernennung geführt hat.

Startgutschrift: Rentenanwartschaft in der Zusatzversorgung für Angestellte per 31.12.2001 vor der Umstellung auf die → Punkterente. Die Startgutschrift stellt den dazugehörigen Euro-Betrag laut Altersvorsorgetarifvertrag vom 1.3.2002 beziehungsweise Satzung der VBL dar. Die in das Punktemodell transferierten → Versorgungspunkte erhält man, indem man die Rentenanwartschaft in Euro durch den Messbetrag von 4 Euro dividiert.

Sterbegeld: Einmalzahlung, die der überlebende Ehegatte und die Kinder oder Enkel des verstorbenen Beamten beziehungsweise Pensionärs erhalten. Das Sterbegeld beträgt das Zweifache der monatlichen Dienstbezüge des aktiven Beamten beziehungsweise der Pension.

Teilrente: Teil der Vollrente (zum Beispiel ein oder zwei Drittel) bei vorgezogenen Altersrenten. Die Teilrente kann von Versicherten gewählt werden, damit sie noch weiterhin teilweise berufstätig sein können. Auch wenn Frührentner bestimmte → Hinzuverdienstgrenzen überschreiten, wird die Teilrente fällig.

Umlagefinanzierte Renten: Renten, die direkt aus den Beiträgen beziehungsweise Umlagen der Arbeitnehmer bezahlt werden. Umlagefinanziert sind die gesetzliche Rente sowie die Zusatzrente im öffentlichen Dienst bei der VBL (Tarifgebiet West). Das Gegenstück sind → kapitalgedeckte Renten.

VBL: Versorgungsanstalt des Bundes und der Länder mit Sitz in Karlsruhe. Die VBL ist eine rechtsfähige Anstalt des öffentlichen Rechts und wird vom Bundesfinanzministerium beaufsichtigt. Die VBL führt die Pflichtversicherung (VBLklassik) sowie die freiwilligen Versicherungen (VBLextra und VBLdynamik) für die Angestellten im öffentlichen Dienst durch. Beteiligte der VBL sind die öffentlichen Arbeitgeber insbesondere von Bund und Ländern.

Versichertenälteste: Ehrenamtliche Versicherungsberater, die Versicherte und Rentner kostenlos beraten, Rentenanträge entgegennehmen oder beim Ausfüllen der Formulare helfen. Sofern sie bei der Deutschen Rentenversicherung angestellt sind, heißen sie Versicherungs- oder Rentenberater.

Versicherungspflichtgrenze: Grenze in der gesetzlichen Kranken- und Pflegeversicherung (zum Beispiel 4 462,50 Euro monatlich im Jahr 2014 in den alten Bundesländern), bis zu der alle Arbeitnehmer in der gesetzlichen Krankenkasse pflichtversichert sind. Beim Überschreiten der Versicherungspflichtgrenze können die Arbeitnehmer auf Antrag weiterhin pflichtversichert bleiben (Antragspflichtversicherung) oder in die private Krankenkasse wechseln.

Versicherungsverlauf: Schriftliche Aufstellung der Deutschen Rentenversicherung und der Zusatzversorgungskasse über alle Zeiten, die für die Berechnung der Rente maßgeblich sind. Wenn Zeiten fehlen, muss der Versicherte eine Kontenklärung beantragen.

Versorgungsabschlag: Abschlag von der Pension, wenn Beamte vor Erreichen der gesetzlichen Altersgrenze in Pension gehen. Mögliche Gründe sind: Inanspruchnahme der → Antragsaltersgrenze von 63 Jahren oder die Versetzung in den Ruhestand wegen → Dienstunfähigkeit vor Vollendung des 63. Lebensjahres. Der Versorgungsabschlag beträgt 3,6 Prozent pro Jahr beziehungsweise 0,3 Prozent pro Monat vom tatsächlichen Ruhestandsbeginn bis zur gesetzlichen Altersgrenze oder bis zum vollendeten 63. Lebensjahr im Falle der Dienstunfähigkeit beziehungsweise bei schwerbehinderten Beamten. Die Höhe des Versorgungsabschlags bei Dienstunfähigkeit ist auf insgesamt 10,8 Prozent der Pension begrenzt.

Versorgungsausgleich: Ausgleich der in der Ehezeit erworbenen Anwartschaften auf Altersversorgung (Renten- oder Pensionsansprüche) bei geschiedenen Ehegatten. Im Scheidungsfall wird grundsätzlich ein Versorgungsausgleich durchgeführt, in dessen Verlauf das Familiengericht den Ausgleichsbetrag festlegt, wenn die Ehe länger als drei Jahre bestanden hat, bei kürzeren Ehen nur auf Antrag. Der Versorgungsausgleich führt zur Kürzung der Altersversorgung (zum Beispiel Kürzung der gesetzlichen Rente), wenn der ausgleichspflichtige Exehegatte in Rente geht.

Versorgungsauskunft: Auskunft über die Höhe des zu erwartenden → Ruhegehaltssatzes durch die zuständige Stelle (zum Beispiel Landesamt für Besoldung und Versorgung), in den meisten Bundesländern nur auf Antrag des aktiven Beamten erhältlich.

Versorgungsbescheid: Bescheid über die Höhe der Versorgungsbezüge, insbesondere über die Höhe der Pension. Durch einen Widerspruch kann dieser Bescheid innerhalb eines Monats angefochten werden. Die oberste Dienstbehörde erlässt dann einen Widerspruchsbescheid, gegen den Klage beim Verwaltungsgericht erhoben werden kann.

Versorgungspunkte: Rentenanwartschaften in Form von Punkten für die neue → Punkterente ab 1.1.2002 in der Zusatzversorgung des öffentlichen Dienstes. Versorgungspunkte werden durch Multiplizieren von 0,1 Prozent des Monatsentgelts mit einem vom Lebensalter abhängigen → Altersfaktor ermittelt. Zur Berechnung des Monatsentgelts wird das jährliche zusatzversorgungspflichtige Entgelt durch 12 Monate dividiert. Die Rentenanwartschaft in Euro errechnet sich durch Multiplikation der Versorgungspunkte mit dem Messbetrag von 4 Euro.

Vordienstzeit: Zeit vor Eintritt als Arbeitnehmer in den öffentlichen Dienst (zum Beispiel Tätigkeit in der privaten Wirtschaft oder Studium). Vordienstzeiten sind keine Pflichtversicherungsjahre in der Zusatzversorgung des öffentlichen Dienstes. Nur bei der Berechnung der → Startgutschriften für rentennahe Jahrgänge (bis 1946) werden Vordienstzeiten zur Hälfte berücksichtigt.

Waisenrente / Waisengeld: Rentenzahlung an Kinder des verstorbenen Versicherten. Bei Halbwaisen mit einem überlebenden Elternteil beträgt sie 10 Prozent, bei Vollwaisen ohne Eltern 20 Prozent der Altersrente beziehungsweise der Pension des Verstorbenen. Halbwaisen- oder Vollwaisenrente wird grundsätzlich bis zur Vollendung des 18. Lebensjahres gewährt, darüber hinaus bei einer beruflichen Ausbildung bis zur Vollendung des 27. Lebensjahres. Nur eigenes Einkommen von über 18-jährigen Waisen wird auf die Waisenrente angerechnet. Zu den Waisen zählen außer den leiblichen Kindern auch Adoptivkinder, Stief- und Pflegekinder im Haushalt des Verstorbenen sowie Enkel und Geschwister, die im Haushalt des Verstorbenen lebten oder von ihm überwiegend unterhalten wurden.

Wartezeit: Mindestzeit, die für den Anspruch auf eine gesetzliche Rente oder eine Zusatzrente im öffentlichen Dienst nötig ist. Sie beträgt fünf Jahre – entweder als Beitragsjahre in der gesetzlichen Rentenversicherung oder als Pflichtversicherungsjahre in der Zusatzversorgung des öffentlichen Dienstes. In der Beamtenversorgung gilt entsprechend eine Dienstzeit von mindestens fünf Jahren als Voraussetzung für Ansprüche auf eine Pension. Dabei wird nur die → ruhegehaltfähige Dienstzeit vom Zeitpunkt der ersten Berufung in das Beamtenverhältnis an zugrunde gelegt (einschließlich Wehrdienst und anrechenbares privatrechtliches Arbeitsverhältnis im öffentlichen Dienst). In den folgenden Fällen ist eine Wartezeit von fünf Jahren bei Beamten nicht erforderlich: bei Versetzung in den Ruhestand wegen Dienstunfähigkeit infolge von Krankheit, bei Verwundung oder sonstiger Beschädigung während der Dienstausübung oder aus Veranlassung des Dienstes.

Witwengeld: Zahlungen für die Witwe eines verstorbenen Beamten oder Pensionärs. Das Witwengeld beträgt 60 Prozent der Pension oder des fiktiven Pension bei vor 2002 geschlossenen Ehen, bei denen mindestens einer der Ehegatten vor 1962 geboren ist. Falls eine der genannten Voraussetzungen oder beide nicht erfüllt werden, sind es nur

55 Prozent. Witwengeld wird bei Witwen, die mehr als 20 Jahre jünger als der verstorbene Beamte sind und kein gemeinsames Kind mit dem Verstorbenen haben, anteilig bis auf die Hälfte gekürzt. Im Falle der Wiederverheiratung erhält die Witwe eine Witwenabfindung in Höhe des 24-fachen Witwengeldes. Witwengeld und → Waisengeld dürfen zusammen das Ruhegehalt nicht übersteigen. Alle Regelungen zur Witwenversorgung gelten entsprechend für Witwer einer verstorbenen Beamtin oder Pensionärin.

Witwen-/Witwerrente: Rentenzahlung an hinterbliebene Ehegatten (Witwen/Witwer) oder eingetragene Lebenspartner eines verstorbenen Versicherten. Die übliche große Witwen-/Witwerrente für mindestens 45-jährige Witwen/Witwer beträgt 55 beziehungsweise 60 Prozent der Altersrente des Verstorbenen. Eigenes Einkommen von Witwen/Witwern wird allerdings darauf angerechnet.

Zugangsfaktor: Faktor, der bei der Berechnung der gesetzlichen Rente den zeitlichen Zugang zum Bezug der Rente berücksichtigt. Bei Regelaltersrenten ist der Zugangsfaktor 1,0. Wird über die → Regelaltersgrenze hinaus gearbeitet, erfolgt ein Zuschlag von 0,5 Prozent pro Monat beziehungsweise 6 Prozent pro Jahr (Zugangsfaktor 1,06 bei einem zusätzlichen Jahr). Bei vorgezogenen Altersrenten wird ein Rentenabschlag von 0,3 Prozent pro Monat beziehungsweise 3,6 Prozent pro Jahr berücksichtigt (zum Beispiel Zugangsfaktor 0,91 bei Altersrente für langjährig Versicherte mit 63 Jahren, die im Jahr 1952 geboren sind).

Zurechnungszeit: Um Versicherten, die in jungen Jahren vermindert erwerbsfähig werden und nur wenig Beitragszeiten auf ihrem Rentenkonto haben, eine ausreichende Rente zu sichern, wird ihnen eine sogenannte Zurechnungszeit angerechnet. Sie umfasste bisher die Jahre bis zur Vollendung des 60. Lebensjahres. Für Erwerbsminderungsrentner, die ab Juli 2014 in Rente gehen, wird sie um zwei Jahre verlängert und beträgt jetzt 62 Jahre. Auch bei → Hinterbliebenenrenten wird eine Zurechnungszeit ermittelt, sofern der Versicherte vor dem vollendeten 62. Lebensjahr verstorben ist. Bei Beamten, die wegen → Dienstunfähigkeit pensioniert werden, wird die Zeit vom Eintritt in den Ruhestand bis zur Vollendung des 60. Lebensjahres zu zwei Dritteln angerechnet.

Zusatzrente: Zusätzliche Rente für Arbeitnehmer im öffentlichen Dienst. Diese Zusatzrente kommt beim Eintreten des Versorgungsfalls zur gesetzlichen Rente hinzu. Im früheren Gesamtversorgungssystem wurde sie auch als Versorgungsrente bezeichnet. Seit 1.1.2001 lautet die offizielle Bezeichnung „Betriebsrente im öffentlichen Dienst".

Zusatzversorgungskassen: Einrichtungen zur Durchführung der Zusatzversorgung im öffentlichen Dienst. Die größte Zusatzversorgungskasse ist die VBL in Karlsruhe, außerdem gibt es 24 kommunale und kirchliche Zusatzversorgungskassen.

Zuschlag: Zuschlag zur gesetzlichen Rente von 0,5 Prozent pro Monat bei Weiterarbeit nach Erreichen der → Regelaltersgrenze; Zuschlag für bestimmte rentenferne Pflichtversicherte auf ihre → Startgutschrift für die → Zusatzrente im öffentlichen Dienst.

REGISTER

Stiftung Warentest

IMPRESSUM

Stiftung Warentest
Lützowplatz 11–13
10785 Berlin
Telefon 0 30/26 31–0
Fax 0 30/26 31–25 25
www.test.de
email@stiftung-warentest.de

USt.-IdNr.: DE136725570

Vorstand: Hubertus Primus
Weitere Mitglieder der Geschäftsleitung:
Dr. Holger Brackemann, Daniel Gläser

Programmleitung: Niclas Dewitz

Autor: Werner Siepe
Projektleitung/Lektorat: Ursula Rieth
Mitarbeit: Karsten Treber
Fachliche Beratung:
Karsten Pötzsch, Rentenberater, Berlin
Theo Pischke, Redaktion Finanztest

Korrektorat: Christoph Nettersheim
Titelentwurf: Susann Unger, Berlin
Layout: Pauline Schimmelpenninck Büro für Gestaltung, Berlin
Grafik, Satz, Bildredaktion: Martina Römer, Berlin
Bildnachweis (Titel): Getty Images / Floortje; Shutterstock.com / Lucarelli Temistolce (U4)
Bildnachweis (Innenteil): Shutterstock.com / 360b (S. 123, 130, 162), Alexander Raths (3, 33), amelaxa (S. 8), Anan Kaewkhammul (S. 2), Andrey Burmakin (S. 84), Bocman1973 (S. 3), borislavz (S. 120), Candy-Box Images (S. 43), Cherkas (S. 89), Dmitry Kalinovsky (S. 73), dotshock (S. 161), ESTUDI M6 (S. 111), IVL (S. 47, 128), Jenoche (S. 22, 145), Joe Dejvice (S. 61), juniart (S. 2), Kartouchken (S. 177), Kzenon (S. 80, 100, 143), Matej Kastelic (S. 14), MilanMarkovic78 (S. 68), Minerva Studio (S. 63), Pressmaster (S. 27), racorn (S. 19), Rangzen (S. 182), S_L (S. 15), sebra (S. 129), Stokkete S. (160), VanderWolf Images (S. 72), VGstockstudio (S. 18), wavebreakmedia (S. 4)
Produktion: Vera Göring
Verlagsherstellung: Rita Brosius (Ltg.), Susanne Beeh
Litho: Bildpunkt Druckvorstufen GmbH, Berlin
Druck: AZ Druck und Datentechnik GmbH, Berlin/Kempten

Redaktionsschluss: September 2014

ISBN: 978-3-86851-366-0